# モラルの心理学

理論・研究・道徳教育の実践

有光興記・藤澤 文 編著

北大路書房

# はじめに

　かねてより道徳については繰り返し大きな関心がもたれています。近年，子どもの規範意識の低下やいじめの問題が大きく取りざたされ，学校での道徳教育がこれまで以上に強く求められるようになっています。教育心理学の領域においては，子どもの道徳性の発達や規範意識の醸成といった観点から研究や調査が実施されています。また，セクシャル・ハラスメント，公金の不正受給，食品の表示義務責任違反や異物混入，情報漏えいなども世間を騒がしており，子どもと同様に社会人の道徳も問われるようになっています。そこで，企業倫理，情報倫理，医療倫理，工学倫理，研究倫理などが整備されてきており，成人においても教育が重視されつつあります。
　これまで道徳に関する書籍は，幼児から児童期の発達が中心であったり，学習指導案が主であったりと，理論と実践の両方が学べるものはほとんどありませんでした。道徳性の発達にはほかの教科科目と同じように発達年齢に応じて（認知発達を待って）適切に働きかける必要があると考えられますが，そのような区別はなされているのでしょうか。また，道徳性の発達にも近年は発達症など多様性がみられることが報告されますが，これまでの実践がそれらに対応しているといえるでしょうか。このような現状を踏まえると，道徳はあらゆる人が一生を通じて考えていく課題であり，理解して教育実践するためにはさまざまな分野の知見の体系化が必要であると考えられます。
　ここ10年でこれまでの道徳心理学（または，道徳性心理学）と一線を画すような理論や研究が生まれています。fMRIなどの測定機器の発達による神経科学，利他的行動に注目した進化心理学などの領域でも，道徳に関する新しい知見やエビデンスが次々と発見されてきています。また，目を覆いたくなるような子どもの凶悪犯罪についても，感情心理学，臨床心理学から理論が提出されています。従来の教育を中心とした道徳研究から発展している現状を踏まえ，それらを包括するために，書名は『道徳の心理学』でなく『モラルの心理学』としました。本書ではこれら最新の知見を従来の道徳教育，そして近年の

● はじめに

道徳教育と関連づけていきます。本書は，モラルに関心のあるあらゆる人，それも研究者だけでなく，教師を目指す人，すでに教育に携わっている人，成人の倫理教育を担当されている人などに読んでもらいたいと思っています。「モラルの心理学」を網羅した本書なら，必ず何か新しい発見があるものと思います。そして，これからのすばらしい理論発展と実践に結びつくことを切に願っております。

2015 年 2 月

編者　有光興記・藤澤　文

# 目次

はじめに　i

● 第1部　理論編

## 第1章　道徳的判断 …………………………………………………… 2

### 1節　認知発達論　2
1. ピアジェ　2
2. コールバーグ　6
3. チュリエル　15
4. ハイト　18

### 2節　最近の道徳的判断研究　28
1. 近年の道徳的判断に関する研究　28
2. 最近の日本における道徳的判断に関する研究　29

## 第2章　モラルと感情 ………………………………………………… 38

### 1節　道徳的感情とその発達　39
1. 道徳的感情とは　39
2. 道徳的感情の発達—発達初期における様相　41
3. 道徳的感情の発達　43
4. 児童期以降の道徳的感情の発達　45
5. 道徳的感情の発達規程因　47

### 2節　罪悪感・共感・感謝　47
1. 本節で取り上げる道徳的感情　47
2. 罪悪感　48
3. 共感　52
4. 感謝　56
5. その他の道徳的感情　61

## 第3章　モラルの行動—道徳的行動はどのように生じるのか ……… 63

### 1節　利他的行動—なぜ人を思いやる行動をとるのか　64
1. 利他的行動とは　64

2. なぜ人は援助をするのか　66
　　3. 共感－利他性仮説　69
　　4. 進化の観点も含めたモデル　73

2節　攻撃行動―なぜ攻撃的にふるまうのか，そしてその対処法　74
　　1. 攻撃とは何か　74
　　2. なぜ攻撃的にふるまうのか　76
　　3. 攻撃と道徳　78
　　4. 攻撃と適応・不適応　81
　　5. 攻撃・攻撃性とどのように向き合うか　82

3節　ビジネス倫理
　　―キャリア・カウンセリングは人と企業の衝突を解決するのか　84
　　1. ビジネス倫理とは　84
　　2. 企業は倫理的行動を行うのか　85
　　3. キャリア・カウンセリングを用いた解決　89
　　4. 今後に向けて　92

4節　情報モラル行動　92
　　1. 情報モラルとは　93
　　2. 道徳心理学と情報モラルの関係　95
　　3. 情報モラル意識とその個人差に関する研究　96
　　4. 情報モラル意識を高める要因　102
　　5. 情報モラル意識を高める教育　104
　　6. おわりに　106

5節　道徳的パーソナリティ―道徳性の育て方　106
　　1. アメリカ心理学史にみる道徳的行動の研究　106
　　2. 行動主義心理学に基づく道徳的行動の分析―ハーツホーンとメイの研究に注目して　107
　　3. パーソナリティ心理学に基づく道徳的行動の分析―「人間－状況論争」に関する若林（2009）のまとめを中心に　110
　　4. 道徳的行動の研究に関する今後の展望―人格教育の枠組みをもとにして　112

6節　反社会的行動とサイコパス―理論的統合に向けた論考　116
　　1. 反社会的行動の個人差研究における理論的変遷　116
　　2. サイコパシー研究の再燃　117
　　3. サイコパシーの理論モデル　120
　　4. サイコパシーの統合的発達理論モデル　124

● 目次

● 第2部 実践編

第4章 これまでのモラル教育，これからのモラル教育 …………………… 130

　1節 価値変容モデル　130

　2節 時代ごとの特徴　132
　　1. 1958年の特設以前　132
　　2. 特設時　132
　　3. 特設後　133

　3節 新領域との関連　137
　　1. 発達への考慮　137
　　2. 金融教育　137
　　3. キャリア教育　137
　　4. 情報モラル　138

　4節 現在──教科化との関連　138

　5節 学校教育を終えた後に大人の道徳教育は存在するのか　139
　　1. 成人の道徳性はどのように測定されるのか　140
　　2. 成人の道徳性は発達をすることがあるのか　140
　　3. 今後の課題　140

第5章 モラルの教育──発達年齢に応じたモラルの教育にはどのようなものがあるか
　　………………………………………………………………………………… 142

　1節 幼保小連携とモラル　143
　　1. 幼稚園・保育所と小学校との連携　143
　　2. 保育者と小学校教諭の道徳発達観・指導観　146
　　3. 幼児教育・保育と道徳　151

　2節 実践 道徳学習指導案──小学校低学年　153
　　1. 主題設定の理由　153
　　2. 本時の展開　156

　3節 実践 道徳学習指導案──小学校中学年　158
　　1. 主題設定の理由　159
　　2. 本時の展開　161

　4節 実践 道徳学習指導案──小学校高学年　164
　　1. 主題設定の理由　164
　　2. 本時の展開　166

v

● 目次

5節　実践 道徳学習指導案─中学校（キャリア教育とのかかわり）　167
　1．主題設定の理由　167
　2．本時の展開　169
　3．授業のポイント　172

6節　ジャスト・コミュニティ・アプローチ　173
　1．子どもの参加と道徳教育　173
　2．ジャスト・コミュニティ・アプローチとは─正義とケアのダイナミズム　175
　3．ジレンマ討論とジャスト・コミュニティ─その大きな違い　177
　4．ジャスト・コミュニティのプログラム　179
　5．ジャスト・コミュニティにおける対話　181
　6．学校への参加と教師の役割　183
　7．おわりに─市民の育成をめざしたジャスト・コミュニティの展開　186

7節　高校生・大学生は討議経験により何を身につけるか　187
　1．討議とは　187
　2．他者視点取得能力・対人交渉方略とは　188
　3．高校生・大学生を対象とした討議トレーニングの開発　189

8節　成人のモラル教育─ジレンマを解く思考を教えるケース・メソッド
　　（経営倫理教育の一手法として）　192
　1．ケース・メソッドとは　192
　2．ケース・メソッドの教育効果　197
　3．ケース・メソッドの実践性　201
　4．ジレンマに向き合う思考と態度への準備　203

第6章　発達の多様性とモラル教育　…………………………………　206

1節　脳機能および脳機能障害と道徳　207
　1．子どもの脳とその発達　207
　2．道徳的判断に関連する脳機能およびその部位　209
　3．発達症と道徳獲得　212
　4．今後の道徳的判断に関する脳機能研究の展望　215

2節　小学生の自閉スペクトラム症への道徳教育　217
　1．自閉スペクトラム症の児童のソーシャルスキル・トレーニング　217
　2．自閉スペクトラム症の児童のソーシャルスキル指導例　219

3節　中学生の学校不適応と発達症　222
　1．注意欠陥多動症（ADHD）　223
　2．自閉スペクトラム症（ASD）　225
　3．最後に　229

● 目次

### 第 7 章　進化心理学からみたモラル …………………………………… 230

　1 節　「なぜ」利他行動をするのか　　230

　2 節　利他行動に適応した心　　234

　3 節　利他性はどこから来たのか　　236

　4 節　規範の誕生　　238


引用文献　　242
人名索引　　267
事項索引　　270

# 第 1 部
## 理論編

# 第1章　道徳的判断

　道徳とは，人々が，善悪をわきまえて正しい行為をなすために，守り従わねばならない規範の総体であり，外面的・物理的強制をともなう法律と異なり，自発的に正しい行為へとうながす内面的原理としてはたらくものとされる。人はこのような道徳的判断をいつ頃から行うのか。また，このような道徳的判断は発達にともない，変化することはあるのか。

　道徳心理学において道徳的判断の研究は，観察，質問紙調査，実験，臨床法，fMRIなどのさまざまな研究法を場合によっては交差的に用いることにより検討されてきている。本章では，道徳的判断に関する研究を行ったピアジェ，コールバーグ，チュリエル，ハイトという4名の研究者の理論を紹介し，最後に，日本に焦点を当て，最近の道徳的判断に関する研究および今後の展開について述べる。

## 1節　認知発達論

### 1．ピアジェ

**(1) 私たちはどのように規則を理解するようになるのか**

　ピアジェ（Piaget, J., 1932）は子どもを対象に道徳的判断をはじめ，子どもたちのさまざまな側面の発達を明らかにした研究者である。ピアジェは道徳的判断の研究に先立ち，子どもたちが行うゲームこそが規則の構成について最も適切に言い表していると考えた。そして，子どもの遊びであるマーブルゲームを取り上げ，子どもの規則理解について発達段階を示した。その理由はすべて

の道徳性は規則体系のなかに存在しており，道徳性とは個人が規則に対して抱く尊敬のなかにあると考えたためである。そして，道徳性とは判断を含む問題のことであり，その際には他者や社会を抜きにしてはとらえることのできないものだと考えたからである。

この規則理解の発達には4つの異なる段階がある。まず，第1段階は自動的で個人的な（motor and individual）段階である。この発達段階では規則は社会的な意味を持たず，同じ行為を反復することであり，これらの行為は道徳的意味合いを持たない。マーブルゲームでたとえると，マーブルを寄せたり，隅に集めたりという行為を単独で繰り返すような段階である。規則理解の第2段階は自己中心性（egocentric）の段階である。この発達段階の子どもは遊んでいるときにほかの子どもたちを煩わせたり，勝ち負けを意識したりすることもなければ，ほかの遊びとマーブルゲームを統合するということもない。言い換えると，ほかの子どもと一緒に遊んでいる（一緒にいる）ときでさえもそれぞれが独立して1人で遊んでいるような段階である。規則理解の第3段階は協同（cooperation）の段階である。この発達段階になると，それぞれの子どもはゲームでの勝ち負けを意識するようになり，相互の理解に基づいた決まりについて関心を持つようになる。しかし，ゲームのなかでのある種の合意を理解することができるようになる一方で，一般的な規則に関しては漠然とした理解をしている状態である。規則理解の第4段階は規則集成（codification of rules）の段階である。この発達段階になると子どもたちはゲームのなかでの規則の決定手続きだけではなく，観察される実際の規則律も社会にあてはめて考えるようになる。

このような子どもの規則理解の発達は子どもの道徳的判断の発達と関連するところがある。それでは，道徳的判断の発達について述べる前に，まず，みなさんには以下のストーリーを読み，ストーリーに続く2つの道徳的判断に関する質問について考えてもらいたい。

(2) どちらの男の子のほうがより悪いか，なぜ，そう考えるのか

ピアジェ（Piaget, 1932）は表1-1に示したように，意図的かどうかとその結果生じたことの悪さが異なる2人が登場するストーリーを子どもたちに提示し，どちらの子のほうが悪いか，それともどちらとも同じくらい悪いかという

第 1 部　理論編

**表 1-1　ピアジェによる道徳的判断の調査内容**（Piaget, 1932）

A：ジョンという小さな男の子がお部屋の中にいました。この男の子は食事に呼ばれたのでダイニングルームに入っていこうとします。ところが部屋のドアの後ろには椅子があり，その椅子の上にはお盆が置いてありました。お盆にはコップが 15 個載せてありました。ジョンはドアの後ろにコップが 15 個もあるとは知りませんでした。彼がドアをあけると，ドアがお盆にあたり，コップは 15 個ともみんな割れてしまいました。

B：ヘンリーという小さな男の子がいました。ある日，彼のお母さんが外出しているときに，戸棚の中のジャムを食べようとしました。この男の子は椅子の上に乗って腕を伸ばしましたがジャムは戸棚の高いところにあり，手が届きませんでした。ジャムを取ろうとしているうちに，手がコップにあたって，コップが 1 つ落ちて割れてしまいました。

【質問1】2 人の子どもは同じくらい罪がありますか？
【質問2】2 人のうち，どちらの子のほうが悪いですか？　それはなぜですか？

形式で道徳的判断について個別にインタビューを行った。そして，子どもの道徳的判断の発達について明らかにしようとした。ピアジェによる一連の研究では，子どもの道徳的判断の発達は，結果の悪さに注目した判断から意図の悪さに注目した判断に移行していくこと，言い換えると，「他律（結果論）」から「自律（動機論）」への移行であるということが示された。具体的には，子どもたちはある行為の善悪について判断をする際に，物質的な結果に基づき判断する（客観的責任判断〈他律的道徳的判断〉）発達段階から，発達にともない，外在的な目に見える結果よりも行為の意図や動機に注目した判断を行う（主観的責任判断〈自律的道徳的判断〉）発達段階へと変化をしていく。

　それでは，子どもたちはこのストーリーを聞いて，どのような道徳的判断と理由づけを行ったか。他律的判断から自律的判断へと移行すると考えられている 6 歳～ 7 歳の発達段階にあたる子どもたちの道徳的判断とそのように判断する理由づけを発達年齢順に表 1-2 に示した。

　表 1-2 を見ると，6 歳から 7 歳にかけて発達にともないストーリー中の意図の悪さよりも結果の悪さに基づいた道徳的判断をする発達段階（客観的責任概念に基づく判断；15 個壊したジョンのほうが 1 個壊したヘンリーよりも悪い）から，結果の悪さよりも意図の悪さに基づいた道徳的判断（主観的責任概念に基づく判断；盗み食いをしようとしたヘンリーのほうがジョンよりも悪い）へと発達的に移行しつつあることが示唆される。子どもの道徳的判断に関する研究結果については日本においても数多く追試がなされており，二宮（1984）が

第 1 章　道徳的判断

**表 1-2　表 1-1 の調査に対する子どもの反応例**（Piaget, 1932）

6 歳の子どもの反応
Q：2 つのお話は理解できましたか？
A：はい。
Q：最初のお話の男の子は何をしましたか？
A：コップを 15 個割りました。
Q：2 人目の男の子は？
A：乱暴に動いて，コップを 1 つ割りました。
Q：なぜ，最初のお話の子どもはコップを割りましたか？
A：ドアがコップにあたったからです。
Q：2 つ目のお話の子どもはなぜコップを割りましたか？
A：その子は不器用でした。ジャムを取ろうとしてコップが下に落ちました。
Q：どちらの子どものほうがより悪いですか？
A：最初のお話の子です。なぜならコップを 15 個割ったからです。

6 歳の子どもの反応
Q：2 つのお話の子どもはどちらも悪いですか？　それともどちらの子がより悪いですか？
A：両方とも悪いです。
Q：2 人とも同じように罰しますか？
A：いいえ。15 個割ったほうを罰します。
Q：もう 1 人のほうは罰しますか？
A：1 人はたくさん割って，もう 1 人は 1 つ割りました。
Q：どのように彼らを罰しますか？
A：15 個割った子は 2 回たたきます。1 個割った子は 1 回たたきます。

7 歳の子どもの反応（2 つのストーリーの内容を確認した後に）
Q：あなたが彼らのお母さんだったとしたら，どちらを厳しく叱りますか？
A：15 個のコップを割った子どもです。
Q：2 人目の子どもはなぜコップを割りましたか？
A：彼は不器用でした。ジャムを取ろうとしてコップが下に落ちました。
Q：どちらの子どものほうがより悪いですか？
A：1 人目の子です。なぜならコップを 15 個割ったからです。
Q：なぜ，1 人目の子どもはコップを割りましたか？
A：その子は部屋に入りたかったからです。
Q：もう 1 人の子どもはなぜコップを割りましたか？
A：ジャムを取りたかったからです。
Q：別の話をしましょう。2 人の小さな女の子がいて 1 人はダイニングルームに入ろうとして 15 個のコップを割りました。もう 1 人はあなたがいない間にジャムを取ろうとして 1 個のコップを割りました。どちらの子どもが悪いですか？
A：15 個割った子どもが悪いです。
Q：あなたはこれまでに何かを壊したことがありますか。
A：コップを 1 つ割りました。
Q：どうして割りましたか？
A：拭こうとしたら，落として割りました。
Q：ほかに何か壊したことはありますか。
A：別のときに 1 枚のお皿を割りました。
Q：どうしてですか？
A：お皿で遊んだからです。
Q：どちらの行為のほうが悪いと思いますか？
A：お皿。そんなことすべきではなかったからです。
Q：コップについてはどうですか？
A：拭こうとしていたのだから悪くないと思います。

第 1 部　理論編

概観している。

## 2. コールバーグ

### (1) コールバーグの認知的発達理論―道徳哲学者としての子ども

　コールバーグ（Kohlberg, L.：1927-1987）の提唱した認知的発達理論は，1960年代後半から1980年代までの間，およそ4半世紀にわたって，道徳心理学や道徳教育の分野で中心的な役割を担ってきた。このアプローチの最大の特徴は，子どもたちを，道徳的問題について独特の推論を行う小さな道徳哲学者として理解しようとしている点にある。ここでは，この認知的発達理論に関して，主としてその理論的側面から検討することにしたい（道徳教育の実践については，第5章参照のこと）。

　第二次世界大戦後，道徳的発達に関する社会科学の研究は，おもに，精神分析学理論や社会的学習理論，社会学的役割理論などに依拠して行われていた。コールバーグ（1969, 1971）によれば，これらの理論は，その内容上の違いにもかかわらず，道徳的発達を文化ごとに異なる道徳的規範の内面化としてとらえる点では，共通していた。そこで，コールバーグ（1971）は，これらの理論を内面化アプローチとして位置づけ，次の2つの点から批判を展開した。

　第1に，文化によって道徳的規範が異なるという前提（文化的相対主義）は，はたして本当なのかという点に批判が向けられた。コールバーグ（1971）のみるところ，生命や財産，真理，協力など，どの文化にも共通する規範はけっして少なくない。しかも，内面化アプローチでは，この文化的相対主義の前提から，しばしば誤って，価値相対主義（道徳的判断を正当化する合理的な方法は存在しない）という結論が導き出されてきたとされる（Kohlberg, 1971）。すなわち，内面化アプローチでは，①自らの文化に対して批判的であろうとする態度や，②異文化や少数者に対して寛容であろうとする態度，③科学的な客観性を保持しようとする態度など，普遍主義的な道徳的関心と，価値相対主義の立場とが混同されていたというのである。

　もう1つの批判は，まるで食べ物を食べるように，外部の規範が個人の内部に取り込まれるという前提に向けられた。内面化アプローチでは，反復・強化や同一視など非合理的メカニズムによって規範が獲得されると考えられていた

（非合理主義）。これに対して，コールバーグ（1971）は，道徳的に正しい規範を獲得するメカニズムが，社交ダンスのステップを学習したり，精神疾患を患ったりすることとまったく同じメカニズムなのか，と批判を投げかけた。そうした説明では，子どもたち自身が規範の妥当性（正しさ）について検討し，合意していくという，発達の重要な側面が見逃されているからである。

コールバーグの認知的発達理論は，このような形で内面化アプローチの問題点を克服し，道徳教育に新しい方向性とエビデンスを付与するために展開されてきた。子どもの自発的活動に着目するこのアプローチは，ミード（Mead, G. H.）やデューイ（Dewey, J.）などの道徳的発達論を，ピアジェのより洗練された方法を用いて再提出する試みとして理解することができるだろう。コールバーグ（1969）は，これらの研究者たちに共通する発達についての考え方を認知的発達理論として統合し，次の4つの前提から定式化してきた。

①発達の定義：発達とは，具体的な知識や行動パターンを内面化することではなく，そうした情報を処理し，組織化している「認知構造」が，質的に変化することである。

②発達のメカニズム：認知構造の発達は，環境の構造との相互作用の結果生じるものであり，生物学的成熟や経験的学習の直接の結果ではない。

③行為との関係：認知構造は常に行為の構造（コンピテンス）である。対象についてのとらえ方が変化すれば，行為の意味や可能性も大きく異なるものとなる。

④発達の方向性：認知構造の発達は，環境との間の相互作用がより均衡化する方向に向かう。すなわち，それぞれの側からのはたらきかけのバランスがとれ，より適切に問題解決できる方向へと進んでいく。

この4つの前提は，物理的対象にも社会的対象にも共通する認知発達一般の特徴として述べられている。認知的発達理論の特徴は，道徳の発達をこのように知的能力の段階的変容のプロセスとしてとらえようとする点にある。ピアジェが物理的世界において物理的原理を自ら発見していく「科学者としての子ども」を描いたのと同様に，コールバーグは，社会的世界において役割取得を通じて道徳的原理を発見していく「道徳哲学者としての子ども」を描き出そうとしたのである。

## (2) コールバーグにおける道徳的ジレンマと道徳的発達の 6 段階

　道徳的発達のあり方を経験的に明らかにするにあたって，コールバーグが着目したのは，子どもたちの道徳的推論（道徳的正しさの理由づけ）であった。特定の規範に従うことや特定の社会的行動を行うこと自体は，必ずしも「道徳的」とは限らない。たとえば，経営者が節税目的のためだけに慈善団体に寄付するケースを考えてみよう。それは，経営上合理的な行為ではあっても，道徳的行為とはいえない。道徳性を評価する重要なポイントは，人間関係や社会のあり方に関して，どのような観点に立って理由づけをしたのかという点に求められる。

　コールバーグは，子どもたちの道徳的推論を測定するために，道徳的判断インタビュー（MJI）と呼ばれるユニークな調査方法を用いた。すなわち，複数の道徳的価値や規範が対立する道徳的ジレンマのストーリーを子どもたちに提示して，道徳的判断を下す際にどのような理由を用いるのか，インタビュー形式で尋ねたのである。たとえば，表1-3の「ハインツのジレンマ」においては，「生命の尊重」と「法律の遵守」，「財産権」などが対立しており，すぐには道徳的判断を下せない仕掛けになっている。コールバーグ（1969）は，こうした道徳的ジレンマを用いて，子どもたちの自由な道徳的推論を引き出し，その形式的特性について段階評定を行っていった。この方法は，テープレコーダーを用いた半構造化インタビュー法でもある。レスト（Rest, 1979）による Defining Issues Test（DIT）は，これを質問紙調査に変換したものである（本章2節参照）。

　こうして得られた道徳的推論は，コールバーグ（1971）によれば，普遍化可能性や指令性，可逆性という形式的特性に基づいて分類・評価することができる。すなわち，道徳的発達が進むほど，道徳的ジレンマに関連するさまざまな他者の観点を考慮できるようになり（普遍化可能性の増大），また道徳的推論を他の個人的選好や社会的慣習よりも優先させるようになっていく（指令性の増大）。そしてさらに，たとえ立場を交換したとしても合意できるような，よりバランスのとれた道徳的判断が下されるようになっていく（可逆性の増大）。道徳的判断におけるこれらの形式的特性は，「～すべきである」や「～するのが道徳的に正しい」といった道徳言語に関するヘア（Hare, 1952）の分析とも合致しているという。

**表1-3　ハインツのジレンマ**（Kohlberg, 1984, pp.640-641 より作成）

> ヨーロッパで，1人の女性が特殊なガンで死にかけていました。医者の話では，この女性を助けることのできる薬が1つだけあるそうです。それは，この町の薬屋が最近開発したラジウムの一種でした。この薬を作るにはお金がかかるのですが，その薬屋は，さらに10倍の値段をつけて販売していました。つまり，400ドルかけて作ったわずかな薬を，4,000ドルで売っていたのです。この病気の女性の夫ハインツは，知り合い全員にお金を借りてまわり，合法的な手段はすべて使いました。しかし，薬の値段の半分の2,000ドルしか用意できませんでした。そこでハインツは，妻が死にかけていることを薬屋に話し，薬の値段をもっと安くするか，せめて後払いにできないか頼みました。しかし，薬屋はその頼みを断りました。薬屋は，「この薬を発見したのは自分だし，これで金儲けをするつもりだ」と言いました。あらゆる合法的手段を使い尽くしていたので，ハインツは途方にくれ，薬屋に忍び込んで薬を盗み出そうと考えました。
>
> 【質問例】　ハインツは薬を盗むべきですか。それはなぜですか。
> 　　　　　　ハインツが妻を愛しているかどうかで，ハインツのすべきことは変わりますか？
> 　　　　　　死にかけているのが見知らぬ他人だったら，どうすべきですか。それはなぜですか。

　3レベル6段階から成るコールバーグの道徳的発達段階は，こうした形式的特性が順次増大していくプロセスとして構成されている（表1-4）。物理的・論理的推論の段階的発達や社会的視点取得の段階的発達は，この道徳的発達に時間的に先行して生じ，その必要条件であるとされる。

　この道徳的発達段階のうち，Ⅰ前慣習的レベルからⅡ慣習的レベルを経て，Ⅲ脱慣習的レベルへと至る基本設計の部分は，デューイとタフツ（Dewey & Tufts, 1932）の道徳的発達段階論がベースになっている。すなわち，所属集団の道徳的標準を習得する以前の衝動的レベルと，所属集団の道徳的標準をほぼ無批判に受け入れているレベル，道徳的原理に照らして所属集団の道徳的標準を批判的にとらえ返すことのできる反省的レベルから成り立っている。

　さらに，コールバーグは，これら3つのレベルに，それぞれ2つの段階を組み込んでいる。第1段階と第2段階の区分に関しては，動機の理解についてのピアジェ（1932）の考察が重要な役割を果たしている。第1段階では，物理的な危害の大きさや体罰の回避が重要な理由になっているのに対して，第2段階になると，他者の主観的意図が理解できるようになる。ただし，この段階では，それぞれの自由や約束が尊重されるだけで，視点の違いを調整することができない。

　第3段階と第4段階の区分に関しては，ごっこ遊びとゲームについてのミー

第1部　理論編

## 表 1-4　コールバーグにおける道徳的発達段階（Kohlberg, 1984, pp.174-176 より作成）

| レベルと段階 | 正しいこと | 社会的視点取得の段階 |
|---|---|---|
| レベルⅠ：前慣習的<br>　第1段階<br>　　―他律的道徳 | 規則を破って罰を受けたりしないこと，ひたすら服従すること，人や財産に損害を与えないことが正しい。 | **自己中心的観点**　他者の利害関心を考慮していないか，自分の利害関心と異なることを理解していない。2つの観点を関連づけていない。他人の心理からではなく，物理的観点から行為がとらえられる。権威者と自分の視点の違いを理解できない。 |
| 　第2段階<br>　　―個人主義と道具的意<br>　　　図，交換 | 自分の利害関心や欲求を満たすように行為すること，他人も同様にさせておくことが正しい。公正なこと，平等な交換，取引，合意なども正しい。 | **具体的な個人主義の視点**　それぞれが自分の利害関心を追求しており，それらが対立することに気づいている。そのため正しいことは，（具体的な個人主義という意味で）相対的である。 |
| レベルⅡ：慣習的<br>　第3段階<br>　　―相互的な対人的期<br>　　　待，対人的同調 | 身近な人々から期待されていることや，（息子，兄弟，友人などの）役割に対する一般的期待に従うことが正しい。「よい子であること」が重要である。それは，善意で，他者を配慮すること，また信頼や忠誠，尊敬，感謝など相互的関係を維持することを意味する。 | **他の個人との関係のなかにいる個人の視点**　個人の利害関心よりも，感情や合意，期待を共有することが重要であることに気づいている。他人の立場に立って考えるという具体的な黄金律をもとに，それぞれの観点を関連づけている。しかし，まだ，一般化されたシステムの視点をとることはできない。 |
| 　第4段階<br>　　―社会システムと良心 | すでに合意されている義務を果たすことが正しい。既存の社会的義務と矛盾することがない限り，法律は必ず守らなければならない。社会や集団，制度に貢献することも正しい。 | **対人的合意や動機とは区別された，社会全体の観点**　役割や規則を規定しているシステムの観点に立つ。個々人の関係も，システムにおける位置づけという点から考慮できる。 |
| レベルⅢ：脱慣習的<br>　第5段階<br>　　―社会契約，または効<br>　　　用と個人権 | 人々の価値観や意見は多様であり，価値と規則はたいてい集団ごとに相対的であることに気づいている。ただし，これらの相対的な規則は，それが社会契約であり，公平さをもたらす限り，通常，従うべきであると考えられる。他方，生命や自由など相対的ではない価値や権利は，どんな社会であれ，また多数者の意見がどうであれ，守らなければならないとされる。 | **社会に先行する視点**　社会的結合や社会契約に先行する価値や権利に気づいている合理的個人の視点。合意や契約，客観的公平さなどの形式的メカニズムを用いて，異なる視点の調整を図る。道徳的観点と法的観点が，ときに対立し，調整が難しいことを認識している。 |
| 　第6段階<br>　　―普遍的倫理的原理 | 自己選択による倫理的原理に従うことが正しい。個別の法や社会的合意は，これらの倫理的原理にかなう限り，妥当である。法がこれらの倫理的原理に反する場合には，原理に従うことが正しい。それらの原理は，普遍的な正義原理にかなうものである。すなわち，人間としての権利を平等にし，一個人としての人間の尊厳を尊重するという原理である。 | **道徳的観点**　さまざまな社会的取り決めは，この道徳的観点から導き出される。道徳の本質，すなわち人間が目的自体であり，そのように取り扱わなければならないことを認識している合理的個人の視点である。 |

ド（Mead, 1934）の議論が下敷きになっている。第3段階では，重要な他者からの期待を理解し，それに応える形で意見の違いを調整できるようになる。これに対して，第4段階では，システム全体の維持という視点から個々人の役割を理解し，意見の違いが調整できるようになる。

さらに，第5段階と第6段階の区分に関しては，ロールズ（Rawls, 1971）やミード（1934）による「人格の尊重」の手続き的解釈が重要な役割を果たしている。第5段階では，生命や自由といった基本的価値や社会契約を根拠として，現行の道徳的規範に変更を要求できるようになる。しかしながら，基本的価値や権利どうしの対立や矛盾をうまく解消することができない。これに対して，第6段階では，議論や合意の際の手続き原理として，「人格の尊重」が最優先されるようになる。このような慣習的レベルを超えた発達段階を明確に設定している点で，コールバーグの発達段階論は従来の発達段階論と大きく異なっていた。

加えて，コールバーグの発達段階論は，調査研究に基づいて反証する可能性を自ら明示していた点においても，従来の道徳的発達論と大きく異なっていた。すなわち，認知的発達理論が正しければ，さまざまな道徳的ジレンマに対する子どもたちの道徳的推論は，次のようなピアジェ派の段階発達の規準を満たすはずであると主張した（Kohlberg, 1969）。

a. 各段階では，質的に異なった思考様式が示される。
b. 文化的要因は，発達の速度に影響しても，段階序列そのものを変えることはない（段階序列の不変性）。
c. 各段階の反応は，課題にかかわりなく一貫しており，1つの構造的全体を成している（構造化）。
d. 各発達段階は階層化されており，上位の段階は下位の段階を再統合している。

そして，これらの規準が実際に充足されているかどうかをチェックするために，コールバーグ（1984）は，比較文化的・縦断的調査研究を活発に展開してきた。そして，どの文化でも段階に特徴的な推論がみられ，段階の飛び越しや下方移行がみられないことから道徳的発達段階の経験的妥当性を主張してきた。このようにして，コールバーグは，インタビュー記録という質的なデータ（MJI:

第1部　理論編

p.8 参照) をもとにしながらも，道徳的発達に関して反証可能な理論を産出できるということを示してきた。

### (3) コールバーグにおける不規則事例の発見とその対応

しかしながら，コールバーグらの調査研究においては，開始当初には想定できなかった不規則事例もいくつか発見されている。コールバーグの道徳的発達段階論に関していえば，およそ次のような問題点が指摘され，それをめぐってさまざまな論争が繰り広げられてきた。

①非欧米社会では，脱慣習的レベル（第5段階と第6段階）がほとんどみられない。

②第6段階は，欧米社会でもほぼみられず，一部の知的エリートに限定されている。

③脱慣習的レベルへと移行する前後（青年期）に，相対主義的な思考様式を示す者がみられた。

④道徳的発達段階には男女差がみられるだけでなく，男女の道徳的指向には違いがある。

これらの不規則事例のうち，①の不規則事例は，コールバーグの発達段階論が欧米社会中心の偏向（リベラル・バイアス）をともなっているという批判の根拠として，しばしば用いられてきた（Kohlberg et al., 1983）。しかしながら，コールバーグら（1983）によれば，欧米社会以外でもわずかながら第5段階がみられること，欧米社会でも第5段階の推論はけっして多くないことなどから，①の論点が先のピアジェ派の構造的段階の規準（b. 段階序列の不変性）に直接抵触するものではないと反論していた。コールバーグらは非欧米社会での道徳的発達をうまく測定する技法が確立していないことを認める一方で，あくまで，社会構造の複雑さや高等教育の普及などの社会的視点取得の機会の違いが，発達段階の文化差を生み出すと考えていたのである。

また②の第6段階について，もともとコールバーグは，危害原則や功利主義を基盤とした現行のリベラリズムを批判的に検討したり，新しい道徳教育プログラムを正当化したりするために，この発達段階を設定していた。そして，そのために，合意形成手続きとしての「人格の尊重」に着目するミードの役割取

得論やロールズの義務論的正義論，さらにはハーバーマス（Habermas, 1983）の討議倫理学などをその具体例として取り上げてきた。しかし，実際には，段階の存在を明示するほど十分なインタビュー記録を調査研究から得ることができなかった。そこで，コールバーグら（Kohlberg et al., 1983）は，この第6段階はあくまで段階発達の準拠点となる理論的モデルに止め，調査研究の対象外とした。

　他方，③の青年期の相対主義については，1960年代末，第2段階の道具的相対主義への構造的な退行現象として報告された（Kohlberg, 1984）。ドストエフスキーの『罪と罰』の主人公ラスコルニコフのように，青年たちは，慣習的道徳への反逆を通じて幼児期来の罪悪感を克服し，脱慣習的な道徳的判断を実践できるようになると考えられていた。しかしながら，この当時の解釈では，b段階序列の不変性に抵触するだけでなく，第2段階の道具的な相対主義と，既存の秩序や権威を否定する青年期の相対主義の違いも見落とされていた。そのため，コールバーグは，1973年に，青年期の相対主義を4 1/2段階として位置づけ，脱慣習的レベルへの移行にともなう過渡的な不均衡として解釈し直した（Kohlberg, 1984）。そして，脱慣習的段階は，成人期以降にはじめて到達する段階として，段階評定マニュアルの改訂を行った。

　しかしながら，青年期の相対主義をめぐる議論はその後も継続された。一方では，現代社会の文化的状況において，相対主義的な思考様式が過渡的な現象にとどまらずに，比較的安定していると批判された。また，青年期の相対主義には，道徳言語や論証手続きに対するメタ倫理学レベルの懐疑も含まれており，義務論的正義論を前提としたコールバーグの図式には位置づけられないという批判もみられる。これらの点において，青年期の相対主義は，コールバーグの認知的発達理論の限界を示唆するものとなっている。

　ここで取り上げた①〜③の不規則事例は，表面的にみれば，b段階序列の不変性の規準を焦点とした問題である。しかし，その背後には，コールバーグの設定した道徳の領域がはたして適切なのかという問題が潜在していたと考えられる。その後のコールバーグ−ギリガン論争やコールバーグ−チュリエル論争では，むしろこの道徳の領域をめぐる問題が主題化されるようになった。そして，認知的発達理論に対する批判の矛先は，道徳性があたかも一枚岩であるか

のような，c.構造化された全体の規準のほうに向けられるようになった。

### (4) コールバーグ - ギリガン論争が残したもの——道徳領域の多元性

1980年代に入ると，認知的発達理論を採用する研究者の内部からも，コールバーグの道徳的発達段階論に対して異議を唱える者が登場しはじめた。なかでも，コールバーグに最も近い2人の共同研究者——ギリガン（Gilligan, C.）とチュリエル（Turiel, E.）——から提出された批判は，結果的に，認知的発達理論の土台を大きく揺るがすことになった。ここでは，コールバーグ - ギリガン論争に焦点を当て，そこで提起された問題点を明らかにしておこう。

ギリガン（1982）からの批判は，コールバーグの道徳的発達段階論において，④女性の発達段階が男性よりも低く評定される（第3段階が多い）という調査報告に基づいていた。ギリガンは，こうした調査結果が，男性偏重の発達観——他者からの分離・個別化を重視し，具体的な他者との愛着や相互依存を軽視する——に根差していると批判した。そして，「権利や正義」という男性に特徴的な道徳的指向にのみ焦点を合わせたコールバーグの道徳的発達段階に対抗する形で，「配慮や責任」という女性に特徴的な道徳的指向の発達段階が存在すると主張した。このようなギリガンの主張は，アメリカで道徳的・政治的争点となることの多い人工妊娠中絶の問題に関する女性の推論に焦点を当てていたこともあって，道徳心理学の内外で大きな反響を呼んだ。

これに対してコールバーグら（Kohlberg et al., 1983）は，道徳的発達段階にみられる性差は比較的小さく，高等教育の機会や従業上の地位を統計的に統制すれば，ほとんどの場合消失すると反論した。すなわち，道徳的発達段階の性差は，社会的視点取得機会の格差という社会構造上の不平等に由来するものであり，コールバーグの理論や測定法に内在するバイアスではないと主張したのである。しかしその一方，コールバーグら（1983）は，配慮指向の提案については基本的に受け入れ，道徳領域を正義指向以外にも拡大する必要性を認めた。ただし，コールバーグら（1983）によれば，正義指向と配慮指向は，男女ともに用いるものであり，道徳的ジレンマ課題のテーマ——個人的な意思決定が許容されているか否か——や，道徳的ジレンマ課題の置かれた社会的文脈——公的場面か私的場面か——によって使い分けられていると指摘した。

コールバーグの認知的発達理論では，正義を中心に道徳領域をとらえる義務論的道徳理論が前提とされ，各段階は全体として構造化されていると考えられてきた。しかし，そうだとすれば，なぜ人間社会には，うまく解決できない道徳的問題があふれているのだろうか？　また，類似した道徳的ジレンマ課題でも，数学の問題のようにスムーズに正解を導き出せないのはなぜだろうか？　道徳的ジレンマ課題の条件を少し変えるだけで，地と図が反転するように正義指向と配慮指向が切り替えられるという知見は，道徳的な事柄が多元的に，しかも微妙なバランスのもとで構成されているという事実を，端的に物語っているように思われる。

## 3．チュリエル
### (1) 社会的領域理論

チュリエル（Turiel, 1998, 2002）は社会的知識には質的に異なった領域があり，さまざまな社会的判断や社会的行動は，各領域の知識が調整された産物であるという社会的領域理論を提唱している。社会的領域理論によると，社会的知識は，道徳（moral），慣習（convention），個人（personal）という3つの異なる領域から構成される（表1-5）。以下では，3つの領域のそれぞれについて説明する。

「道徳領域」の知識とは，正義の概念を土台に構成される領域である。「道徳領域」の行為は，行為自体に善悪の規定を含んでいるものであり，他者の福祉，信頼，公正，責任や権利に関係したものである。表1-5に示されるように，「道徳領域」の行為には他者の期待や規則，権威者の指示・命令とは無関係な普遍性のある行為が含まれる。具体的には，盗みや詐欺などがあげられる。

「慣習領域」の知識とは，家族や仲間集団，および学校・会社などの社会組織を成立させている要素の理解のことであり，社会システムの概念に基づいて構成される領域である。「慣習領域」の行為には，社会集団に参加しているメンバー間の関係を調整する行動上の取り決めに関係するものが含まれる。「慣習領域」の行為は集団の秩序を維持するものとして成員相互の一致した意見と期待に基づくもので，文化的な一様性を持ち，「道徳領域」の行為とは異なり，行為自体に善悪を規定する性質はないと考えられる。「慣習領域」の行為は規

第1部　理論編

表 1-5　チュリエルによる領域の定義と基準 (首藤, 1992, p.135 より作成)

| | 領域 | | |
| --- | --- | --- | --- |
| | 道徳 | 慣習 | 心理（個人 / 自己管理） |
| 知識の基盤 | 正義（公正）や福祉や権利といった価値概念 | 社会システム（社会の成り立ち, 機能など）に関する概念 | 個人の自由や意思に関する概念および自己概念 |
| 社会的文脈 | 行為に内在する情報（行為が他者の身体, 福祉, 権利に与える直接的な影響） | 社会的関係を調整するための, 恣意的ながらも意見の一致による行動上の取り決め | 行為が行為者自身に与える影響 |
| 典型的な場面例 | 盗み, 殺人, 詐欺, 緊急場面での援助, いじめなど | 挨拶, 呼称, 生活習慣, 宗教儀式, テーブルマナー, 校則など | 趣味, 遊びの選択, 友人の選択 |
| 理由づけカテゴリー | 他者の福祉, 公平・不公平, 絶対に許されない行為, 義務感, 権利 | 期待・規則, 社会秩序, 常識・習慣からの逸脱, 無礼行為 | 自分自身の問題, 規則の拒否, 許容範囲の行為, 規則存在の不公平 |

則随伴性に依存しており，権威依存性があり，一般性はなく，規則可変性があるという点で「道徳領域」の行為とは区別される。具体的には，生活習慣やマナー，校則などが含まれる。

「個人領域」の行為には，行動の影響が自分だけにあり自己の統制下に置かれる行為が含まれる。「個人領域」の行為は，社会秩序の維持や行為の善悪の判断には束縛されない個人の自由意思に基づくものだと考えられる（Nucci, 2001；首藤, 1992）。

一般的に社会的知識の領域認識を求めるには理由づけと次の5つの判断，つまり規則随伴性（規則の有無によるか），普遍性（一般化できるか），権威依存性（権威によるか），規則可変性（変えられるか），個人決定権（個人が決められるか）のうちのいくつかを用いて測定される（Nucci, 2001）。たとえば，「ヒトのものを盗んではいけない」という事柄をどのように認識しているかを知るためには，「ヒトのものを盗んではいけないという決まりがなくても，ヒトのものを盗むことは悪いか（規則随伴性）」や「どのようなときでもヒトのものを盗むことは悪いか（普遍性）」といった判断と「どうして悪いか（あるいは悪くないか）」という理由づけをあわせて質問することになる。

## (2) 社会的領域理論のその後の展開

　現実の社会において，社会的知識は「道徳」「慣習」「個人」のいずれか1つの領域ではなく，複数の領域の要素を持つ場面や出来事である場合がある。そのような判断や行動は人により，また個人においても状況により異なるといえる。チュリエル（1998）はこのような領域混合について3タイプをあげている。3タイプとは，①個人内で2つ以上の領域にまたがって判断される行動，②本来は慣習領域の行為であるが2次的に道徳領域の特徴を所有している行動（second-order phenomena），③人によって分類される領域が異なる多面的な行動である。これらは人によっては個人の自由として判断されたり，道徳的逸脱行為としてみなされたり，社会の変化にともなう慣習として分類されたりする。たとえば，スメタナ（Smetana, 1983）は具体的事例として，②では「挙手しないで発言することは他者の権利を侵害すること（本来は慣習違反であるが，他者の権利を侵害するという点で，道徳違反と判断されている）」，③では「中絶（子どもの生命をどう解釈するかにより判断は分かれる）」などをあげている。

　コールバーグは道徳性の発達を道徳と慣習の分化であると考え，その発達を道徳的発達の6段階として示した（表1-4）。そのなかでコールバーグは道徳発達の早い段階（低い発達年齢）では道徳と慣習を分化することが困難であると考えていた。一方，チュリエルは具体的な事例を示すという方法を用いて，発達年齢の低い子どもにおいても道徳と慣習を識別可能であることを繰り返し示してきた（Turiel, 1983）。また，チュリエル（1983）は慣習領域に関して，その肯定と否定を繰り返す発達段階が存在することを明らかにした。その発達段階には，社会的な一様性としての慣習（第1水準：6～7歳），社会的な一様性としての慣習を否定（第2水準：8～9歳），規則体系を肯定するものとしての慣習（第3水準：10～11歳），規則体系の一部としての慣習の否定（第4水準：12～13歳），社会システムを媒介するものとしての慣習（第5水準：14～16歳），社会の基準としての慣習の否定（第6水準：17～18歳），社会的な相互交渉を調整するものとしての慣習（第7水準：18～25歳）の7水準が想定されている。このことは，日本の同年齢の子どもの慣習（校則）の理解においても発達的変化があること（発達年齢により一時的に規範意識が低下し

ているようにみえること）を示唆しているといえる。よって，大人が校則やマナーなどに関して教育的に子どもにかかわる際には，子どもの規則理解には発達にともなう変化があり，それは子どもの規則認識の発達の表れであることを理解しておかなくてはならないといえる。さらに，近年では慣習領域に加えて，道徳領域や個人領域にも発達段階の存在が示唆されており（道徳領域：U字型発達，個人領域：領域の拡大パターン），慣習と同様に細かな発達的変化が記されている（Nucci & Powers, 2014）。

## 4. ハイト

### (1) 人間の道徳性は，どこから来たのか―進化心理学的アプローチによる転換

　チュリエル（2002）が指摘するように，人間の社会的知識が複数の領域に分けられるのだとしたら，それはなぜだろうか。そうした区分をかなり早い年齢段階で認識できるのだとしたら，その学習基盤はどこにあるのだろうか。人間の道徳的判断に付きまとうさまざまな認知バイアスは，いったい何に由来するのだろうか。

　1992年にコスミデス（Cosmides, L.）とトゥービー（Tooby, J.）らが提唱した「進化心理学（evolutionary psychology）」は，人間の認知をめぐるこれらの問題について，進化という観点から新たな光を当てることになった。彼女らは，人間の心（脳）が，自然選択によって形成された情報処理装置であり，さまざまな適応的課題に応えるために，内容特異的な問題解決プログラム（モジュール）を複数備えていると主張した（Barkow et al., 1992）。そして，人間の心は，主として狩猟採集時代の選択圧によって形成されたために，現在の環境下では必ずしも合理的とはいえない選択をすると指摘した（たとえば，甘いものを好む特性は，高カロリーの食物を摂取するために形成されたが，現在では肥満や成人病のもとになっている）。

　このような進化心理学の考え方は，第2次世界大戦後の社会科学の基本的な人間観―生まれたばかりの人間の心は白紙で，文化伝達や教育によってその内容が書き込まれる―に大きな転換を迫るものとなった（Pinker, 2002）。そして，進化的適応環境における人間の心の成り立ちやそのメカニズムについて，認知科学や神経科学，人類学，霊長類学，動物行動学，行動遺伝学，行動経済学な

どと連携した新たな学際的研究が展開されるようになってきた。

ハイト（Haidt, J.）は，この進化心理学のアプローチを用いて，道徳心理学における従来の研究枠組みを大きく転換しようと試みている。彼は，プラトンからカントを経てコールバーグに至る道徳性のとらえ方を，欧米社会に限定された理性崇拝の妄想として厳しく批判している。そして，認知的発達理論を特徴づける合理主義と構造主義，個人主義に対抗して，次のような道徳心理学の新しい3原則を提唱している（Haidt, 2007, 2012）。

①直観が先に来て，戦略的推論はその後に来る（社会的直観モデル）
②危害回避と公正さ以外にも，道徳性が存在する（6つの道徳基盤）
③道徳性は人々を結びつけるだけでなく盲目にもする（マルチレベル選択）

ここでは，これら3つの原則について，それぞれ検討してみることにしよう。

①直観が先に来て，戦略的推論はその後に来る（社会的直観モデル）

ハイトは，第1に，合理的な推論（理由づけ）から道徳的判断を理解しようとする点で，認知的発達理論を批判している。ハイト（2007, 2012）によれば，道徳的判断の特性は，他の認知的判断に比べて，スピードが速く，強い情動をともない，容易には修正できない点にある。すなわち，道徳的判断の根幹にあるのは，推論ではなく直観であり，一定の脅威に呼応して，すばやく自動的に反応するヒューリスティックスが作動していると考えられるという。

たとえば，小さな子どもが虐待されるシーンを見れば，ほとんどの人は，一瞬のうちに道徳的違反を確信し，虐待者への怒りと被害者への同情を感じる。このように道徳的判断は，一定の生理的メカニズムによって支えられて，強い情動をともなった直観として生じる。こうした直観は，けっして愚かなものではなく，人類史における適応的課題——子どもたちを守り，収穫物を分け合い，裏切り者に制裁を与える等々——の解決に役立ってきたと考えられる。

このような直観と推論の関係について，ハイト（2006）は，「象と象使い」にたとえて説明してきた。ハイトによれば，人間の心的プロセスの基礎を成しているのは，非言語的で，無意識的，自動的な情報処理のプロセス（象）であり，環境のなかの脅威やチャンスに対して，迅速かつ確実に反応する。これに対して，人間の意識は，進化的にみてかなり新しい，言語や理性によって制御

第1部　理論編

されたプロセス（象使い）である。この制御されたプロセスの役割は，強力な自動プロセスの決定に従って，有効な情報や戦略を提供することにある。道徳的判断における推論の役割も，直観を支持し，正当化する弁明を組み立てることにあり，直観そのものを覆すことにあるのではない。

　ハイト（2012）は，直観と推論のこうした関係を，社会的直観モデル（social intuitionist model）として精緻化している（図1-1）。この図によれば，危害や不正などをともなうトリガー・イベントに呼応して，すぐさま直観が喚起され，判断が下される（リンク1）。その後に，判断を支持する後づけの推論が付け加えられる（リンク2）。ただし，そうした推論によって判断が覆されたり（リンク5），内省によって直観が変更されたり（リンク6）することはほとんどない。

　他方，道徳的判断や推論は，他者の直観に対して，大きな影響を与える（リンク3, 4）。そのため，道徳的な理由を他者に示すことは，自己の評判を獲得し，他者の行動に影響を与えることで，戦略的に有利にはたらく。逆にいえば，自己の直観は，他者の判断や推論が引き金になって，容易に変更される。社会心理学における著名な実験—たとえば，ミルグラム（Milgram, 1974）の服従実験やジンバルド（Zimbardo, 2007）のスタンフォード監獄実験，ラタネとダーリー（Latane & Darley, 1970）による傍観者効果の実験など—は，周囲の他

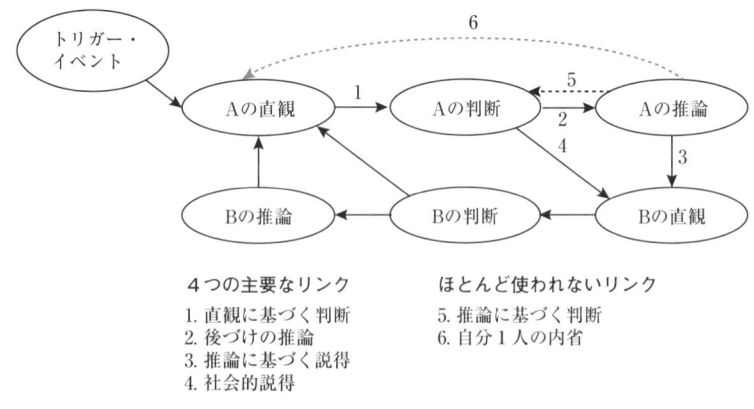

図1-1　ハイトの社会的直観モデル（Haidt, 2012）

者の判断や推論から影響を受けることで，人間がいかに冷淡で残虐な存在に変わるのかということを証明してきた。

　道徳的判断における直観の優位を示すために，ハイト（2007, 2012）は，次のような「危害のないタブー侵犯ストーリー」を用いた調査研究を行ってきた。
・交通事故で死んだペットの肉を，もったいないので家族でこっそり食べた。
・完全に避妊したうえで，合意のもと，誰にも知られずに近親相姦を行った。
・誰も見ていないときに，古い国旗を切って風呂洗い用の雑巾として使った。

これらのストーリーは，おもに「嫌悪」や「不敬」をテーマとしており，誰の目にも触れず，誰の感情も害さないというあらすじになっている。このような奇抜なストーリーを用いることによって，ハイトは，規範の侵犯という直観が無害という合理的推論に優先することを示そうとしてきた。

　これらの調査研究の知見は，大きく２つに要約できる（Haidt, 2012）。１つ目は，社会的直観モデルのとおり，多くの人々が登場人物の行動を瞬時に非難し，その後時間をかけて，理由を探したという点である。しかし，危害が見当たらないため，ストーリーを脚色して犠牲者を創作しようとしたり，「間違いだとわかっているんだけど，理由が思いつかない」という当惑状態に陥ったりした。こうした混乱は，明白に，非言語的な直観の優先を物語っている。

　もう１つの知見は，「危害のないタブー侵犯ストーリー」を道徳的問題と考えるのか否かが，文化によって異なるという点である。アメリカの都市部の高学歴の人々の間では，こうした危害のないタブー侵犯は，道徳的問題ではなく，社会ごとに異なる慣習の問題としてとらえられることが多かった。それに対して，アメリカやブラジルの労働者階級の人々の間では，タブー侵犯は，たとえ危害がなくても，いつでもどこでも許されない道徳的問題としてとらえられていた。次にあげるハイトの第２原則は，こうした文化差の知見に基づいている。

②危害回避と公正さ以外にも，道徳性が存在する（６つの道徳基盤）
　ハイトは，第２に，認知的発達理論が危害回避や公正さといった義務論的な正義に限定して道徳性をとらえてきた点を批判している。ハイト（2012）によれば，道徳性をこのように狭く理解しているのは，欧米の（Western），高等教育を受けた（Educated），産業化された（Industrialized），裕福で（Rich），

第 1 部　理論編

民主主義的な（Democratic）文化に暮らす人々に限られている。そして，この奇妙な（WEIRD）人々こそが統計的例外であり，自律の倫理（ethic of autonomy）だけを強調して，共同体の倫理（ethic of community）や神性の倫理（ethic of divinity）を軽視していると指摘する。

　このようなコールバーグ批判は，道徳性のとらえ方に関して欧米偏重を指摘するものとなっている。ただし，ハイト（2012）は，道徳性の文化差に関する知見を文化的相対主義とは結びつけずに，むしろ普遍主義的な多元論として展開している。すなわち，人間の道徳性は，複数の問題解決モジュールから多元的に構成されており，それぞれのモジュールは，人類史の適応的課題に応じて，進化的に獲得されてきたという。ハイト（2012）は，このような多元論の説明として，「正義を求める心は，6種類の味覚のセンサーを持つ舌のようなものである」というたとえを用いている。

　このような心のモジュール性という考え方をもとに，ハイト（2012）は，「ケア／危害」「公正／欺瞞」「自由／抑圧」「忠誠／裏切り」「権威／転覆」「神聖／穢れ」という6つの道徳基盤を提唱している。図1-2の1行目は，それぞれの道徳基盤をもたらした人類史上の適応的課題について述べている。すなわち，「子どもを保護する」「血縁以外の協力関係を築き，その恩恵を受ける」「支配や抑圧を避ける」「集団の凝集性を高める」「階層内部で有益な関係を築く」「汚染を避ける」といった別々の課題を解決する装置として，6つの道徳基盤が形成されたと位置づけられる。

　2行目の原初的トリガーは，進化的適応環境において，道徳基盤のスイッチを作動させていたと考えられる情報パターンを示している。ただし，道徳基盤を作動させるトリガーは，しばしば，文化によって書き換えられる。そこで，図の3行目では，現代の欧米社会において，道徳基盤を作動させるトリガーの事例をあげている。そして，4行目では，各道徳基盤が作動する際に喚起されやすい感情が示されている。さらに，最後の5行目では，それぞれの道徳基盤と関連する徳目について述べている。

　ハイト（2012）によれば，このリストの最初にあげられている「ケア／危害」基盤は，哺乳類の養育活動に根差している。ただし，人間の場合，自分の子どもの苦痛に反応するだけでなく，幼いものや か弱いもの全般もトリガーとなり，

保護し，育てるように行動を導く。第2列目の「公正／欺瞞」基盤は，非血縁者への利他的行動を生み出す「互恵的利他主義（reciprocal altruism）」を築き，維持するという適応的課題によって形成された。相手の態度が協力的か否かに敏感に反応し，怒りや軽蔑といった強い感情を発動させる。第3列目の「自由／抑圧」基盤は，アルファメイル（第1位の雄）による支配を弱め，集団内に平等主義的関係を築くという適応的課題によって形成されてきた。権威者による制約や干渉に反発し，義憤を感じることによって，専制を抑制してきた。ハイト（2012）によれば，これら3つの道徳基盤は，どの文化やどの階層にもみられるが，欧米のリベラル層（WEIRD）において特に強調される。

他方，「忠誠／裏切り」「権威／転覆」「神聖／穢れ」という3つの道徳基盤は，欧米のリベラル層において軽視される傾向がある。4列目の「忠誠／裏切り」基盤は，社会集団の結合を強化することで，集団間競争に勝利するという適応的課題に対応している。内集団に対する自己犠牲と外集団に対する敵対行動を引き起こすトリガーは，現代社会では，スポーツチームに拡大されている。

|  | ケア／危害 | 公正／欺瞞 | 自由／抑圧 | 忠誠／裏切り | 権威／転覆 | 神聖／穢れ |
|---|---|---|---|---|---|---|
| 適応的課題 | 子どもを保護し，助けること | 双方向の協力関係から恩恵を受けること | 支配や抑圧を避けること | 集団の凝集性を高めること | 階層内部で有益な関係を築くこと | 汚染を避けること |
| 原初的トリガー | 自分の子どもが苦痛や被害，困窮を訴えること | 欺瞞，協力，偽り | 暴君，専制 | 集団に対する脅威や挑戦 | 支配と服従の兆候 | 廃棄物，病気にかかった人 |
| 現在のトリガー | 赤ちゃんシール，漫画の癒し系キャラ | 結婚生活での貞節，自動販売機の故障 | 自由の制約，政府の干渉 | スポーツチーム，国家 | 社長，評判の高い専門家 | タブーの観念（共産主義，人種差別） |
| 特徴的な情動 | 同情 | 怒り，感謝，罪悪感 | 抵抗，怒り | 集団的自尊心，裏切りへの憤怒 | 尊敬，畏敬 | 嫌悪 |
| 関連する徳目 | ケアすること，親切さ | 公正，正義，信頼 | 自由，平等 | 忠誠，愛国心，献身 | 従順，敬意 | 節制，純潔，信心深さ，清潔 |

注）Haidt（2012, p.125）の第6章の表に第8章の記述（自由／抑圧）を加えている

**図1-2　ハイトにおける道徳基盤理論**

第1部　理論編

5列目の「権威／転覆」基盤は，階層的序列のもとで有益な関係（保護と敬意）を築きながら地位を上昇させていくという適応的課題に対応している。伝統や制度も，社会の安定化という点から評価される。6列目の「神聖／穢れ」基盤は，病原菌や寄生虫などの脅威を避ける必要性から生じたものであり，腐敗や排泄物などの嗅覚や視覚情報に対応して嫌悪を引き起こす。非欧米社会の人々や欧米の保守主義者にとっては，これら3つの道徳基盤も，道徳領域を構成する重要な構成要素になっている。

　このようにして，ハイトは，複数の道徳基盤を指摘することで，道徳性が1つであるという思い込みを打ち砕き，従来の研究枠組みを大きく刷新しつつある。道徳性が1つであると信じられてきたのは，意識的・言語的なプロセスが同時に1つのテーマしか扱えないからにすぎない。これに対して，ハイトは，無意識的・非言語なプロセスに着目することで，複数の道徳基盤が潜在的に準備され，機能する局面を明らかにしている。複雑な争点を含む道徳的問題は，複数の道徳基盤を自動的に起動させるのであり，そのことが集団間や個人間，あるいは個人内に，対立や葛藤を引き起こしていると考えられる。

③道徳性は人々を結びつけるだけでなく盲目にもする（マルチレベル選択）

　認知的発達理論に対するハイト（2012）の第3の批判は，それが，もっぱら個人の推論にのみ着目し，道徳性に含まれる集団主義的特性を見逃していた点に向けられる。そうした個人中心のとらえ方によって，「忠誠／裏切り」「権威／転覆」「神聖／穢れ」という道徳基盤が無視されただけでなく，道徳性をめぐる熱狂や高揚，崇高さ，自己犠牲といった側面も，研究対象から除外されてきたと指摘している。

　これに対してハイト（Haidt, 2012；Haidt & Graham, 2009）は，社会学者デュルケーム（Durkheim, 1893, 1912）の見解にならい，人間をホモ・デュプレックス—個々人が織り成す世俗的世界と，自己を超越し全体社会の一部となる神聖な世界という二重の世界を生きる存在—として理解しようとしている。前者の世俗的な世界での個人は，自分の評判を気にして道徳的な態度を装い，後づけの理由を自ら信じ込もうとする戦略的な利他主義者である。こうした道徳性の個人主義的側面は，進化心理学的アプローチにおいては，おもに，血縁選

択と互恵的利他主義から説明されてきた。他方，ハイト（2012）は，内集団に対する自己犠牲や一体化という集団主義的特性も，人間の基本設計の一部であると主張する。

　こうした道徳性の二重のあり方について，ハイト（2012, p.346）は，「人間の本性は，90％チンパンジーで，10％ミツバチである」というたとえを用いている。すなわち，人間行動の大部分は，チンパンジーのように，個体レベルでの駆け引きに秀でた，戦略的利他主義者として説明できる。しかし他方，人間は，ミツバチのように，自己利害を超えた生物としても行動するという。この集団主義的特性を発現させる条件を，ハイトは，ミツバチスイッチ（hive switch）と呼んでいる。「多様性ではなく類似性を高める」「人々の同調性をうまく利用する」「個人間ではなく，集団間での健全な競争を実施する」などの機会を用意すると，集団主義的特性が発揮されやすくなると説明している（Haidt, 2012, pp.370-371）。こうしたハイトの指摘は，日本人からみると，必ずしも目新しいものではないだろう。日本の学校や企業では，そうした組織編成の原理が頻繁に用いられているからである。

　ただし，このハイトの指摘は，第1に，欧米社会のなかに積極的に集団主義的特性を取り込もうとしている点で特徴的だといえる。ハイト（2012）は，独裁者たちがこの集団主義的特性を悪用して，巨大な軍隊をつくり，悲惨な結果をもたらしてきたことを認めている。それにもかかわらず，ハイトは，そうした集団主義的特性こそが，人間の幸福の主要な源泉でもあり，現代社会における原子化や意味喪失に対する防波堤として擁護されなければならないと強調する。そして，小規模な共同体において，多角的に，バランスよく集団主義的特性を展開していくことが，逆にファシズムに対する抵抗力をもたらすと主張している。

　第2に，このようなハイトの主張は，マルチレベル選択という進化論上の仮説のもとに展開されている点でも特徴的である。このマルチレベル選択というのは，自然選択が，遺伝子や細胞，生物個体，集団といったさまざまなレベルではたらくという仮説である。ハイト（2012）は，人間の心が，集団内での個人間競争を勝ち抜くように設計されており，マキャベリ的であると考えている。しかしそれだけでなく，集団レベルでの競争を通じて，集団主義的特性が獲得

第1部　理論編

されてきたと考えている。このようにレベルの異なる自然選択がはたらくことによって，複雑な人間の道徳性が形成されてきたと主張している。

### (2) 認知的発達理論と道徳基盤理論のねじれた関係

　ここまでみてきたように，認知的発達理論に対するハイトの批判は，きわめて挑発的であり，かつ鋭い。心のモジュール性や直観先行といった考え方によって，コールバーグの認知的発達理論は，完全に破綻したようにもみえる。しかしながら，ハイトの道徳基盤理論は，コールバーグの認知的発達理論と真っ向から対立するものであろうか。両者の違いは，道徳性の内容の違いというより，むしろ理論化している局面の違いであると考えことができる。認知的発達理論では，道徳的推論の個体発生プロセスに焦点があてられているのに対して，道徳基盤理論では，道徳的直観の進化的起源やその集団主義的特性に焦点があてられている。したがって，ハイトの批判を受け入れたとしても，道徳的推論についての発達的研究が即座に無効となるわけではない。

　このような両者の視座の違いは，動物行動学の祖の1人であるティンバーゲン（Tinbergen, 1963）の「4つのなぜ」と呼ばれる分類法を用いて整理できる。図1-3は，動物行動をめぐる問いと答えに4種類の方向性があることを示している。第2次世界大戦後の社会科学は，社会進化論と優生学に対する反省から，もっぱら至近要因（1.原因，3.個体発生）に関する説明だけに議論を限定してきた。認知的発達理論も，ほぼ個体発生だけに焦点を当てた研究であった。

　これに対して，ハイトは，進化心理学や認知科学，神経科学の最新の知見に基づきながら，道徳性の究極要因（おもに2.適応）に関する議論を展開してきたのである。もちろん，この試み自体が，道徳心理学の大きな革命である。しかし，そうした究極要因の説明が，至近要因の説明とどの程度整合的であるのかという点については，まだほとんど議論されていない。道徳心理学は，「4つのなぜ」が提起する問いに，これから本格的に挑戦しなければならない。

　他方，コールバーグの認知的発達理論とチュリエルの社会的領域理論，ハイトの道徳基盤理論を実際に並べてみると，理論化の局面がまったく異なっているにもかかわらず，その内容がきわめて類似していることに驚くはずである（図1-4）。第1段階の他律的道徳は「ケア／危害」基盤，第2段階の道具的個人

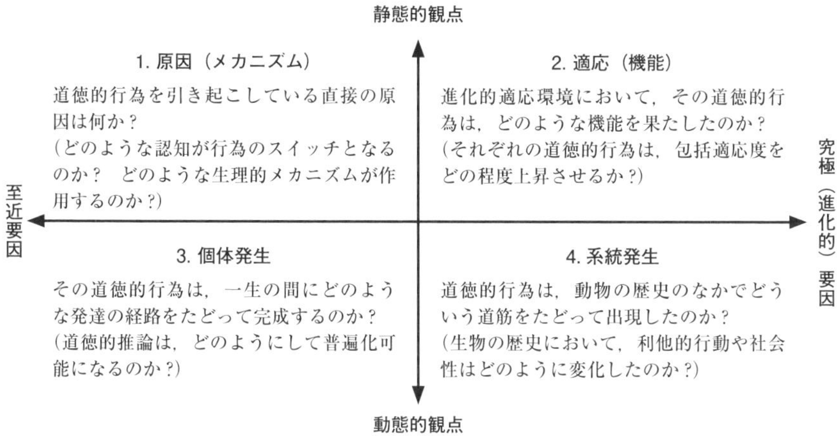

第 1 章　道徳的判断

静態的観点

| 至近要因 | 1. 原因（メカニズム）<br>道徳的行為を引き起こしている直接の原因は何か？<br>（どのような認知が行為のスイッチとなるのか？　どのような生理的メカニズムが作用するのか？） | 2. 適応（機能）<br>進化的適応環境において，その道徳的行為は，どのような機能を果たしたのか？<br>（それぞれの道徳的行為は，包括適応度をどの程度上昇させるか？） | 究極（進化的）要因 |
|---|---|---|---|
| | 3. 個体発生<br>その道徳的行為は，一生の間にどのような発達の経路をたどって完成するのか？<br>（道徳的推論は，どのようにして普遍化可能になるのか？） | 4. 系統発生<br>道徳的行為は，動物の歴史のなかでどういう道筋をたどって出現したのか？<br>（生物の歴史において，利他的行動や社会性はどのように変化したのか？） | |

動態的観点

図 1-3　ティンバーゲンの 4 つのなぜ（人間はなぜ道徳的行為をするのか？）
（Tinbergen, 1963；長谷川, 2002 をもとに作成）

| | 認知的発達理論の構造的段階<br>(Kohlberg, 1984) | 社会的領域理論<br>(Turiel, 2002) | 道徳基盤理論<br>(Haidt, 2012) | |
|---|---|---|---|---|
| Ⅰ 前慣習的 | 第 1 段階<br>他律の道徳 | 道徳領域<br>規則や権威，一般的合意，文化的差異から独立に，優先的に判断される | ケア／危害 | リベラル道徳の範囲 |
| | 第 2 段階<br>個人主義と道具的意図，交換 | | 公正／欺瞞 | |
| | | | 自由／抑圧 | |
| Ⅱ 慣習的 | 第 3 段階<br>相互的な対人的期待，対人的同調 | 慣習領域<br>規則や権威，一般的合意，文化的伝統等に依存して判断される | 忠誠／裏切り | 保守派道徳の範囲 |
| | 第 4 段階<br>社会的システムと良心 | | 権威／転覆 | |
| Ⅲ 脱慣習的 | 第 5 段階<br>社会契約，または効用と個人権 | 個人領域　自重領減<br>否定的<br>肯定的 | 神聖／穢れ | |
| | 第 6 段階<br>普遍的倫理的原理 | 自由 | | |

図 1-4　コールバーグとチュリエル，ハイトの比較

第1部　理論編

主義は「公正／欺瞞」基盤と「自由／抑圧」基盤，第3段階の対人的同調は「忠誠／裏切り」基盤，第4段階の社会システムは「権威／転覆」基盤にそれぞれ対応していることがわかる。唯一異なるようにみえるのは，第5段階の一般的個人権や第6段階の普遍的倫理的原理（人格の尊重）と，「神聖／穢れ」基盤の対応関係だけである。しかし，近代個人に関するデュルケーム（1970）の見解—近代社会の人格崇拝は新たな宗教であり，私的領域の神聖化にほかならない—を知っていれば，この対応関係も十分理解できるだろう。

コールバーグは個人の発達，チュリエルは社会的知識の領域区分，ハイトは進化的起源について，それぞれ知見を提出しているにもかかわらず，なぜこうした内容上の類似性が生じているのだろうか。もちろん，「個体発生は系統発生を繰り返す」という反復説を安易にふりかざすのは危険であろう。しかしながら，道徳的判断のメカニズムとその変容プロセスをめぐって，発達論的観点と進化論的観点を交差して考えることは，今後，道徳心理学にとって重要な知的源泉になっていくにちがいない。

## 2節　最近の道徳的判断研究

### 1．近年の道徳的判断に関する研究

これまで道徳性に関する研究は心理学においては，道徳的判断，道徳的感情，道徳的行動，道徳的パーソナリティといった側面から検討されることが多かった。道徳的判断に関してはピアジェの研究をもとに展開をしたコールバーグの理論が長年，主流を占めてきた。この流れのなかでは，インタビュー法を用いて道徳的ジレンマ課題についての道徳的判断が求められたり，質問紙調査を用いて道徳的ジレンマ課題についての道徳的判断（Defining Issues Test: DIT）が求められたりすることにより，道徳的判断に関する研究が積み重ねられてきた。

近年では，先に述べた研究法だけではなく，fMRI（functional Magnetic Resonance Imaging）により道徳性研究にもバリエーションが出てきた（第6章1節参照）。つまり，fMRIを用いることにより脳部位と道徳的判断の関係性が明らかになり，客観的に検討することが可能になってきたのである（たと

えば，Moll et al., 2002；Moll & Oliveira-Souza, 2007）。このような流れを受けて，ナルバエス（Narvaez, 2013）は今後の研究が待たれる道徳性の研究領域として，道徳的気質，神経生物学からみた道徳性研究，遺伝と漸成説，最高の道徳的能力，無意識と意識の過程（直観と理由づけに関する研究），道徳的知覚に関する研究などをあげている。これらの研究テーマのなかには，すでに研究が進んでいる研究領域もあれば，今後進展が待たれる研究領域もある。

　それでは，近年，日本で行われる道徳的判断に関する研究にはどのようなものがあるか。以下では，「道徳的判断」をキーワードとして，先に紹介したピアジェ理論やコールバーグ理論といった認知発達理論から発展した研究，コールバーグの道徳的発達段階をもとにしてレスト（Rest, 1979）が作成した DIT を用いた研究，社会的領域理論に基づく研究，規範意識，自閉スペクトラム症児の道徳的判断などさまざまに展開されている日本の道徳的判断に関する研究を紹介する。

## 2．最近の日本における道徳的判断に関する研究

　第1章1節で示したピアジェ（1932）による道徳的判断に関する一連の研究以降，子どもの道徳的判断の発達の移行過程やその方向性，移行が生じる発達年齢に関してはさまざまな研究者により数多くの研究が行われた。そして，多くの議論や論争がなされて現在に至る（二宮，1984）。近年では，ピアジェの研究方法（意図と結果の大小を組み合わせた実験手続き。1節参照）を援用し，林（Hayashi, 2007, 2010）が4歳～5歳前半，5歳後半～6歳，7歳，9歳，11歳，大人（大学生）を対象として，道徳的判断と作為・不作為の認識の関係について検討を行っている。作為ストーリー（女の子の画用紙に，それが彼女のものと［①知っていて／②知らなくて］男の子が落書きをする），不作為ストーリー（女の子の帽子と［①知っていて／②知らなくて］帽子が飛んで行っても男の子は何もしない）を用意し，幼稚園児には個別にパソコンのスクリーン上にイラストを提示し，回答を得た。小学生以上の対象者にはストーリーがイラスト（6コマ）と並列して提示される絵本冊子状の調査用紙を配布し，回答を得た。道徳的判断（①の男の子が悪い，②の男の子が悪い，③どちらも同じくらい悪い）を求めた結果，作為・不作為のストーリー間において有意差はなく，

作為であっても不作為であっても同じような道徳的判断が行われていた。また，両ストーリーの道徳的判断の正答率は4歳〜5歳前半で約20％，5歳後半〜6歳で約20〜25％，7歳で約60％，9歳，11歳および大人が約80〜90％であり，9歳以降になって大人と同様の道徳的判断を行うことが示唆された。そして，誤答者の多くが「どちらも同じくらい悪い」を選択していたことから，先に述べたピアジェ（1932）が示したように，年少者ほど作為・不作為の道徳的判断においても結果論に基づいた判断と近い判断をしていることが示唆された（林，2012）。

　一方，やや年長を対象とした道徳的判断に関する研究ではDITを用いた研究が実施されている。コールバーグによるMJI（第1章1節参照）がその実施や得られた結果（質的データ）のスコアリングに際して熟練したスキルを必要とする研究方法であるのに対し，レストによるDITは質問紙により客観的に回答することができる点において大きく異なる。また，DITは開発されてから何十年も経った現在においても，毎年数多くの研究者により利用されており（Bayley, 2011），DITを用いた道徳的判断に関する研究知見が蓄積されている。日本においてもDITをもとに山岸（1995）が開発した日本版DITを用いた研究が数多く存在する。それでは，私たちの道徳的判断の発達はどのようなものか，また，経年により（近年になるにつれて）私たちの道徳的判断は高まっているのか，あるいは低下しているのか。

　この問題に関して，櫻井（2011）はDITを用いて小学校5年生，6年生，中学校1年生，2年生，3年生，高校2年生，大学生を対象として道徳的判断を測定し，その発達を明らかにしている。調査の結果，小学生から大学生へと年齢が上がるにつれ，第5段階の道徳的判断を行う人が有意に増加すること，発達にともない低い発達段階の道徳的判断をする人が減少することが示された。つまり，発達にともない，私たちの道徳的判断の発達段階が上昇していくことが示唆されたのである。また，過去24年間の道徳的判断の経時効果を検討した結果，時間の経過にともなう道徳的判断の変化はみられないことが示唆された。言い換えると，近年に向かって青少年の道徳的判断が低下したり，上昇したりしているということはなく，道徳的判断は年齢の発達によってのみ上昇しているということができる。これは後述する規範意識の経年変化に関する結果

第 1 章　道徳的判断

これからいくつかのストーリーについて，主人公はどうしたらいいかについて考えていただきます。そして，それを考えるとき，どのようなことが重要な問題だと思うかを答えていただきます。

ストーリー1
Aさんの奥さんがガンで死にかかっています。お医者さんは，「ある薬を飲めば助かるかもしれないが，それ以外に助かる方法はない」と言いました。その薬は，最近ある薬屋さんが発見したもので，10万円かけて作って100万円で売っています。Aさんは，できる限りのお金を借りてまわったのですが，50万円しか集まりませんでした。
Aさんは薬屋さんにわけを話し，薬を安く売るか，または不足分は後で払うから50万円で売ってくれるように頼みました。でも薬屋さんは，「私がその薬を発見しました。私はそれを売って，お金をもうけようと思っているのです」と言って，頼みを聞きませんでした。Aさんは困って，その夜，奥さんを助けるために，薬屋さんの倉庫に泥棒に入り，薬を盗みました。

問い1
Aさんは薬を盗んだほうがよかったと思いますか，盗まないほうがよかったと思いますか？
あてはまるものの番号に○をつけてください。
　　1. 盗んだほうがよい　／　2. 分からない　／　3. 盗まないほうがよい

上の問い1について考えるとき，以下のような問題はどの程度重要だと思いますか？
あてはまるものの番号に○をつけてください。

|  | 全く重要でない | あまり重要でない | いくらか重要 | かなり重要 | 非常に重要 |
|---|---|---|---|---|---|
| 1. われわれの社会の法律が，そのことを是認するかどうか。 | 1 | 2 | 3 | 4 | 5 |
| 2. 愛する妻のことを思ったら盗むのが自然かどうか。 | 1 | 2 | 3 | 4 | 5 |
| 3. Aさんは刑務所に行くような危険を冒してまで，奥さんを助ける必要があるかどうか。 | 1 | 2 | 3 | 4 | 5 |
| 4. Aさんが盗むのは自分のためなのか，それとも純粋に奥さんを助けるためなのか。 | 1 | 2 | 3 | 4 | 5 |
| 5. 薬を発見した薬屋の権利は尊重されているかどうか。 | 1 | 2 | 3 | 4 | 5 |
| 6. Aさんは夫として，奥さんの命を救う義務があるかどうか。 | 1 | 2 | 3 | 4 | 5 |
| 7. われわれが，他の人に対してどうふるまうかを決めるとき，根本となる価値は何だろうか。 | 1 | 2 | 3 | 4 | 5 |
| 8. 金持ちを守るだけの無意味な法の庇護により，薬屋は許されてしまっていいのか。 | 1 | 2 | 3 | 4 | 5 |
| 9. この場合，法律が社会の構成員の最も基本的な欲求の実現を阻んでいないかどうか。 | 1 | 2 | 3 | 4 | 5 |
| 10. このように欲が深く，残酷な薬屋は盗まれても当然かどうか。 | 1 | 2 | 3 | 4 | 5 |
| 11. このような非常事態でも，盗むことが，薬を必要としている社会のほかの人々の権利を侵害することにならないかどうか。 | 1 | 2 | 3 | 4 | 5 |

上の11項目のなかで重要だと思ったのはどれですか。（　）内に項目番号を記入してください。
1番重要（　　）／2番目に重要（　　）／3番目に重要（　　）／4番目に重要（　　）

図1-5　日本版DITの一部（山岸，1995より作成）

とも対応する。その一方で、アメリカでは国内のさまざまな地点で大学生の道徳的判断を測定した結果、近年、2段階、3段階の道徳的判断をする人が増加し、5段階、6段階の道徳的判断をする人が減少しつつあると述べられており（Narvaez, 2010）、日本との違いが示唆される。

　藤澤（2013）はDITを用いて青年を対象として、道徳的判断（DIT）、公共場面における行動基準尺度（菅原ら、2006）、規範意識（表1-6参照）の関係について検討した。行動基準とは公共場面において行動をとる際の基準のことであり、尺度には5つの下位尺度（自分本位、仲間的セケン、地域的セケン、他者配慮、公共利益）が含まれる。自分本位から公共利益へ向かうほどより広い他者のことに配慮した行動をとることを示す。つまり、他者のことに配慮できる人ほど、自分本位、仲間的セケンの得点は低い傾向にあり、地域的セケン、他者配慮、公共利益の得点は高い傾向にある。道徳的判断、行動基準、規範意識の関係を検討した結果、道徳的判断が規範意識を予測せず、まわりの人のことを考える行動基準（地域的セケン、他者配慮）が規範意識を予測することが明らかとなった。つまり、地域の人の視線や評判を気にしたり、他者を思いやったりするといった行動基準が規範意識に関連していたのである。その一方、道徳的判断は規範意識の高さとは必ずしも一致しないといえる。たとえば、奴

表1-6　2003〜2011年の規範意識の経年変化

|  | 2003 M | 2003 SD | 2009 M | 2009 SD | 2011 M | 2011 SD | $F$値 有意差 | 多重比較 (Bonferroni) |
|---|---|---|---|---|---|---|---|---|
| 盗み | 5.1 | 1.2 | 5.1 | 1.3 | 5.2 | 1.1 | 0.13 | |
| ゴミ | 4.8 | 1.2 | 4.9 | 1.3 | 4.8 | 1.1 | 0.12 | |
| 悪口 | 3.3 | 1.5 | 3.8 | 1.5 | 3.6 | 1.4 | 4.86** | 2003<2009 |
| 嘘 | 3.1 | 1.3 | 3.1 | 1.4 | 3.1 | 1.4 | 0.13 | |
| 静か | 4.3 | 1.4 | 4.2 | 1.4 | 4.2 | 1.3 | 0.17 | |
| 飲食 | 3.8 | 1.4 | 3.5 | 1.6 | 3.5 | 1.4 | 2.16 | |
| メーク | 2.8 | 1.4 | 3.3 | 1.6 | 3.1 | 1.5 | 3.85* | 2003<2009 |
| 飲酒 | 3.0 | 1.5 | 3.1 | 1.6 | 3.5 | 1.6 | 3.51* | 2003<2011 |

$p<.01^{**}$, $p<.05^{*}$

注1）表中の得点が高いほど規範意識が高いことを示す。
注2）「盗み：人の物を盗んではいけない」、「ゴミ：ゴミのポイ捨て禁止」、「悪口：悪口を言ってはいけない」、「嘘：嘘をついてはいけない」、「静か：公共の場では静かにする」、「飲食：授業中の飲食禁止」、「メーク：公共の場でメークをしてはいけない」、「飲酒：未成年の飲酒禁止」を示す。

第 1 章　道徳的判断

隷制度という決まりがあり，それを遵守する人がいたとしたら，決まりを守るという点で規範意識は高いと判断されるかもしれないが，道徳的判断は低いといえる。

　次に，社会的領域理論に関連する研究を紹介する。先ほど述べた 3 領域（道徳領域，慣習領域，個人領域）に関して，慣習領域については発達的変化のあることが示されてきたが（Turiel, 1983），近年では道徳領域，個人領域においても発達があると考えられている。そして，各領域の発達に応じた教育カリキュラムが提案される（詳しくは，Nucci & Powers, 2014）。本節では，まず，個人領域に焦点を当てた研究，そして，慣習（規範）に関連する研究を紹介する。

　個人領域には他者に干渉されてはならない自己決定をすることができる事柄が含まれる。そのため，発達にともない，親（などの権威）からの自律，自律の発達という点が重要になり，その観点から研究がなされてきている。Yamada（2008）は社会的領域理論をもとに，日本人の小学生（6 歳〜12 歳）を対象として，両親が決めてもよいかどうか子どもが葛藤する場面を提示し，社会的判断を求めた。その結果，9 歳〜11 歳児は 7 歳児よりも子どもの意思決定を支持すること，個人領域の事柄について多くの子どもが子どもの意思決定を支持すること，個人領域に関すること（例：靴の色を親が決める）について親の決定を否定することが示された。ヌッチら（Nucci et al., 2013）は日本の高校生を対象として，個人的な事柄（例：友人と出かけるとき，何を着るか），多面的な事柄（例：10 代が親の好まない人と過ごす），自己管理に関する事柄（例：10 代がタバコを吸う）の 22 項目を提示し，それらについてどの程度親に開示するかについて回答を求めた。その結果，自己管理に関する事柄については最も多く，個人的な事柄については最も少なく親に開示していた。これらの研究は，発達にともない，子どもたちが大人によりなされる判断から自律し，自分の判断（個人領域）を確立させていく発達の様相を明らかにしているといえる。

　一方，慣習領域に関する理論的な研究として，高橋（2007a, 2010）は青少年を対象として，規範には悪さの点において 6 つの序列性（悪いほうからヤンキー型，ズル型，生活規律型，タバコ型，性規範型，消費恋愛型）が存在するという悪のグレースケールを展開している。そして，悪のグレースケールと社

33

会的領域理論の対応性について論じ，道徳領域にはヤンキー型とズル型，慣習領域には生活規律型，個人領域にはタバコ型，性規範型，消費恋愛型が対応すると述べている。このことは私たちが道徳や慣習を認識する際にそれらを一律に取り扱ってはいないことを示唆するといえるだろう。

　これらの研究をみてくると，近年，青少年の規範意識は低下しているのか。低下しているのであるならば，その低下は発達（一時的に規範意識が低下する発達年齢が存在する；山岸，2002）によるものか，あるいは経年変化によるのか。あらゆる（いずれの領域の）規範意識が低下しているのか，といった疑問がわく。この問題に関して，藤澤（2009）は規範意識に関する先行研究は発達的変化あるいは経年変化を混在して論じられているか，あるいは実証的証拠をともなわずに規範意識の低下について論じていることがあると述べている。そして，藤澤（2013，2014）は青年を対象とし，社会的領域理論のうち，理由づけ（質的側面）と規則随伴性判断（量的側面）を用いて規範意識の経年変化（2003年，2009年，2011年；社会的危機），社会的危機後の規範意識の変容について検討した。具体的には 8 項目のおのおのについてルール違背をよいか悪いか（規則随伴性判断）尋ね，その理由づけを自由記述で求めた。理由づけ（質的側面）を分類した結果，「道徳」「慣習」「個人道徳」「状況的慣習」「個人」の 5 領域に分類された。よって，同じ規範であっても人によりさまざまに異なって認識されていることが示唆された。たとえば，「盗み」を権利に関する問題だと考えている人は道徳領域，「盗み」を法律違反だと考えている人は慣習領域が活性化されていると考えられる。

　また，規則随伴性判断（量的側面）を分析した結果，規範意識は経年により一方的に低下をしてはいないこと（表 1-6），量的側面と質的側面という 2 つの側面から規範意識を測定することにより従来の量的側面のみではとらえきれない面があること（表 1-6，図 1-6，図 1-7，図 1-8），社会的危機（2011 年）後には規範意識が高まる場合があること（表 1-6）が明らかとなった。山口県において 10 年間にわたり小学生，中学生，高校生，青年の規範意識を経年変化と発達の両側面から検討した研究においても経年変化よりも発達による変化のほうが大きいという結果が示されている（高橋，2007b）。

　これらの研究より，規範意識のなかには低下をするものもあるが，それは一

第 1 章　道徳的判断

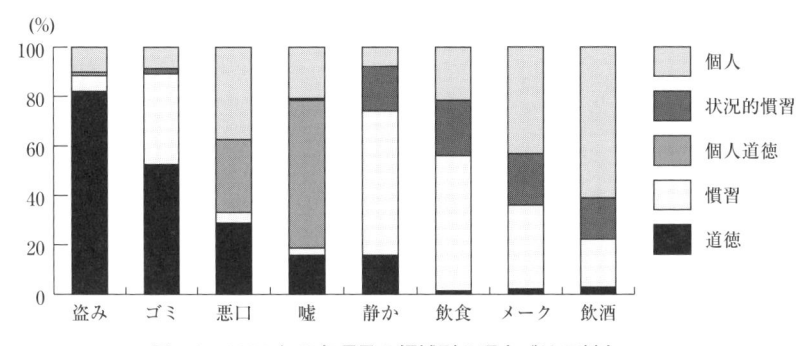

図 1-6　2003 年の各項目の領域別の理由づけの割合

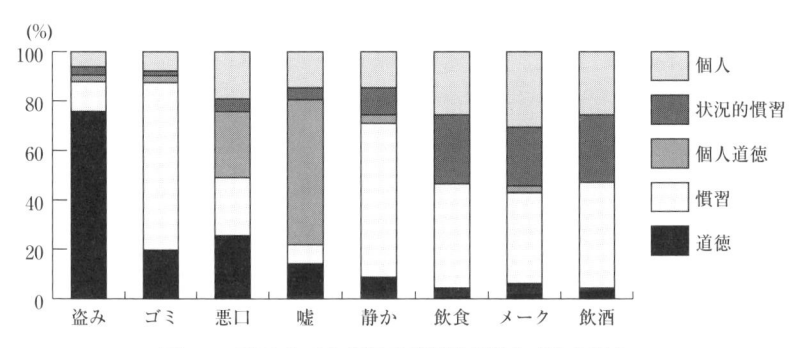

図 1-7　2009 年の各項目の領域別の理由づけの割合

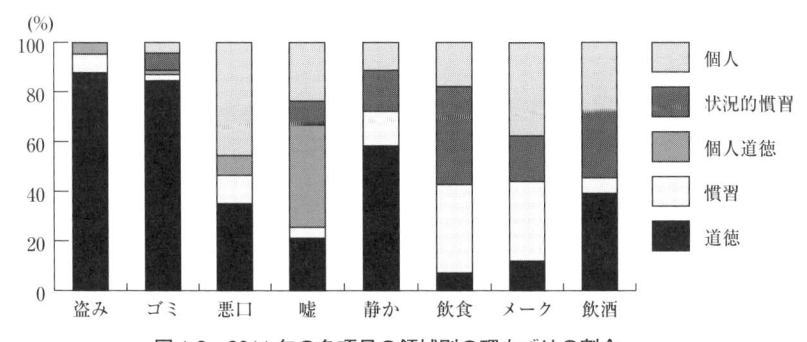

図 1-8　2011 年の各項目の領域別の理由づけの割合

注)「盗み：人の物を盗んではいけない」,「ゴミ：ゴミのポイ捨て禁止」,「悪口：悪口を言ってはいけない」,「嘘：嘘をついてはいけない」,「静か：公共の場では静かにする」,「飲食：授業中の飲食禁止」,「メーク：公共の場でメークをしてはいけない」,「飲酒：未成年の飲酒禁止」を示す。

第 1 部　理論編

概に規範意識が低下をしているわけではないこと，規範の種類により低下をしていることから自律の発達である可能性が示唆される。そして，この結果は経年により大きく変容（低下）してはいないことから，若者の規範意識について教育的な取り組みを行う際には発達年齢に応じたはたらきかけが必要であるといえよう。

　最後に，近年，増加しているといわれる自閉スペクトラム症児を対象とした道徳的判断の研究について述べる（たとえば，Senland & Higgins-D'Alessandro, 2013）。近年の fMRI を用いた研究により，私たちの脳機能について多くのことが明らかになりつつあり，それは道徳的判断の研究についても同様である（詳しくは第 6 章 1 節参照）。そして，脳機能の観点から自閉スペクトラム症群と一般発達群を比較した研究が理論的にも実証的にも積み重ねられつつある（たとえば，平石ら，2007；Takeda et al., 2007）。これまでに述べてきたように，道徳的判断の発達は対人関係性の理解の変化という点から理論化されており，それをもとにして道徳的発達段階や教育プログラムが示されてきた。そのため，結果として，道徳発達は対人関係性の理解が進むことであるという前提に立っており，それを促進するものが道徳発達の教育プログラムだと考えられてきたという歴史的な流れがある（Senland & Higgins-D'Alessandro, 2013）。よって，近年増加しつつある自閉スペクトラム症児には対人関係の理解が困難であるという特徴があるにもかかわらず，従来の道徳教育や教育プログラムの流れのなかにおいては，どのような子どもに対しても対人関係の理解を育む（たとえば，相手の心情を読み取る，登場人物の気持ちを考える，など）というプロセスを踏む従来型の道徳教育プログラムが用意されるという状況が生まれてしまっている。そのため，自閉スペクトラム症児を含む特別支援教育を見据えた道徳の学習指導案が開発されることには意義があるといえる一方で，対象となる子どもが抱える問題によっては従来通りの道徳教育プログラムを用いても教育効果を発揮できない可能性は否定できない。つまり，問題の種類によっては，従来型の道徳教育プログラムでは逆効果である可能性が残される。

　とはいっても，これまでの研究で明らかにされたり，積み重ねられたりしてきた研究知見により，道徳発達が明らかにされたり，それを育む道徳教育が生

み出されたりしてきているのも事実である。そこで，今後は，新しい研究手法により可能となった研究やそれにより明らかとされた知見に基づき，発達の多様性に合わせた新しい教育プログラムを開発していく必要性もあるのではないかと思われる。それにより，子どもたちの健やかな発達がうながされることを心より願う。

# 第2章　モラルと感情

　「人を傷つけてはいけない」という道徳的規範は，誰もが持っているだろう。「人を傷つけてはいけないと思いますか」という質問に対して，良い，悪いと判断することは，道徳的判断といわれる。一方，日常生活では，そうした道徳的規範は常に意識されているわけではないが，人を傷つけそうな場面や人を傷つけてしまったときに道徳的規範をもとに，状況の評価がなされ，モラル感情（moral emotion：本章では道徳的感情という訳語を使う）を経験する。たとえば，道徳的規範を破ったときには，罪悪感や恥を経験する。また，他者が道徳的規範を守って自分に何かしてもらったときには，感謝を経験する。

　道徳的感情は，道徳的判断と同様に，私たちの行動制御にかかわっているため，その機序を知ることは，心理学だけでなく，学校教育の現場でも重要である。罪悪感は，やってしまった行動を謝罪したり，壊してしまった関係をもとに戻そうとする行動を動機づけるし，感謝は相手にお返しをして対人関係を円滑にするという機能がある。道徳的感情には重要な機能があるため，罪悪感や感謝の言語的表出の「すみません」や「ありがとう」は，家庭においても，学校教育においても，大変重視されている。しかし，罪悪感や感謝が年齢相応に表出されない児童生徒がいたとしたら，その子どもは親や教師から怒られるだけでなく，他の生徒から嫌われたり無視されたりするだろう。親や教師の立場からみて，道徳的感情の発達過程を知り，それぞれの感情がどのような役割を持っているのかを知ることは，子どもの教育の面で必要なことだと考えられる。

　本章では，道徳的感情の種類を紹介し，乳幼児から成人までの発達過程を説明する。さらに，2節では，ポジティブな道徳的感情であり，私たちの対人関係にかかわりの深い共感，感謝，尊敬について述べる。

## 1節　道徳的感情とその発達

### 1. 道徳的感情とは

　道徳的感情には，多くの種類がある。表2-1は，自意識，他者意識と，批判，賞賛，苦痛という注意の方向から，道徳的感情をカテゴリー化したものである（Haidt, 2003）。たとえば，「電車で座っていて，老人が歩きづらそうにして目の前に立った」という状況で，「寝たふりをした」としよう。もし，「老人には席を譲るべきだ」という道徳的規範を持っていれば，「寝たふりをした」ことはその規範を破ったことになり，自己批判が行われる。そのとき，「寝たふり」という行動に問題があったと考えれば罪悪感を経験する。また，「寝たふりをした」ことで，後になって自分の人格はおかしいのではないかなどと考えると，屈辱感（自尊人が傷ついたなど）を経験する。また，「寝たふりをした」ことを笑われた，もしくは笑われたように感じたとしたら，他者からの評価が下がったことになり，羞恥感（恥ずかしい，かっこ悪いなど）を経験する。このように，同じ道徳的規範が想起される状況でも，どのように状況を評価するかによって，経験する道徳的感情は異なってくる。

　また，他者が「老人に席を譲らない」状況に遭遇したとき，「老人に席を譲らなければならない」という道徳的規範を持っていれば，他者批判をして怒りや憤り，軽蔑や嫌悪を経験するし，席を譲ってもらえなかった老人には憐れみや慈悲を経験する。嫌悪，怒り，軽蔑は，喚起状況が異なり，喚起される行動も異なる。いずれも道徳的規範を逸脱した他者について経験する点は共通しているが，自分に影響を与えるような行動には怒り，自分に影響はないが道徳に反している行動には嫌悪，他者が愚かな行動をとっているときに軽蔑を経験する。また，道徳的規範に従ってよい行いをしたときは誇りを経験し，他者が道徳的規範に従ってよい行いをしたときは，畏敬の念を抱いたり，感謝を経験する。

　このように道徳的感情は，道徳的規範に基づいて経験するが，同時にさまざまな道徳的行動を喚起することがある。罪悪感を経験すれば，償いのために補償行動や謝罪が動機づけられるし，差恥を経験すれば赤面，笑顔，照れた表情によって道徳的規範を守ろうとしたことをアピールしようとする。また，憐れみや慈悲は援助行動，感謝はお返しなどの行動が動機づけられる。誇りは自分

39

第 1 部　理論編

**表 2-1　道徳的感情の種類**（Haidt, 2003 を改編）

|  | 自意識 |  | 他者意識 |  |  |
| --- | --- | --- | --- | --- | --- |
|  | 自己批判 | 自己賞賛 | 他者批判 | 他者賞賛 | 他者苦痛 |
| 罪悪感 | ○ |  |  |  |  |
| 屈辱感 | ○ |  |  |  |  |
| 羞恥感 | ○ |  |  |  |  |
| 誇り |  | ○ |  |  |  |
| 憤り / 怒り |  |  | ○ |  |  |
| 軽蔑 / 嫌悪 |  |  | ○ |  |  |
| 憐れみ / 慈悲 |  |  |  |  | ○ |
| 畏敬 / 高揚 |  |  |  | ○ |  |
| 感謝 |  |  |  | ○ |  |

注）薊 (2010) を参考に Shame を屈辱感，Embarrassment を羞恥感と訳した。

の価値を他者に認めてもらい，より多くのチャンスをもらい，さらに自己評価を高めるために表出されるが，同時に高まった自己評価を維持しようと，道徳的規範に従順になり，寄付や慈善活動への動機づけを高める。畏敬は道徳的規範に従った，なかなかできないような，よい行いをした他者に向けられるが，同時にそうした他者を見習い，自分自身も道徳的規範に従ってよい行いをすることが動機づけられる。このように，道徳的感情は，道徳的規範に従った形で，社会生活を円滑にするような行動と社会で認められるような行動を動機づけ，その行動に動機づけられた人たちが道徳的規範を共有し，連帯し，社会を維持するという機能を持っている。

　道徳的感情のなかでも屈辱感，怒り，嫌悪，軽蔑は，他者を拒絶したり，他者を攻撃するといった道徳的でない行動を喚起する。しかし，屈辱感を経験した人は，それをバネにして自己改善行動をしたり，他者に怒りを向けることで自分は悪くないことを示し，道徳的規範に従っていることをアピールするという意味では，道徳的な行動に結びついている。怒り，嫌悪，軽蔑は，他者が道徳的規範に違反したことをその違反者に伝え，また周囲の他者に対して道徳的規範に違反している者を社会的に排除することをアピールするという機能がある。すなわち，怒り，嫌悪，軽蔑を示すことで，自分が規範に準拠していて，社会的に適合しており，違反者を排除して道徳的規範を守る集団を維持しよう

とするのである。同時に，怒り，嫌悪，軽蔑を伝えられた他者は，補償行動をしたり，不道徳な行動を二度としないように動機づけられる。そうすることで，他者の気持ちを害しても集団のなかで生活ができるようになるのである。

## 2. 道徳的感情の発達—発達初期における様相

　道徳的感情は，道徳的規範の獲得が前提となるため，生後すぐには経験されない。感情には，発達初期から経験される基本的感情があり，道徳的感情の発達はそれ以後となる。基本的感情とは，私たち人類が進化のうえで獲得してきた生存のために必要な機能を喚起する感情で，喜び，愛，悲しみ，怒り，嫌悪，恐怖の6つがよく取り上げられる（Izard, 1991）。たとえば，外敵が迫ってきたときには，逃走するために恐怖が喚起される。生後すぐの赤ん坊には，感情喚起のための十分な認知機能，運動機能が備わっていないが，新しい刺激に対して関心を示し，興奮することが観察できる。生後3か月になれば，ガラガラの音を喜んだり，痛みに苦痛を示すなど，興奮の表出が分化する。生後6か月になると，苦痛の表出が恐怖，嫌悪，怒りに分化していく。このように生物学的な成長とさまざまな生後の経験によって感情が分化して発達するという考えを，分化理論（differentiation theory：Bridges, 1932）という。

　感情表出の発達は，視覚注意，期待の妨害，手段－目標の知識，記憶などさまざまな認知機能の発達による（図2-1）。生後すぐには，何にでも微笑みかけていた赤ん坊が，生後2か月になると撫でてもらうことで笑うようになり，生後3か月になると養育者とのやり取りで笑うようになる。また，生後3か月になると，他者から注目を受けたり，遊びに誘われたり，目標を達成したときに笑うことができる。他者を認識する認知能力が発達し，他者から肯定的な注目を受けたことを意識することで，喜びを経験し始めるのである。また，乳児の笑いは，親の興味と関心を引き起こし，親との会話，遊び，その他のやり取りを増加させる機能がある。同じ時期に，悲しみの表出も観察され始める。養護者がいなくなったときなど，養護者が自分の呼びかけに応えなかったときに泣くといった表出が観察される。この時点で，悲しみを表出すると他者に助けてもらえるという形で，他者とのやり取りに関して肯定的な期待を抱くようになる。ただし，養護者が呼びかけや要求にほとんど応えないと，子どもは母親が

第 1 部　理論編

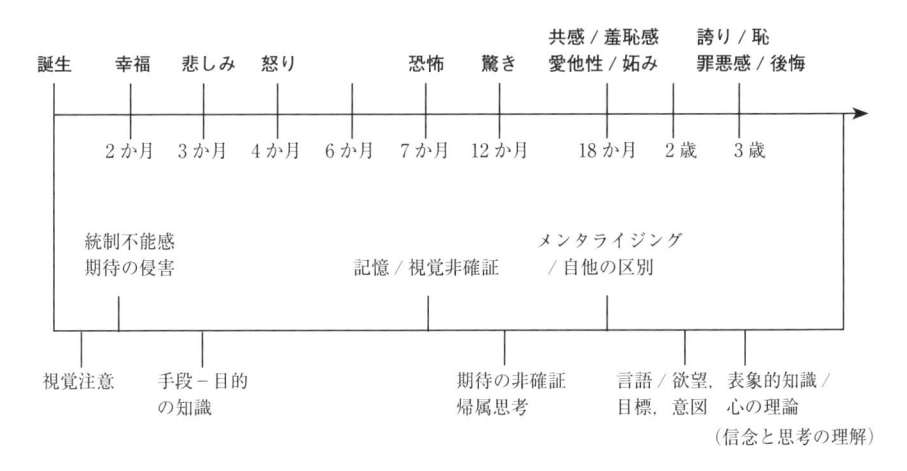

図 2-1　感情表出の発達 (Keltner et al., 2013, p.194)

いなくなったときには恐怖を表出するようになり，慢性化すれば不安定な愛着関係が形成される。

　怒りの表出は，おもちゃを取られるなど，要求を阻害されたときに，生後 4 か月から 6 か月で観察される。怒りの経験には，自分がやりたいこと（要求）があって，それが達成できないという認識が必要であり，そうした手段 – 目標の知識は生後 6 か月で発達する。欲求や要求を妨害されたと感じて怒りを表出するのは，12 か月児以降であることを示す研究が存在する（Bennett et al., 2005）。4 か月児と 12 か月児を対象に，腕を拘束したときの感情表出を観察すると，いずれの月齢児でも喜びが多いが，4 か月児と比べて 12 か月児で驚きを示す割合が減少し，怒りを示す割合が上昇した。このことは，12 か月児になると，腕の拘束が欲求阻止であると認識して怒りを表出し始めることを示している。

　恐怖の表出は，自分にとって脅威となる対象に対して，7 か月児から観察される。恐怖の経験には，以前の恐怖体験を記憶し，その体験が今現在の状況とどの程度似ているかどうかを認識する必要がある。そうした記憶の容量が増加するのは，生後 1 か月以後であり，ベネットらの実験でも，マスクをした知らない人という恐怖喚起条件で恐怖の表出がその他の感情よりも多くなるのは，12 か月児以降であった（Bennett et al., 2005）。

感情制御も乳幼児から発達する。感情制御には，状況を変化させる，計画を立てる，認知を変える，行動と生理的覚醒状態を変化させるなどの方略がある。感情制御のため，生後3～6か月児でも恐怖を感じさせる刺激から目をそらしたり，幼児なら目をそむけるだけでなく，その状況から逃げ出したりする。幼児期になれば，他者が自分のおもちゃを壊したときでも，「わざとではない」といった認知変化による感情制御も可能となる。

## 3. 道徳的感情の発達

　道徳的感情のなかでも，羞恥感，共感，妬みの表出が1歳半には観察される。まず，共感を経験するのは，他者が苦しんでいるのを認識し，その感情が自分と異なるものであることを認識する必要がある。2歳までに，意識とメンタライジングの能力が発達し，自己と他者の区別が可能になるため，共感や羞恥感が経験される。生後12か月から24か月になると，他者が困っている状況に出くわすと，慰めたり，親を呼びに行ったり，物を要求するといった共感を示す行動が観察される（Zahn-Waxler et al., 1992）。この段階だと，自分自身がしてもらっている養護行動をそのまま模倣しているにすぎない。しかし，3歳になると，他者の気持ちが想像できるようになり，他者が本当に必要としていることをしてあげられるようになる。また，羞恥感の経験には，自他の身体と意識が別であると認識し，自分が他者の注目の対象になっているという認識が必要である。ルイスら（Lewis et al., 1989）は，2歳児において自己意識が発達していると，羞恥感を示すことを明らかにしている。彼らは，平均で22か月の幼児に気づかれないように鼻の頭に口紅をつけ，見知らぬ女性との対面，自分で鏡に映る，外見をほめられる，ダンスをするように頼まれるという4つの場面で警戒する行動（真剣な顔で声を出さずに視線を避ける），羞恥感を示す行動（視線をそらして微笑み，身なりを整える）を観察した。もし鏡を見て羞恥感を示すようであれば，その子どもは鏡に映っているのが自分であり，口紅が鼻についていることで，いつもと違う自己像を認識したことになる。実験では，まず鏡に映った自己像への羞恥行動を示した幼児を自己意識が発達していると定義し，未発達の幼児と，各条件での行動を比較した。その結果，鏡に映った姿，ほめられる，ダンスの誘いについては警戒よりも羞恥行動が多く，自

第 1 部　理論編

己意識が発達した2歳児のほうが多く羞恥行動を示したのである（図2-2）。

　2歳から4歳にかけて，言語が発達し，社会的な基準や規則が理解できるようになり，誇り，恥，罪悪感，後悔といったより複雑な感情を経験する。18か月（1歳6か月）児になると自分の内的状態を言語化できるようになり，自他の感情状態の区別ができるようになる。共感的行動として，2歳児は他者の好きな食べ物が，自分が好きな食べ物と違うことを理解し，他者の好きな食べ物を持って行ってあげることができる（Widen & Russell, 2010）。また，18か月児は，実験者がマーカーを落としたり，キャビネットに入れた雑誌を取り出せなかったりしたときに，それを手伝おうとする（Warneken & Tomasello, 2006）。2歳児は，遊んでいた人形が壊れたときに，社会的規範から逸脱したことを認識し，視線を避けるか（恥の表出），人形を直そうとしたり，壊れたことを実験者に伝える（罪悪感の表出）こともわかっている（Barrett et al., 1993）。また，妬みを感じた幼児は，2歳の時点では奪うだけなのが，3歳になると癇癪を起こすだけになり，4歳になると言葉で要求するようになる（Frankel & Sherick, 1977）。3～4歳になると，信念，思考，知識といった表象を，人の行動の原因として認識するようになる。自分の目標を認識し，それ

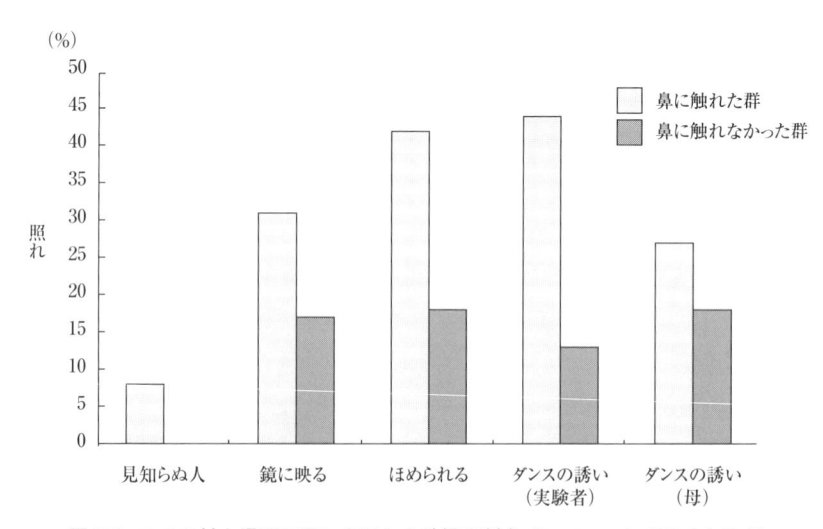

図 2-2　5つの対人場面で照れを示した幼児の割合（Lewis et al., 1989 より作成）

を達成すれば誇りを経験し，達成できなければ恥を経験する。他児と競争して勝ったときに微笑むという誇りの表出は，43か月（3歳6か月）以降に観察される（Stipek, 1995）。4～5歳から，他者の心的状態を推測する能力である心の理論が発達し，他者の意図に従って行動しようとし始める。たとえば，母親の意図に従って行動できなかったときに，罪悪感を経験する。

## 4. 児童期以降の道徳的感情の発達

　児童期には，感情を経験する領域が拡大する。たとえば，発達初期では見知らぬ人に対して恐怖を経験するが，4～5歳になればモンスターやおばけを怖がり，6歳以降は身体のけがを恐れるようなり，12歳を過ぎると他者の評価を恐れるようになる。児童期には，学業やスポーツなどの領域で他者と自分を比較するようになり，他者より優れていれば誇りを経験し自尊心が上昇するが，逆に劣っていれば恥を経験し自尊心が減少する。妬みは，他者が自分の欲しいものを持っているときに経験するが，児童期になると成績など経験する領域が増加し，それだけ妬みを経験しやすくなる。小学4～6年生を対象にした調査によれば，学業など領域が自分にとって重要であるほど他者の成功に妬みを感じやすく，妬みを感じやすい児童は悪口を言う，たたくなどの破壊的行動を行いやすい（澤田，2005）。児童期には「いじめ」が学校で問題とされるが，その原因の1つには妬みがある。

　6歳以降の児童期には，肯定的感情，否定的感情の強さと表出が徐々に減少していくという発達もみられる（Sallquist et al., 2009）。子ども自身に携帯情報端末を持たせて日常的に経験する感情を評価させた研究では，小学5年生から高校3年生にかけて肯定的感情の表出が減少し，否定的感情の表出は増加していた（Larson et al., 2002）。この研究は，小学5年生から中学2年生に4年の期間をおいて2回調査を行ったが，開始時の年齢が高いほど，その後4年間の変動が少ないこともわかっている。こうした研究から，乳幼児で基本的な感情を経験可能となった後は，徐々に表出しなくなるが，児童期から青年期にかけて，否定的感情の表出が上昇し始めることがわかる。これは，児童期後期から青年期には，他者評価を意識し，社会的比較が行われ，自己像が不安定になりやすいという自己の発達が影響していると考えられる。

6歳以降の児童期には，感情制御の側面でも発達がみられる。罪悪感を経験したときには，成人であれば謝罪や償いをしようと動機づけられるが，8歳までは社会的規範を破ったことは認識して「悪いことをした」とは思うが，行為がばれないことを望み，罪の告白はせず，他者を避けようとする。しかし，10歳になると，社会的規範を破っただけでなく，他者を傷つけたことから他者に共感的関心を向け，謝罪や罪の告白が動機づけられるようになる。また，感情表出の隠ぺいも児童期以降にみられる。たとえば，恥ずかしい行動をした人を見て可笑しいのだけど，笑うとその人を傷つける場合は，笑うという楽しさの表出は制御される。また，人前で自慢したり，勝ち誇ることは，自分より劣っている他者を傷つけ，妬まれ，攻撃されることになりかねないため，誇りの表出は制御される。

　青年期になると，他者との親密な関係を築いていく一方，他者の評価を意識し，自我同一性を発達させていく。友人との関係も，同じ考え方だから，同じ趣味があるからなど，自分自身の基準で選ぶようになり，友人と意見を交換したり，友人の活躍をみることで，尊敬や畏敬の念を経験する。また，友人に助けてもらうことで，感謝を経験し，相互に助け合うようになる。部活動のように価値観を共有した集団に所属することで，チームが勝ったときの誇り，負けたときの屈辱感など，集団感情も経験する。集団に対して誇りなどの肯定的感情を持っていると，集団を維持するために道徳を守ろうとして，いじめなどの問題行動が少なくなる（有光，2010）。また，青年期には恋愛感情も経験し始める。恋愛を経験すると，性衝動への罪悪感，ライバルへの嫉妬や裏切りへの恨みなど，道徳を前提とした感情を多く経験する。性的衝動とは別に，特定の対象に対して，自分を犠牲にしても大切にしたい，助けたいという愛情も経験する。この愛情は，親から受けた無償の愛と共通しており，コンパッション（慈悲）と呼ばれる。コンパッションは，青年期から成人期にかけて，恋人から自分の子どもに対して経験するが，それだけでなく，親しい友人，感謝している人，不特定の他者にも向けられるようになり，そうした人たちへの援助行動を動機づける。

## 5. 道徳的感情の発達規程因

　道徳的感情の発達には，親の養育態度，親のパーソナリティと精神病理などが関係する。養育者は，社会的規範に従って子どもの行動を評価し，自分が社会的規範のモデルとなるため，子どものモラルの学習と，道徳的感情の発達に影響がある。ほめることを中心とした養育者の場合，恐怖傾向が高い幼児でも5～6年後には罪悪感を表出でき，誠実性が高くなる（Kochanska, 1991）。親の期待水準が高く，罰を受け続けた子どもは，自尊心が低くなり，恥の傾向が高くなり，抑うつを経験しやすくなる（Ferguson & Stegge, 1995）。

　感情発達には，遺伝の影響もあることがわかっている。一卵性と二卵性の双生児の14, 20, 24か月時点での行動観察実験（Zahn-Waxler et al., 1992）では，恥を除く4つの情動（罪悪感，怒り，恐怖，悲しみ）において，一卵性双生児のほうが二卵性双生児よりも情動反応間に双生児間の相関が高く，遺伝要因と共有環境要因を区別する回帰分析を行ったところ，14か月時点ではすべての感情（罪悪感，恥，怒り，恐怖，悲しみ）において遺伝要因が共有環境要因を上回ることが明らかにされている。

## 2節　罪悪感・共感・感謝

### 1. 本節で取り上げる道徳的感情

　さまざまな感情のなかでも，道徳的感情として学習指導要領に取り上げられてきたものに，罪悪感（guilt），共感（empathy），感謝（gratitude）がある。これら3種類の感情のうち，罪悪感は，何か悪いことをした個人が経験する感情である（Baumeister et al., 1994）という点で，道徳的規範からの逸脱と関係の深い感情といえる。また，共感は，困っている他者を自ら進んで助けるような，利他的行動をうながす要因であるとされてきた（Davis, 1994／菊池（訳），1999）。目の前に困っている他者がいるとき利他的行動をとるかどうかは道徳にかかわる問題であり，この点で，共感は道徳と関係の深い感情であるといえる。さらに，感謝は，他者から利他的行動を受けたときに生じる感情であり，感謝を感じた当人のその後の利他的行動とも関係している（McCullough et al., 2001）。つまり感謝は，他者から受ける利他的行動と，他者に対して行

第1部　理論編

う利他的行動の双方と関係している。感謝は，他者に対して利他的にふるまうという道徳的行動がどのように伝搬しているのかを把握するうえで重要な感情といえよう。

　本節では，道徳にかかわる感情として，罪悪感，共感，感謝を取り上げ，それぞれの感情の特徴について述べたうえで，各感情の道徳的機能について述べる。

## 2. 罪悪感
### (1) 罪悪感とは

　友人との約束を破ったとき，困っている人を見て見ぬふりをしたとき，いらいらしてついまわりの人にあたったとき，あなたはどのような気持ちになるだろうか。いけないことをして，悪かった，申し訳ないと自分を責めたり，償いをしたいと思ったりするのではないだろうか。このときに経験している感情が，罪悪感（guilt）である。

　そもそも罪悪とは，道徳や宗教の教えに背く行いという意味の言葉である（新村，2008）。「罪悪を感じる」と記される罪悪感は，道徳や宗教など，自分を取り巻く社会の規範に背いた，そこから逸脱したという感覚であるといえよう。心理学において罪悪感は，自分が悪いことをしたと自覚したときに経験する不快な感情であり（Baumeister et al., 1994），悪いことをしてしまったことに対する後悔や自責の念（Tangney et al., 1992）とされる。

### (2) 罪悪感が生じる状況

　先の例にあげたように，罪悪感が生じる状況はさまざまである。日本人大学生を対象に，罪悪感が生じる場面を収集し，その種類を整理した有光（2002）によると，罪悪感の生起状況は以下の4種類に整理されるという。

　①他傷：「友人を裏切った」など，人を傷つけたり，人に損害を与えたとき
　②他者への配慮不足：「友人がいじめられているのを知りながら何もできなかった」など，社会的に期待されているような配慮ある行動をとらなかったとき
　③利己的行動：「他人のお菓子を食べた」など，自分の利益を優先するよう

な行動をとったとき
　④他者への負い目：「親に金銭的負担をかけている」など，他者から過大な利益を得てしまい，そのことで他者に損害があったとき

　罪悪感は個人の主観的な体験であり，上記の状況で罪悪感をどの程度感じるかには個人差がある。それは，自分がしたことが社会的に悪いことであるかの判断が個々人で異なるためである。それぞれの人がどのような状況で罪悪感を感じるかは，その人がどのような規範を内在化させているかによる。たとえば，困っている人に対して見て見ぬふりをするという行為は，「困っている人を見かけたら助けるべき」という規範が内在化されている人にとっては規範からの逸脱であり，罪悪感の対象となるだろう。しかし，そういう規範が内在化されていない人にとっては，見て見ぬふりをすることは罪悪感の対象にはならない。

　また，罪悪感が生じる状況は，文化によっても違いがある。たとえば，上記の研究（有光，2002）では，4種類の罪悪感生起状況（他傷，他者への配慮不足，利己的行動，他者への負い目）のうち，他者への負い目にあたる場面は日本人を対象とした同研究の調査では報告があったのに対して，アメリカにおけるシナリオ形式の罪悪感尺度にはこれに相当する場面が見当たらないことから，アメリカでは他者への負い目状況で罪悪感があまり生じていない可能性を指摘している。日本とアメリカとでは，親切にしてくれた人に対するふるまいについての規範が異なる。すなわち，日本では，親切にしてくれた人に対しては必ずお返しをしなくてはならないという「恩義」が重んじられるが，アメリカでは，恩義を日本ほど厳格に考えない（Benedict, 1946／長谷川（訳），2005）。他者への負い目にあたる状況で罪悪感が生じるかどうかが日米で異なるということは，他者から過大な利益を得たときのふるまいに関する規範が，日米で異なることを反映している可能性がある。

### (3) 罪悪感と恥の違い

　ここまでは，社会的規範から逸脱した個人が経験する感情として，罪悪感を取り上げ，その特徴について述べてきたが，社会的規範から逸脱した個人が経験する感情は罪悪感だけではない。このようなときに罪悪感と並んで経験されやすい感情に，恥（shame）がある。

第1部　理論編

　恥と罪悪感はいずれも，何か悪いことをしたときに生じる不快な感情であるという点で共通している。社会的規範からの逸脱に対する反応であるという点では，恥も道徳に関連する感情といえよう。しかし罪悪感と恥とは，さまざまな点で異なる特徴があることがタングネー（Tangney, 1995）によって指摘されている（詳細は表2-2）。

　まず，恥と罪悪感とでは，「悪い」と評価される対象の範囲が異なる（図2-3）。罪悪感の場合，「悪い」と評価される対象は特定の行動であり，範囲が狭いのに対して，恥は評価の対象が全体的自己であり，範囲が広い。つまり，罪悪感は「こんなことをしてはいけなかった」という，特定の行動に対する自責・後悔の念であるのに対して，恥は「こんな自分ではいけない」という自己全体に対する批判の念であるといえる。批判を受ける対象が広いために，恥のほうが罪悪感に比べて，相対的に苦痛の程度が強い（Tangney, 1995）。

　また，恥と罪悪感は，それぞれの感情がもたらすその後の行動も異なる。罪悪感は，告白，謝罪，償いといった，自分が悪いことをしたことによって他者に危害を与えたことを認め，埋め合わせをするような，対人関係の修復を目指した行動をうながす。これに対して恥は，自分がしたことを隠す，その場から逃げるというように，自分が起こした問題とのかかわりを避けるような行動をうながす（Tangney, 1995）。

　以上のように，恥と罪悪感は一見類似した感情であるものの，さまざまな点で違いがある。特に，それぞれの感情がうながす行動の違いは，個人のその後の適応を考えるうえで重要である（Tangney, 1995）。何か悪いことをしたとき，

表2-2　恥と罪悪感の違い（安藤，2001より作成）

| | 恥 | 罪悪感 |
|---|---|---|
| 評価の対象 | 全体的自己 | 特定の行動 |
| 苦痛の程度 | 相対的に強い | 相対的に弱い |
| 現象的経験 | 無価値感，無力感 | 緊張，自責，後悔 |
| 自己の操作 | 観察する自己と観察される自己の分離 | 自己は統合された状態 |
| 自己への影響 | 全体的な価値低下による自己評価の減損 | 全体的な価値低下をともなわない |
| 他者への関心 | 他者による評価への関心 | 他者への影響に対する関心 |
| 反事実的過程 | 自己の一側面の心理的取り消し（undoing） | 行動の一側面の心理的取り消し |
| 動機的側面 | 逃避への欲求 | 告白・謝罪・償いへの欲求 |

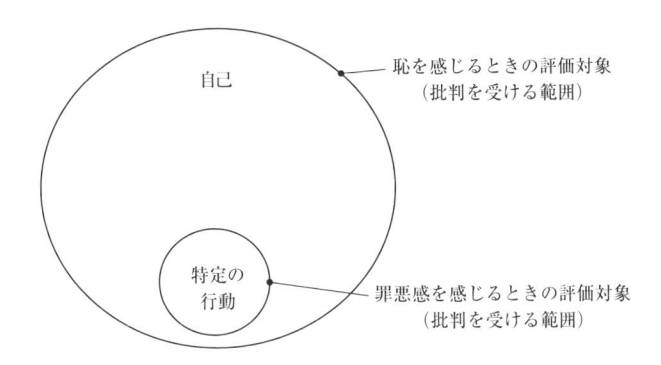

図2-3 恥と罪悪感それぞれの評価対象

　罪悪感を感じた人は他者との関係修復に向けて行動を起こすが，恥を感じた人はその場から逃げてしまい，悪いことをしたこと自体を隠してしまう。もし悪いことをしたことが，本人の告白以外の方法で周囲の人に露呈してしまった場合，恥を感じてその場から逃げたり，自分のしたことを隠していた人は，他者からさらなるネガティブな評価を受け，対人関係の修復が難しくなるだろう。これに対して罪悪感を感じた人は，悪いことをしたことを隠さず，正直に告白したり，危害を与えた他者に対して謝罪，償いといった埋め合わせをすることで，それ以上の関係悪化を防げるだろう。このように，社会的に逸脱するようなことをしたとき，罪悪感を感じるか恥を感じるかは，その後の個人の社会的適応に大きくかかわってくるものと考えられる。

### (4) 罪悪感の道徳的機能

　ここまで述べてきたように，罪悪感は，悪いことをした人が，自身の過ちに気づいたときに経験する感情である。このことから，罪悪感は，社会的逸脱に対する検知機能を持つ感情といえるだろう。また，罪悪感は，社会的逸脱を検知するだけでなく，告白，謝罪，償いといった行動をうながすため，対人関係の修復機能を持つ感情であるともいえる。過ちを犯したという事実を消すことはできないが，そのときに自分の過ちを素直に認め，謝罪し償えば，壊れそうになった対人関係をつなぎ止めることはできるかもしれない。関係をつなぎ止められれば，将来的に挽回する機会も出てくるだろう。罪悪感は，自身の過ち

によって壊れそうになった対人関係をつなぎ止める機能を持つ感情といえよう。

## 3. 共感
### (1) 共感とは
　私たちは，日常生活のなかで，さまざまな形の「共感」(empathy)を経験する。たとえば，他者の身に起こった悲しい出来事について話を聞いたときに自分まで悲しくなること，他者が成功したという知らせを聞いて自分まで嬉しくなることは，いずれも「共感」に相当する。このように「共感」は，体験する当人にとって快いものであったり，不快なものであったりと多様である。それでは，共感と呼ばれる体験の共通点は何なのであろうか。
　従来の研究において，共感は，自分の置かれた状況よりも相手の置かれた状況にふさわしい感情（Hoffman, 2000／菊池・二宮（訳），2001）と定義されてきた。この定義からもわかるように，共感と呼ばれる体験の共通点は，他者の置かれている状況に自分が置かれたような気持ちになる，ということである。先の例についていえば，悲しい出来事が起こったのは他者の身であって自分の身ではないし，成功したのも他者であって自分ではない。自分の身に直接何かが起こったわけではないのに，他者の身に何かが起こったとき，まるでその状況に自分が置かれているかのように反応する。それが共感と呼ばれる現象である。

### (2)「共感」と呼ばれるさまざまな現象
　一言で「共感」といっても，従来の研究で「共感」として扱われてきた現象のなかには，厳密に考えると異なるものが混在している。たとえば，他者が間違った扱いを受けているのを見たとき，他者の立場に自分が置かれたかのような悲しい気持ちを共感とする場合もあれば，他者に対する憐みや同情の気持ちも含めて共感とする場合もある。また，間違った扱いを受けた他者の気持ちを想像するという認知的な処理も共感に含める場合もある。先にも述べたように，共感は，自分の置かれた状況よりも相手の置かれた状況にふさわしい感情（Hoffman, 2000／菊池・二宮（訳），2001）であるため，この例のなかでは，厳密にいえば最初の例（他者の立場に置かれたかのような悲しい気持ち）のみ

が共感にあたる。

 以上のように，厳密にいえば共感にあたらない現象が共感として扱われてきた背景には，共感を他者の経験についてある個人が抱く一連の反応として広く定義し，多面的な概念としてとらえようとする考え方があるためである。この考え方においては，他者の立場に自分が置かれたかのような感情反応だけでなく，他者の経験に対する感情反応すべてを共感に含める。また，感情反応だけでなく，他者の気持ちを想像するという認知的処理も共感に含める。このように，共感を多面的な概念としてとらえ，概念間の関連を検討することによって，個人が他者の経験に反応するまで，反応してからの過程の全体像を明らかにしようとするのがこの立場の特徴である。そのなかでも代表的な枠組みであるデイビスの組織的モデル（Davis, 1994／菊池（訳），1999）では，図 2-4 のように共感にかかわるさまざまな概念が整理されている。

 このモデルは，共感が生じる以前に個人が持っている傾向や，相手，状況そのものの特徴を指す「先行条件」，共感が生じる特定のメカニズムを指す「過程」，共感を感じた者のなかで生じる認知的・感情的反応を指す「個人内の結果」，共感を感じた個人のその後の他者に対する行動を指す「対人的結果」の 4 つから構成される（4 つの構成要素についての詳細な解説は，Davis, 1994／菊池（訳），1999 参照）。このモデルでは，先行条件，過程，個人内の結果，対人的な結果という順番で，前にある要素が後の要素すべてに影響を及ぼすという影響過程（図 2-4 における実線部分）と，逆方向の影響過程（図 2-4 における破線部分）が仮定されている。

 このモデルに当てはめて考えると，先の例に出した，他者が間違った扱いを受けたときの反応のうち，「まるで他者の立場に自分が置かれたかのような悲しい気持ち」は，個人内の結果における，並行的な感情的結果にあたる。並行的な感情的結果は他者が経験するような感情をそのまま再生することであり，前述した狭義の共感の定義（自分の置かれた状況よりも相手の置かれた状況にふさわしい感情）と合致する。

 一方，個人内の結果における応答的な感情的結果は，他者が間違った扱いを受けたときの反応の例でいえば，「憐れみ」「同情」といった感情反応に相当する。応答的な感情的結果は，他者の経験に対する個人内の感情的な反応という

第 1 部　理論編

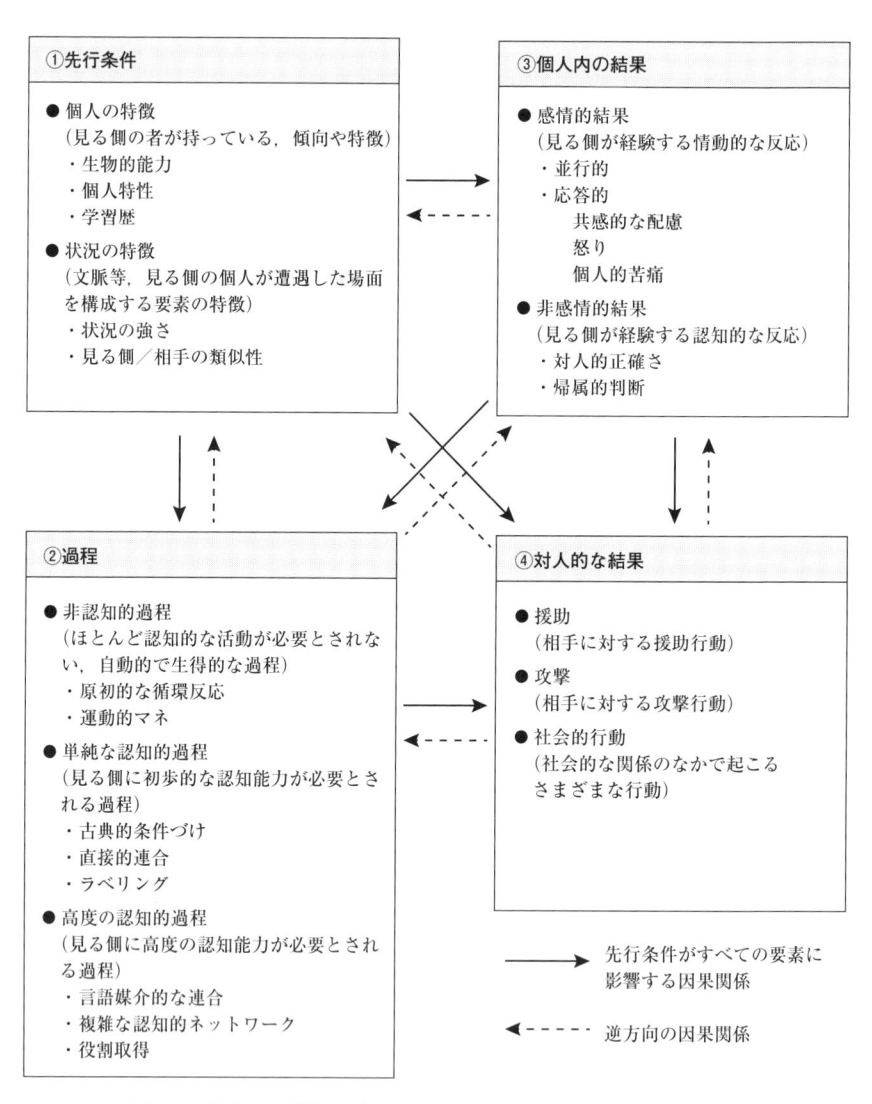

### ①先行条件

- 個人の特徴
 (見る側の者が持っている，傾向や特徴)
  ・生物的能力
  ・個人特性
  ・学習歴
- 状況の特徴
 (文脈等，見る側の個人が遭遇した場面を構成する要素の特徴)
  ・状況の強さ
  ・見る側／相手の類似性

### ③個人内の結果

- 感情的結果
 (見る側が経験する情動的な反応)
  ・並行的
  ・応答的
    共感的な配慮
    怒り
    個人的苦痛
- 非感情的結果
 (見る側が経験する認知的な反応)
  ・対人的正確さ
  ・帰属的判断

### ②過程

- 非認知的過程
 (ほとんど認知的な活動が必要とされない，自動的で生得的な過程)
  ・原初的な循環反応
  ・運動的マネ
- 単純な認知的過程
 (見る側に初歩的な認知能力が必要とされる過程)
  ・古典的条件づけ
  ・直接的連合
  ・ラベリング
- 高度の認知的過程
 (見る側に高度の認知能力が必要とされる過程)
  ・言語媒介的な連合
  ・複雑な認知的ネットワーク
  ・役割取得

### ④対人的な結果

- 援助
 (相手に対する援助行動)
- 攻撃
 (相手に対する攻撃行動)
- 社会的行動
 (社会的な関係のなかで起こるさまざまな行動)

⎯⎯⎯→ 先行条件がすべての要素に影響する因果関係

◀- - - - 逆方向の因果関係

図 2-4　共感の組織的モデル (Davis, 1994 ／菊池 (訳), 1999 より作成)

意味では並行的な結果と類似しているが，並行的な反応が単に相手の感情を再生するだけのものであるのに対して，応答的な反応は相手の感情に応答しているという点で，より複雑な認知過程から生じているとされる（Davis, 1994／菊池（訳），1999）。

　また，先の例における「間違った扱いを受けた他者の気持ちを想像する」という認知的な処理は，組織的モデルにおける過程のなかの役割取得にあたるものである。役割取得は共感が生じる過程のなかでも特に重要視されている要素であり，「認知的共感」とも呼ばれる（たとえば Davis, 1994／菊池（訳），1999；福田，2008）。これと対比させて，前述のような感情的結果は，しばしば「感情的共感」と呼ばれる。

　以上のように，共感の組織的モデルでは，共感にかかわるさまざまな概念間の共通点と相違点を整理することを通して，共感と呼ばれるさまざまな現象どうしの関連を整理している。このように共感を広く定義し，たくさんの概念を同時に扱うことは，共感という概念のとらえ方を曖昧にしてしまい，従来から共感研究の混乱をまねいてきた（Davis, 1994／菊池（訳），1999）。

　しかし，共感にかかわる概念間の関係を整理する枠組みを提供したという点では，この立場の研究は大きな貢献を果たしてきたといえよう。共感と呼ばれる複数の概念は，それぞれ異なる特徴を持っている。たとえば，個人内の結果における並行的・応答的な感情的結果は，いずれも自動的にはたらくモードであるため，本人が意図的にコントロールすることは難しいのに対して，役割取得は意図的にはたらくモードであるため（Hodges & Wegner, 1997），「相手の立場に立って，相手の気持ちを想像しよう」などと本人が意識すれば，容易に生じさせることが可能である。また，役割取得は感情的共感をうながすため，意識的に役割取得をすることは，結果的には感情的共感を自然に引き出すことにもつながる。このように，共感として一括りにされている複数の概念間の違いとそれらの関連を把握することは，共感という現象を理解し，その教育方法を考えていくうえでの助けとなるだろう。

### (3) 共感の道徳的機能

　従来の研究によって，共感は，利他的行動をうながし（たとえば Batson

et al., 1981），攻撃行動を抑制する（Davis, 1994／菊池（訳），1999）ことが示唆されてきた。この特徴から，共感は道徳的感情として重要視されている。しかし，共感が常に個人を利他的行動に導くとは限らない。従来の多くの研究で想定されてきた共感は，苦しい状況に置かれた他者に対してのものであるが，私たちが日常生活のなかでそういう人に遭遇するときには，その人だけでなく，その人を陥れた加害者や，それを傍観している周囲の人など，さまざまな立場の人にも同時に遭遇する場合が多い。苦しい立場に置かれている人と自分しかその場にいないという場面は，ごく限られたケースである。さまざまな立場の人と同時に遭遇したとき，どの立場の人に共感するかによって，その後の行動は変わってくるだろう。

　たとえば，いじめ場面においては，いじめを受けている「被害者」の他に，いじめを行う「加害者」，まわりで面白がってはやしたてる「観衆」，見て見ぬふりをする「傍観者」という4つの立場が存在する（森田・清永，1994）。このような場面における共感の対象を操作した蔵永ら（2008）では，いじめの傍観者に役割取得をしたり，共感した人が，その人たちと同じように見て見ぬふりをしやすいことが明らかとなっている。この結果は，共感が対象によっては個人を利他的行動から遠ざける場合があることを示している。共感が利他的行動をうながすという道徳的機能を持つかどうかは，どの立場の人に対するものであるかに依存しているといえよう。

## 4. 感謝

### (1) 日本における感謝と欧米における gratitude

　私たちは，友だちからプレゼントをもらったとき，困っているところを他者から助けられたときなど，さまざまな場面で「感謝」（gratitude）という感情を経験する。それでは，感謝とはどのような感情なのであろうか。感謝が生じる状況や，感謝の内容について検討した蔵永と樋口（2011a）によると，感謝は，自身以外のものから利益を受けたことを意識した際に生じ，基本的にはポジティブな内容の感情として経験される感情であるという。

　「感謝」は英語では"gratitude"と呼ばれる。欧米においても，gratitudeはポジティブ感情の一種とされてきた（たとえば，Fredrickson et al., 2003）。

第 2 章　モラルと感情

このことから，感謝および gratitude は，ポジティブ感情の 1 つであるといえよう。ただし，日本における「感謝」と欧米における"gratitude"とは，少し異なる特徴があることが示唆されている。それは,欧米における"gratitude"は，ネガティブな感情と同時に生じることはなく，単純にポジティブな感情（Lyubomirsky, 2007）であるのに対して，日本における感謝はポジティブな内容に,"すまなさ","申し訳なさ"といったネガティブな内容も附随する（蔵永・樋口，2011a）という点である（図 2-5)。

欧米における gratitude が単純にポジティブな内容だけであるのに対して，日本における感謝が申し訳なさも含む複雑な内容であるのはなぜだろうか。これには，自分以外のものから利益を得たときの反応の仕方に文化差があることが関係している可能性がある。援助に対する感情反応の文化差についての研究（一言ら，2008）では，他者から助けられたとき，日本人はポジティブな感情を強く感じるほどネガティブな感情も強くなる傾向があるが，アメリカ人にそのような傾向はみられないことが示されている。日本における「感謝」の内容が複雑であるのは，そもそも，感謝が生じるような状況における日本人の反応が複雑であることに起因しているのかもしれない。

以上のように，日本における「感謝」と欧米における"gratitude"とは，自分以外のものから利益を得たときの感情反応であり，基本的にポジティブな内容という点で共通しているものの，日本における感謝は申し訳ないという内容を含むことがあり，欧米における gratitude と比べると複雑な内容の感情である。ここではこの違いを考慮しつつ，日本人を対象とした実証的研究を紹介することで，特に日本における感謝の特徴について述べる。

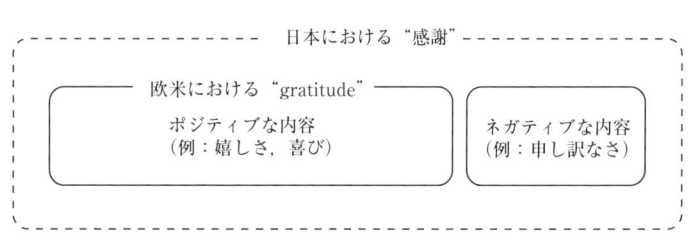

図 2-5　日本における"感謝"と欧米における"gratitude"との関係

## (2) 感謝が生じる状況

　感謝が生じる状況は多様である。感謝が生じる場面を収集・整理した蔵永と樋口（2011a）によると，感謝生起状況には以下の5種類があるという（状況間の特徴の違いについては図2-6参照）。

①被援助状況：「悩んでいるときに友人が相談にのってくれた」など，困っているときに助けられる状況

②贈物受領状況：「誕生日にアルバイト先でプレゼントをもらった」など，特に困っていないときに他者から何かもらったり，してもらったりする状況

③他者負担状況：「学生の共同研究室でたまったゴミを他の人が1人で捨てに行ってくれた」など，他者から直接支援されるのではなく，他者に何らかの負荷がかかったことによって結果的に自分が助かるような，間接的に支援を受ける状況

④状態好転状況：「天気が悪くて外に出られない日が何日も続いたが，後日天気が回復して外出が可能になった」など，個人を取り巻く何らかの状態が好転する状況

⑤平穏状況：「休日の朝目覚めると天気がよく，外から小鳥のさえずりが聞こえてきた」など，一見個人を取り巻く状態に変化のない状況

　5種類の感謝生起状況のうち，被援助状況と贈物受領状況といった他者から直接的に支援を受ける状況は，他の状況と比べて感謝生起状況として報告されやすいことが示されている（蔵永・樋口，2011a）。被援助状況・贈物受領状況に比べると，他者からの支援が間接的である他者負担状況や，そもそも他者の存在や行為が強調されない状態好転状況・平穏状況では，自分以外の存在から支援を受けていることに気づきにくいだろう。それにもかかわらず，これらの状況で感謝を感じる人は，自分以外の存在から支えられていることを明示されなくても，自分で想像したり，気づくことができる人なのかもしれない。

## (3) 感謝の認知的要因

　ここまでは感謝が生じる状況の特徴について述べてきたが，上記のような状況に置かれたすべての人が同じような内容の感謝を感じるわけではない。同じ

第 2 章　モラルと感情

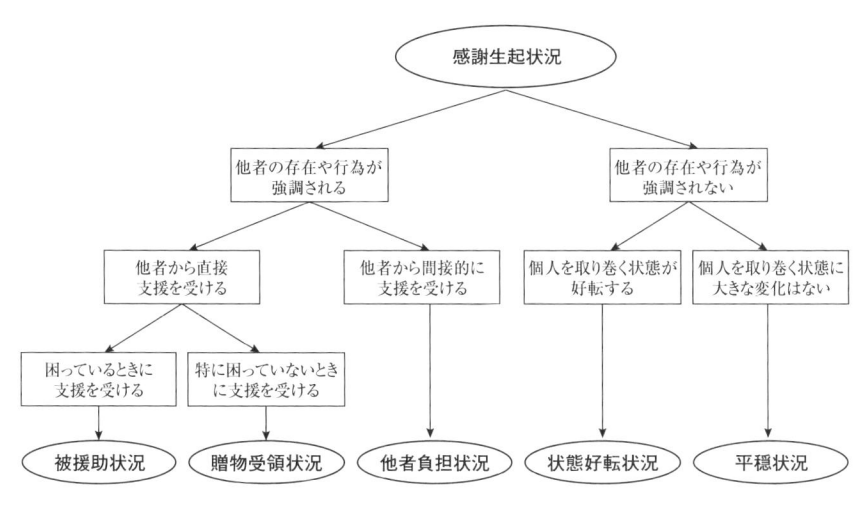

図 2-6　感謝生起状況の種類（蔵永・樋口，2012a より作成）

状況に置かれても，その状況をどのように評価するかによって，嬉しさなどのポジティブな内容の感謝を強く感じるか，申し訳なさなどのネガティブな内容の感謝を強く感じるかは異なる。感謝を感じるときの状況評価について検討を行った蔵永と樋口（2011b）によると，感謝の内容に影響を及ぼす要因として有力であるのは，恩恵の受領評価と他者のコスト評価であるという。

　1種類目の恩恵の受領評価は，自分が恵まれた状況に置かれているという内容の評価であり，自分が得た物理的・社会的な利益に関する認知である。先述のように，日本における感謝の感情体験には，嬉しさ，喜びといったポジティブな内容と，すまなさ，申し訳なさといったネガティブな内容の2種類があるが，恩恵の受領評価はこれら2種類の感情体験のうち，ポジティブな内容の感情体験を促進するはたらきを持つ（蔵永・樋口，2011b）。

　2種類目の他者のコスト評価は，他者に負担をかけたという内容の評価であり，他者が自分を支援するためにかけたコストに関する認知である。1種類目の恩恵の受領評価が感謝を感じる当人にかかわる内容であったのに対して，2種類目の他者のコスト評価は他者にかかわる内容であるという点が大きく異なる。また，他者のコスト評価は，感謝の感情体験のうち，ネガティブな内容であるすまなさ，申し訳なさといった感情体験を促進するはたらきを持つ（蔵永・

第1部　理論編

樋口, 2011b)。

以上のように，恩恵の受領評価と他者のコスト評価は，感謝を促進するという点では共通しているものの，どのような内容の感謝を促進するかという点が異なっている。同じように他者から助けられても，そのときの感謝の内容が嬉しさの強いものであったり申し訳なさの強いものであったりと，人によって異なるのは，その状況のどこに注目し，それをどのように評価するかが個人によって異なるためであるといえよう。

### (4) 感謝の道徳的機能

従来の感謝研究では，感謝を感じた人は，自分に何かをしてくれた人にお返しをしたり，第三者に親切にしたりと，他者に対して利他的にふるまいやすいことが示されてきた（Bartlett & DeSteno, 2006；DeSteno et al., 2010；Goei & Boster, 2005；Naito et al., 2005；Tsang, 2007；Wangwan, 2005）。このような特徴から，感謝は，利他的行動をうながすことを通して人々の関係を結びつける機能を持つとされてきた（McCllough et al., 2001）。しかし，感謝が生じて他者への親切が起こるまでの詳細なメカニズムを検討した研究（蔵永・樋口, 2013）においては，感謝という感情そのものが利他的行動の直接の原因ではないことが示されている。具体的には，ポジティブな内容の感謝と，返礼行動，第三者への親切といった利他的行動とが，恩恵の受領評価という共通原因によってうながされていることが明らかとなっている（図2-7）。つまり，誰かに助けてもらったとき，自分は恵まれていると思った人は，ポジティブな内容の感謝も感じやすくなるし，利他的にふるまいやすくもなるのである。このことから，感謝は，利他的行動の原因であるというよりも，むしろ，利他的行動をうながすようなしくみが個人のなかで動き，利他的行動の伝搬がまさにそこで起ころうとしている（恩恵の受領評価が生じている）サインとみなすことができよう。

また，感謝については，その気持ちを表出することが利他的行動を強化する機能を持つとされる（Algoe et al., 2013；Grant & Gino, 2010；McCllough et al., 2001）。なかでもグラントとジーノの研究（Grant & Gino, 2010）においては，一度他者に対して利他的行動をとった人が，相手から感謝を表明されることに

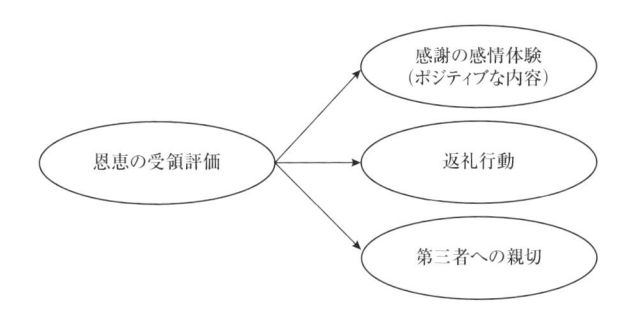

図 2-7　感謝と利他的行動との関連

よって，自分が行った行動に自信を持ったり，自分が行った行動は社会的に価値があるものだったと思えるようになること，それによってその後も同様の利他的行動をとりやすくなることが示されている。

　感謝の内容自体に文化差があるように，感謝表出の形態にも文化差が存在する。たとえば，日本人は感謝の気持ちを表出する際に，「ありがとう」とお礼を述べるような表現だけでなく，「すみません」と謝罪するような内容の表現も使用する（佐久間，1983）が，イギリスでは謝罪型の表現は感謝表出の際にほとんど使用されない（三宅，1994）。利他的行動の受け手がどのような形で感謝の気持ちを表出するかによって，表出される側の反応は異なるだろう。今後は文化差も含めて，どのような感謝表出が利他的行動の強化に貢献しているのか，詳細な検討が求められる。

## 5. その他の道徳的感情

　罪悪感，共感，感謝以外の道徳的感情として，道徳の学習指導要領（文部科学省，2008a，2008b）においては，尊敬や感動といった感情を教えることも目標として掲げられている。これらの感情については近年心理学領域での検討が始まったばかりであるが，たとえば感動に関しては，自分がちっぽけな存在で，生命や能力に限界があるという有限性を意識することで生じやすくなることが示されている（加藤・村田，2013）。

　また，尊敬に関しては，尊敬を感じることが自己を向上させる動機につながりやすいこと（武藤，2013）や，他者から尊敬されていると感じるほど利他

的な行動（ボランティアなど次世代のための行動）を行う頻度が高まること（Cheng, 2009）が明らかになっている。他者を尊敬したり，他者から尊敬されていると感じることは，他者から学んで自己研磨にはげむ，利他的にふるまうといった，集団生活のなかで個人が適応的に生きるための行動につながっているのかもしれない。加えて，尊敬に関しては，個人主義文化と集団主義文化の間でその意味合いが異なることも示唆されている（Li & Fisher, 2007）。今後，尊敬の機能を検討するうえでは，この文化差を考慮した検討が必要であろう。

　どのような人を尊敬し，何に対して感動するかは，個々人やそれを取り巻く人々が持つ価値観と強く関連しているだろう。感動や尊敬といった感情は，社会的な善悪や美徳の理解と深くかかわっていると考えられる。これらの感情に関して検討を行うことは，ある文化のなかでどのような行動が道徳的にかなうものとされているのか読み解くうえでも，重要な知見を提供するだろう。

# 第3章　モラルの行動
## 道徳的行動はどのように生じるのか

　悲しんでいる人や困っている人を見て，何も考えずに助けたことがある人がいるだろう。そのとき，頭の中では何が起こっていたのだろうか。他者の気持ちを想像し，憐れみや悲しみを感じて，何かできることはないかを考え行動に移すという心理過程が瞬時に行われたと考えられる。私たちは，自分の損も顧みずに人を助ける行為を「勇敢である」「素晴らしい」とほめたたえ，美徳とする。自分の死を賭しても人を助けた人を英雄として崇拝することもある。しかし，そもそも私たちはなぜそこまでして，人を助けようとするのであろうか。もし助けを求めている人を助けなかったり，助けるべきでないと発言したら，それは道徳に反する行動や考えとして，周囲から非難されることになる。しかし，人を助ける理由はそれだけではない。本章では，まずこの疑問について答えを探していく。

　人助けを美徳とするなら，人を攻撃するのは最も悪劣な行為の1つといえる。一般的に，人を馬鹿にしたり，いじめたり，身体的な暴力を振るうことは法律で禁止されている。しかし，まったく怒らずにはいられないのが人間である。それを私たちは理解してある程度は許容している。また，江戸時代には仇討が合法であったように，ときには復讐が美徳とされることすらある。さらに，人を攻撃してもまったく良心の呵責を感じない人も存在する。そこで道徳的行動とは逆の攻撃行動についても光を当て，攻撃性を低める教育のあり方にも注目する。

　最後に，どんなに教育を受けていても大人になって不道徳を行い，会社や社会に迷惑をかけ，一部は法的な罪に問われる場合もある。そういう大人にならないような教育にはどのようなものがあるのか，また企業としてどのような対策があるのかを述べていく。

第1部　理論編

# 1節　利他的行動―なぜ人を思いやる行動をとるのか

## 1．利他的行動とは
### (1)「他を利する行動」の多様性
　利他的行動（altruistic behavior）とは，字の通りに読めば，「他」を「利」する，つまり他者にとって利益となる行動のことである。このような行動の例としてすぐに思い浮かぶのは，おそらく，高齢者に席を譲る，友人に筆記用具を貸すなど，誰かを助ける行動であろう。何らかの困難な状況に陥っている他者を助けることは，その他者にとって利益となる。別の例として，他者に笑顔で挨拶することも，相手が心地よい気分になるので，ある意味では他者の利益となる行動といえる。さらに，自分が静かな環境で本を読みたいために，図書館で私語をしている利用者に対して注意をするという行動も，結果的には他の利用者にも静かな環境で本を読めるという利益をもたらすことになる。このように，他を利する行動は多様であり，そうした行動が生じる原因も多様である。

　他者にとって利益となる行動を指す概念は，向社会的行動，援助行動，利他的行動に大別できる。指すものの範囲でいえば，向社会的行動が最も広い概念であり，そのなかに援助行動，さらにそのなかに利他的行動が含まれるととらえられる（松井・浦，1998）。ただし，研究分野や分析の視点などによってそれぞれの定義は異なる。また，これら3つ以外に「思いやり行動」などといった概念が使われることもあり，他者を利する行動を指すこれらの概念を一義的に定義することは難しい。

　本節では，おもに社会心理学の視点から，他者にとって利益となる行動に関する概念を整理し，利他的行動を含む援助行動を規定する要因に関する理論を紹介する。

### (2) 向社会的行動
　向社会的行動（prosocial behavior）は，ある社会において，概して他者や社会の利益を促進する行動のことを指す。ごく簡単にいえば他者に利益をもたらす行動，社会的に望ましい行動のことである。

　向社会的という語は当初，攻撃行動を分類する際の表現として用いられた。

反社会的（antisocial）な攻撃に対して，道徳的基準や社会制度に受け入れられる攻撃を向社会的攻撃と呼んだが，その後，社会的責任を果たす行動や寄付，協力，慈善などのポジティブな行動を記述する際に向社会的という語が使われるようになったという（高木，1987）。

向社会的行動の定義として，自由意思に基づく行動であることを含めているものもあれば（たとえば，Bar-Tal, 1976；高木，1987），含めていないものもある（たとえば，松井・浦，1998；Piliavin et al., 1981）。たとえば看護師や消防士などが仕事として社会的責任に基づいて行う活動は，定義によっては向社会的行動に含まれない。

### (3) 援助行動と利他性

援助行動（helping behavior）は，他者にとって利益となるよう意図して自発的にとられる行動のことである。定義によっては，その行動をとることに対する外的報酬を期待しないことを要件に含むものもある。たとえば松井と浦（1998）は援助行動を「外的な報酬や返礼を目的とせず，自発的に行われた，他者に利益をもたらす行動」としている。ただし，援助をすることによって援助者自身が満足する，自信を持つなどの内的な報酬を期待した行動は，援助行動に含めて考えられるとしている。

利他性（altruism）は，その行動をすることによって自分にいくらかのコストがかかるにもかかわらず，自分への外的報酬を期待せず，内発的に動機づけられて，他者の苦悩を低減しようとすることであり，援助行動の特別なケースととらえられる（Dovidio & Penner, 2001）。利他的行動は，利他性に基づいた援助行動といえる。このように一応の区別をしても，援助行動と利他的行動の区別はやはり曖昧である。その原因の1つは，援助行動と利他的行動とで，注目する点が異なることである。援助行動は行動の結果に注目した概念であるのに対し，利他的行動は行動の根底にある動機づけ，つまり利他性に注目した概念である。行動は外から観察可能だが動機づけは直接見ることができないため，ある援助行動が利他的行動であるのかどうかはわからない。

バトソン（Batson, 1998）は，より厳密に利他性を定義しており，自己犠牲をともなう援助や外的な報酬を期待せずに行う援助行動を利他性の例とするこ

第1部　理論編

とは不適切だとしている。彼の定義によれば，利他性は「他者の福利を高めることを最終目標として動機づけられた状態」のことであり，行動そのものを表しはしないからである。最終目標とは目的そのもののことであり，たとえば内的報酬を期待している場合には，内的報酬という自己の福利を高めることが最終目標といえるので，これを利他性とは呼ばないことになる。バトソンは，このように自分自身の福利を高めることを最終目標として動機づけられた状態を，利他性の対になる概念として，利己性（egoism）と呼んでいる。

次項では，利他的行動を含む援助行動を対象に，これまでに明らかにされてきた援助行動のメカニズムについて概観する。

## 2. なぜ人は援助をするのか

援助行動の生起要因についてはいくつもの説明が提案されている。理論的説明は，生物学的レベル（進化や遺伝などによる説明），社会・文化的レベル（規範や文化などによる説明），個人レベル（個人差や感情反応などによる説明）という，さまざまなレベルで行われている。本節では社会・文化的レベルと個人レベルの説明に注目して概観する。これらのレベルの説明メカニズムは，学習，社会的・個人的基準，生理的喚起と感情という3つに整理することができる（Dovidio & Penner, 2001）。ただしこれらのメカニズムが独立という意味ではなく，関連する点も多い。

### (1) 学習

人は生まれてから多くのことを学習することによって，この世界でうまく生きていけるようになる。直接的な学習として，オペラント条件づけによる学習がある。これは，自発的にとった行動に対して報酬や罰が与えられることによって，その行動の頻度が変わることである。たとえば駅の階段で，ベビーカーを1人で運んでいる女性に申し出て運ぶのを手伝った結果，その女性に感謝されたり他者からほめられたり，自分の気分がよくなったりするなどの報酬が得られると，次に同様の状況になったときにも同じような援助行動をするであろう。一方，電車で目の前に立った高齢者に席を譲ろうとしたのに心外そうな顔で断られ，気まずい思いをするなど何らかの罰を受けた場合は，次に同様の状

況でそうした行動をしようとはしなくなるであろう。

　自分自身が行動して報酬や罰を受けなくても，他者の経験を見聞きするという間接的な経験による学習，すなわち社会的学習によって，援助行動を学習することもある（Bandura, 1965）。

　つまり，人が援助行動をする原因は，援助行動をすることは自分にとって報酬となり，援助行動をしないと報酬が得られない，または罰が与えられるということを学習したためだと説明される。

### (2) 社会的・個人的基準

　仮に援助行動を実行したり見聞きしたりしたことがないとしても，規範として援助行動をすることが推奨されていれば，規範に従うという意味で援助行動をするようになるであろう。社会的規範とは，ある集団に所属するメンバーがそれに従うことを期待される判断基準のことである。法律のように明文化され，従わない場合の罰則が規定されているものもあるが，慣習や道徳のように必ずしも明文化されていないものもある。

　強力な規範の1つは，返報性の規範（norm of reciprocity）である。他者から何らかの利益を得た際には，それと同種で同程度のものを返報すべきだという規範である（Gouldner, 1960）。この規範はおもに自分が誰かに援助をしてもらった場合に，返報として自分も援助をしようと人を動機づけるが，将来何らかの報酬を得たいと思っている人を援助行動へと動機づけることもあると考えられる。

　社会的責任の規範（norm of social responsibility）とは，自分に助けを求めてくる人を援助しなければならないというものであり，これも人を援助行動へと動機づける重要な規範の1つである（Berkowitz, 1972）。ほとんどの社会にこの規範があると思われるが，どの程度まで援助するのかについては，文化，年代や組織などの集団によって違いがみられる。たとえばある集団ではここまで援助するのが当然と思われていることでも，別の集団ではおせっかいでやりすぎと思われる可能性がある。人は自分が所属する集団でどの程度の援助をすることが望ましいとされているかを学習することが必要である。

　社会的規範は一般的な行動傾向を規定するが，特定の状況で，ある個人が援

助行動をするかどうかは，個人的な基準や目標，自己概念などの個人特性の影響も受ける。人は個人的基準に一致する行動をとると快を感じ，一致しない行動をとると認知的不協和が生じ，不快な緊張を感じる。たとえば自分は進んで人助けをする人間だと思っている個人は，しかるべき状況で自分は援助行動をするだろうと認知し，援助行動をすると，その自己概念に一致したふるまいをすることで誇りなどの快感情を経験する報酬が得られる。

### (3) 共感的覚醒

　人は，他者の困難な状況に接すると覚醒が高まり，何らかの感情反応を示す。まるで自分がその他者の代理であるかのように示す反応を共感（empathy）と呼ぶ（第2章参照）。共感は感情反応ではあるが，他者の視点を理解する認知的要素や援助行動を引き起こす動機づけ的要素もあると考えられる（Hoffman, 1982）。

　共感に基づく覚醒，すなわち共感的覚醒（empathic arousal）を援助行動へと動機づける具体的なプロセスについては，いくつかのモデルがある。チャルディーニら（Cialdini et al., 1987）の提案する不快状態からの解放モデル（negative state relief model）では，人は他者を傷つけたり他者の苦悩を目撃したりすると罪悪感や悲しみなどの不快な感情を抱き，その不快感情を低減しようと動機づけられ，その結果援助行動をすると説明する。ピリアビンら（Piliavin et al., 1981）は，緊急事態において傍観者が援助行動へと動機づけられるプロセスをまとめた覚醒・コスト－報酬分析モデル（arousal: cost-reward model）を提案している。このモデルでは，共感的覚醒が行動を起こす動機づけとなり，コスト－報酬分析が行動の方向性を決めると考える。他者の苦悩を目撃すると共感的覚醒が生じ，この共感的覚醒の原因が他者の苦悩や他者が置かれた状況に帰属されると，人は不快感情を経験し，これを低減しようとする。通常，そのための有効な方法は援助をして他者の苦悩を取り除くことだが，援助をすることのコストがあまりに大きい場合には，他者の苦悩から逃避したり事態を歪曲させて解釈したりするなど，援助以外の反応をすることもある。

　これらの説明のほかに，共感的覚醒によって利他的に動機づけられるとする説明もある。利他的動機づけによる説明は，コスト－報酬という枠組みから外

れるため，批判も多くなされており，議論は続いている。利他的動機づけによる説明と，それに対する批判は，次項で詳しく述べる。

## 3. 共感 – 利他性仮説
### (1) 利他的な動機づけは存在するか

　学習や規範によるものも含め，ここまでに述べた援助行動のメカニズムはいずれも最終的に援助者自身の快や満足を求める，利己的な動機によるものであった。しかし利他的な動機に基づく援助行動があるとする主張もあり，有力な説明の1つとして共感 – 利他性仮説（empathy-altruism hypothesis）がある（Batson, 1987, 1991）。この仮説によると，他者の苦悩を目撃すると，人は多様な感情を経験しうる。このうち，悲しみや個人的困難（動揺，心配など）は援助行動への利己的な動機づけを生み出すが，共感（同情，哀れみなど）は利他的動機づけを生み出すという。そして他者の苦悩を低減しようと利他的に動機づけられた人は，自分が援助を行うことが可能で，援助をすることが最終的に被援助者にとって利益になるだろうと知覚され，自分がその援助を提供することが，他者が同様の援助を提供する場合よりも被援助者にとって大きな利益になると思われる場合に，援助行動を実行する。

　いっさい自分の利益を期待しない行動は，これまで多くの心理学的理論で前提とされていたコスト – 報酬という視点では説明できないため，共感 – 利他性仮説に対しては代替説明がいくつも提案された。バトソン（1987, 1991）は，多くの実証研究によって，こうした代替説明では説明できない，利他的動機づけによる援助行動があることを示した。ただし利己的動機づけによる援助行動の存在を否定したわけではなく，共感的覚醒から援助行動の実行へ至るパスは複数あるとし，3経路モデルを示した（図3-1）。3つの経路のうち2つは利己的動機に基づくものであるが，それらとは別の第3の経路として，利他的動機に基づく援助プロセスがある。

### (2) 共感 – 利他性仮説と代替仮説の実証的検討

　共感 – 利他性仮説とその代替仮説を検討する実証研究についてみていく前に，これらの実験で典型的に行われる共感の操作について説明しておく。多くの実

第 1 部　理論編

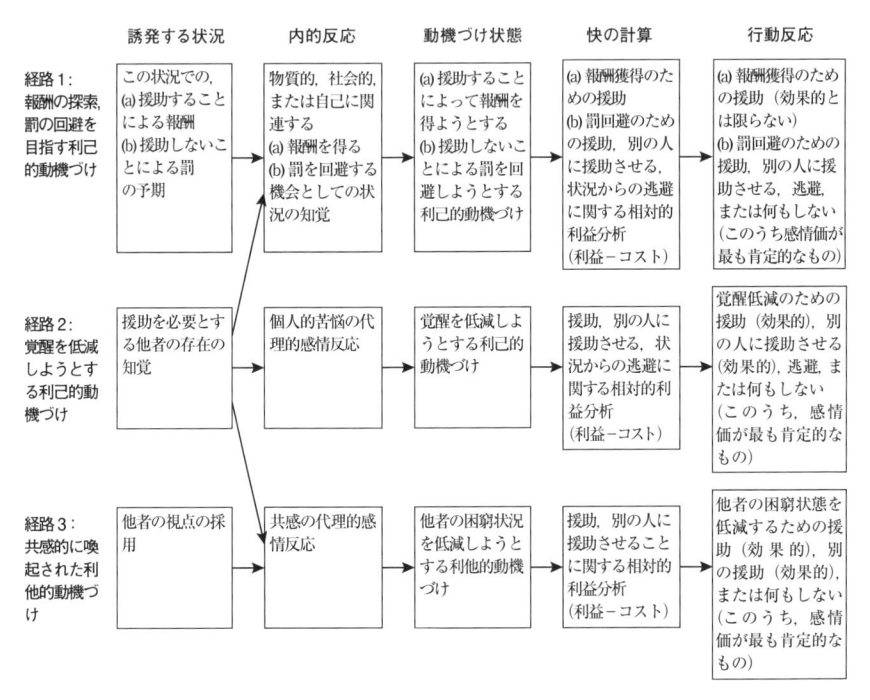

|  | 誘発する状況 | 内的反応 | 動機づけ状態 | 快の計算 | 行動反応 |
|---|---|---|---|---|---|
| 経路1:<br>報酬の探索,罰の回避を目指す利己的動機づけ | この状況での,(a)援助することによる報酬(b)援助しないことによる罰の予期 | 物質的,社会的,または自己に関連する(a)報酬を得る(b)罰を回避する機会としての状況の知覚 | (a)援助することによって報酬を得ようとする(b)援助しないことによる罰を回避しようとする利己的動機づけ | (a)報酬獲得のための援助(b)罰回避のための援助,別の人に援助させる,状況からの逃避に関する相対的利益分析(利益－コスト) | (a)報酬獲得のための援助(効果的とは限らない)(b)罰回避のための援助,別の人に援助させる,逃避,または何もしない(このうち感情価が最も肯定的なもの) |
| 経路2:<br>覚醒を低減しようとする利己的動機づけ | 援助を必要とする他者の存在の知覚 | 個人的苦悩の代理的感情反応 | 覚醒を低減しようとする利己的動機づけ | 援助,別の人に援助させる,状況からの逃避に関する相対的利益分析(利益－コスト) | 覚醒低減のための援助(効果的),別の人に援助させる(効果的),逃避,または何もしない(このうち,感情価が最も肯定的なもの) |
| 経路3:<br>共感的に喚起された利他的動機づけ | 他者の視点の採用 | 共感の代理的感情反応 | 他者の困窮状況を低減しようとする利他的動機づけ | 援助,別の人に援助させることに関する相対的利益分析(利益－コスト) | 他者の困窮状態を低減するための援助(効果的),別の援助(効果的),または何もしない(このうち,感情価が最も肯定的なもの) |

**図 3-1　3 経路モデル**（Batson, 1987, 1991 より作成）

験では，共感を高める条件と高めない条件を設ける。共感を高める（高共感）条件では，刺激人物がどのように感じるかを考えるよう教示し，共感を高めない（低共感）条件では，刺激人物がどう感じるかには注意を払わずなるべく客観的になるようにと教示する。そのうえで，困難に陥っている刺激人物に関する記述や映像などを見せて援助傾向を測定する。

　バトソンの提案する 3 経路モデルの第 1 の経路は，共感的配慮を持つこと特有の報酬，または共感的配慮を持たないこと特有のコストがあり，その報酬を得て，コストを避けるために援助行動をとるというものである。先に述べたチャルディーニら（1987）の不快状態からの解放モデルもこの経路に相当する。また，共感的配慮を持つこと特有の報酬として，援助をすると相手の困難が低減されたときの喜びも共有できる，すなわち「共感的喜び（empathic joy）」があるとする説明もある。スミスら（Smith et al., 1989）は，実験参加者に大学適応に悩む女性のインタビューを見せ，この女性にアドバイスをするかしな

いかを選ばせた。その際，そのアドバイスを女性が読んだ後どう変わったかを知ることができる（フィードバックあり）条件と，知ることができない（フィードバックなし）条件を設けた。その結果，高共感条件の人たちは，フィードバックがある条件のほうがアドバイスをすると答えた人が多かった。つまり援助をすることによって彼女が救われたことを知り共感的喜びを感じる機会があるほうが，援助行動をしやすかったということである。これに対し，バトソンら（Batson et al., 1991）は同様の実験を行って，フィードバックがなくても高共感条件では低共感条件よりも援助行動が多いことを示した。

　共感的配慮を持たないこと特有のコストとして，援助をしないと，他者からネガティブな評価をされるという懸念や，親切な人間でありたいなどの個人的基準を満たさないことによる罪悪感などの不快感情が生じうる。ただしこの経路の存在を示す実証的証拠はあまり得られていない。フルツら（Fultz et al., 1986）は実験参加者に共感の操作をした後，大変な孤独に悩むジャネットという女性の手記を読ませ，ジャネットと会って一緒に長期的関係に関する研究に参加するつもりがあるかどうか，あるとすればそのための時間を1か月に何時間くらいかけられるか尋ねた（この実験ではジャネットと会って一緒に過ごすことが援助行動である）。その際，社会的評価なし条件ではジャネットも実験者も参加者の判断を知ることはないと告げられ，社会的評価あり条件ではジャネットも実験者も参加者の判断を知ると告げられた。その結果，ジャネットと会うと答えた実験参加者がかけてもよいと答えた時間の長さを比べると，共感の効果のみがみられ，社会的評価の有無にかかわらず高共感条件のほうが援助により長い時間をかけると答えていた。

　第2の経路は，困難な状況にある他者を目撃することで高まった，自分の嫌悪的覚醒状態そのものを低減するために援助行動をとるというものである。先の共感的配慮特有の報酬による説明と非常に似ているが，こちらの経路は，困難な他者を目撃することで生じた共感的配慮を嫌悪的覚醒状態とみなし，この状態そのものから逃避しようとするものである。しかしバトソンら（Batson et al., 1981）は，共感が高ければ嫌悪的覚醒状態から逃げずに援助をすることを示した。彼らはストレス状況下での課題成績と印象の研究と称して，実験参加者に，エレインというもう1人の実験参加者（実際はサクラ）が電気ショッ

第1部　理論編

クを与えられながら課題を行う様子を観察させた。このとき，逃避容易条件では，10 試行のうち最初の 2 試行だけ見ればよいとされ，逃避困難条件では，10 試行すべてを観察しなければならないとされた。そして，2 試行終わったところで，自分が代わりに電気ショックを受ける（すなわちエレインを助ける）機会が与えられた。この実験では共感の操作はしていないが，相手が自分と似ている場合には共感を持ちやすいことから，実験参加者とエレインの価値観や興味の類似性を操作した。その結果，エレインと似ている（すなわち共感が高まったと考えられる）実験参加者は，逃避が容易な場合も困難な場合と同様に援助を行いやすかった。

　これらの実証研究で示された，第 1，第 2 の経路で説明できなかった部分が，第 3 の経路，すなわち利他的な動機に基づいて援助行動をしていると考えられる部分であり，共感−利他性仮説を支持するものである。

　チャルディーニら（1997）は，さらに別の代替仮説を提案している。これは，実証研究で行われている共感を高めるための操作が，被援助者と援助者の自他の表象の重なり，つまり一体感をも高めており，他者を助けることが間接的に援助者自身の心理的適応を高めるという利益にもつながっているので，援助をすることは援助者自身の利益を高めているのだとするものである。これに対し，バトソンら（1997）はこの代替仮説を支持するデータがチャルディーニらによるものしかなく，その実験方法に大きな問題があるなどと反論している。

　以上のように，人間が厳密な意味での利他性を持つかどうかは長いこと議論がなされており，膨大な研究が行われている（レビューとして，Batson, 1991, 2011）。明確な結論が得られているものではないが，多くの実証研究の知見から，最終目標さえも自分の福利を高めることではない，厳密な意味で利他的な援助行動は存在すると考えるのが妥当だとバトソンは述べている。

　さらに広い視点から考えると，人を援助行動へと動機づける最終目標として，利己性，利他性だけでなく，集団性（集団の福利を高めることを最終目標とする動機づけ），原理性（ある道徳的原理を守ることを最終目標とする動機づけ）の 2 つを含む 4 つがあるとも指摘されている（Batson, 2011）。

## 4. 進化の観点も含めたモデル

「なぜ人は援助をするのか」という問いに対して，本節でここまでにみてきた社会・文化レベルおよび個人レベルのアプローチと，進化や遺伝といった生物学レベルの一部のアプローチでは，「なぜ」のレベルが異なる。ここまでに述べてきた援助行動の説明は，人が援助行動をすることを前提としたうえで，どのようなときに，またどのようなしくみで援助行動をするのかを説明するものであった。しかし，ヒトという種がなぜ援助行動をするしくみを持つ生きものとして進化してきたか，すなわち援助行動をすることの機能という点については問題にしていなかった。

進化心理学とは，ヒトの心や行動も進化の産物であり，何らかの適応的な機能を持っていると考え，心や脳のメカニズムを「機能」のレベルで明らかにしようとする研究分野である（たとえば，Buss, 2012）。進化心理学の観点では自分が何らかのコストを払って他者に利益をもたらす行動を利他的行動と呼び，向社会的行動や援助行動との区別はない。その行動の動機づけは問題にしないのである（進化論的見方については，第7章を参照）。

ドヴィディオとペナー（Dovidio & Penner, 2001）は，援助行動と利他性が生じるプロセスに関する統合的な概念モデルを提示している（図3-2）。

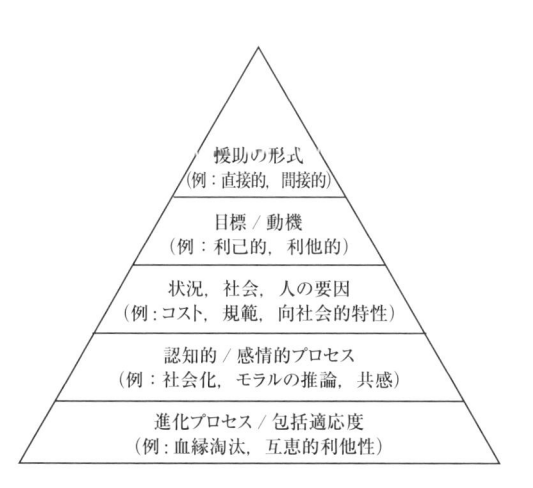

**図3-2 援助と利他性の概念モデル**（Dovidio & Penner, 2001 より作成）

第1部　理論編

　援助行動には，複数のレベルでさまざまな要因が寄与している。研究や実践の関心によって，援助行動のどこに注目するのかを明確にすることで，援助行動の適切な理解が深まるであろう。

## 2節　攻撃行動―なぜ攻撃的にふるまうのか，そしてその対処法

### 1.　攻撃とは何か
#### (1) 幼児の事例から

　Kちゃん（当時3歳2か月の幼稚園未就園の女児）の母親は，Kちゃんが初めて他児に攻撃的にふるまったときの様子を次のように語ってくれた。

> 　Kと児童館に遊びに行ったときの話なんですけど，近くでYちゃん（親しい同年齢の女児）が，大型積み木で大きなお城をつくっていたんです。でも，完成するかしないかで男の子に壊されるということがあって，それが3回くらい繰り返されたんです。壊されるたびにYちゃんは大泣きして，それでも何度もつくりなおして…。Kはそれをずっと見ていたんです。
> 　そしたら，（男の子が）3回目ぐらいに壊したときに，Kが突然，怒ってその男の子の髪を引っ張って，胸ぐらをつかんで，くってかかったんです。今まで，自分がそういうことをされても，したことなかったのに……。

　荻野（1998）は，保育所の2歳児クラスの幼児が，仲間関係をじっと見て，一方が不当な要求をしていると思うと，自分には関係のないことであってもそこへ介入し，不当だと思う側にたびたびかみついたという事例を紹介している。また，ホフマン（Hoffman, 2000）は，きょうだいに注射しようとしている医者に対し，17か月の幼児が殴りかかったという例をあげている。こうした道徳的義憤（荻野，1998）あるいは共感的怒り（Hoffman, 2000）と呼べるものの芽生えは2歳頃には認められるようである。これらの幼児の攻撃的なふるまいなどは，道徳と攻撃の問題を考えるうえで興味深いものである。

#### (2) 攻撃の定義

　さて，「人はなぜ攻撃的にふるまうのか」を考える前に，攻撃（aggression）

あるいは攻撃行動（aggressive behavior）とは何かをおさえる必要がある。たとえば，アロンソン（Aronson, 1992）は，攻撃は一般的な日常語として非常にさまざまに使われているため明確な定義は示しがたいとしつつ，「相手に被害や苦痛を与えることを意図した行動」であるとしている。心理学の分野ではこうした定義が一般的であり，大渕（1993, 2000）も，攻撃と攻撃行動とを区別せずに「他者に危害を加えようとする意図的行動」と定義している。大渕（2000）によれば，攻撃とは，意図的危害行為で観察可能な行動反応，すなわち攻撃行動あるいは攻撃反応のことである。

　大渕（1993, 2000）は，攻撃の定義には2つの要点があるとしている。第1は，「危害を加えようと」という表現であり，未遂であろうと，危害が生じていなくとも，その意図が認められる限りは攻撃とみなされる。第2は「意図された行動」という点であり，たとえ危害が加わったとしても，それが意図的でなければ攻撃とはみなされない。なお，ここでいう危害には，身体的苦痛や損傷だけでなく，多様な心理的苦痛や不快が含まれている。

　このような定義をふまえると，上述のKちゃんのふるまいやより年少の子どもたちの行為を攻撃と断定してよいのか疑問が生じる。これは，教育現場で問題となる「いじめ」や「キレる」などの個々の行為についても同様であろう。危害を加えようと意図された行動であるのかが明確でない以上は，これらを「攻撃的なふるまい」あるいは「攻撃的行動」などと呼んで，攻撃や攻撃行動とは区別する必要があるのかもしれない。しかし，実際に個々の行為の意図について厳密に同定することは困難であるので，上記をふまえたうえで，本章ではこれらの語を特に区別せずに用いることとする。

### (3) 攻撃性の定義と多様な見解

　攻撃や攻撃行動の他に攻撃性（aggressiveness）という語があるが，この両者は明確に区別して扱われている。たとえば，大渕（2000）は，社会心理学の立場から，攻撃性とは「攻撃が生み出される内的な心理過程」であり，攻撃的な思考や関心・感情，攻撃への意欲や願望，それらを発生させやすい性格特性などを含む概念であると定義している。

　これに対し，伊藤（2001）は，平和心理学の立場から，攻撃行動と攻撃性を

第 1 部　理論編

区別することの合理性を認めつつも，攻撃性という単語は英語ではあまり使われないうえに，○○性という表現はそれが本来持っている内在的な本質であるというニュアンスを感じさせるため（後述のフロイトの死の本能を連想させるため），不用意に用いないほうがよいと指摘している。他方，大平（2002）は，生理心理学の立場から，動物が生存資源を脅かされたとき，攻撃性がなければその個体は直ちに淘汰されてしまうとしたうえで，怒り情動やそれによって誘発される攻撃行動は進化の過程で獲得された「生きる仕組み」であるとしている。また，椙本（2013）は，パーソナリティ心理学の立場から，攻撃性を怒り特性，敵意，攻撃行動傾向からなる複合的概念ととらえたうえで，攻撃性の高さが攻撃行動の発現に直結するわけではなく，自己制御が高ければその抑制につながると指摘している。

　これらの定義からもわかるように，攻撃性のとらえ方は心理学の分野においても多様であるといえる。攻撃性は古くから人間の興味の対象であり，とりわけ，人間の性質はそもそも善なのか悪なのかという古典的で哲学的な問題においても中心的なテーマであった（島井，2002）。たとえば，ホッブズ（Hobbes, T.）に代表される性悪説とルソー（Rousseau, J. J.）に代表される性善説とは，人間の攻撃性に関する 2 つの極端な立場とされる（Aronson, 1992；大渕，2000）。攻撃行動や攻撃的なふるまいの背景に何を見出すかには，その人の人間観が反映されるのかもしれない。

## 2. なぜ攻撃的にふるまうのか

　さて，人はなぜ攻撃的にふるまうのであろうか。大渕（1993, 2000, 2011）は，攻撃行動を生み出す内的過程としての攻撃性について，心理学をはじめとする多様な理論仮説を以下の 3 つのグループに分類している。

### (1) 内的衝動説

　内的衝動説（攻撃本能論）とは，攻撃を引き起こす心理的エネルギー（攻撃本能）が個体内にあると仮定する理論の総称である。大渕（1993）は，その代表的な理論として，フロイト（Freud, S.）の死の本能説（人間の内に破壊や殺戮を自ら求める根源的衝動・タナトスの存在を仮定する）やローレンツ（Lorenz,

K.)の生得的攻撃機構説（動物の脳内に攻撃中枢があると仮定する）をあげている。これらの理論について，大渕（2000）は，攻撃性に関する1つの見方として学ぶ価値はあるが，科学的根拠が弱く，現実の攻撃事象を解明するうえではあまり有益でないとしている。確かにこれらの理論では，人間の社会や歴史，戦争などを抽象的なレベルで論じることはできるかもしれないが，冒頭のKちゃんのふるまいなどを説明することは困難であろう。

### (2) 情動発散説

情動発散説とは，攻撃を不快情動の発散・表出であるとみなす理論の総称である。大渕（1993）は，その代表として，ダラード（Dollard, J.）らの欲求不満説をあげている。上述の本能説との違いは，攻撃動機づけが欲求不満など不快な経験をすることによって外部から喚起されると仮定している点であり，攻撃の最終目標は，欲求不満自体の解決ではなく，怒りや不満などの感情を外部に発散し，不快な内的緊張を減少させることにあるとされる（大渕，1993）。こうした説をふまえれば，冒頭のKちゃんのふるまいなどは，男の子に対する怒りや不満（あるいはYちゃんが損害を被ったことへの共感的怒り）の発散であるとみなすことができるかもしれない。

またこうした衝動的攻撃を説明する，より洗練された理論として，不快情動が自動的に攻撃を動機づけるとするバーコビッツ（Berkowitz, L.）の認知的新連合理論がある（大渕，2000）。認知的新連合理論は，衝動的攻撃においては情動すら必須でなく，連合ネットワークの性質により，個人の心のなかで攻撃的観念が活性化されると攻撃的動機づけが生み出される（観念プライミング）ことを示唆している。

### (3) 社会的機能説

社会的機能説とは，攻撃の手段的機能を強調し，人間は目的を達成する手段として自覚的に攻撃行動を選択するととらえる理論の総称である。大渕（1993）では，攻撃が有効であるという経験により類似の状況で攻撃が喚起されるとするバンデューラ（Bandura, A.）の社会的学習理論が，大渕（2011）では，攻撃を社会的葛藤に対する解決方略とみなすテデスキー（Tedeschi, J. T.）の

意思決定理論がその筆頭にあげられている。情動発散説が衝動的攻撃を論じているのに対し，社会的機能説は戦略的攻撃を論じているといえる（大渕，2000）。たとえば，大渕（1987）は，こうした戦略的攻撃の対人機能として回避反応，強制，制裁，印象操作の4機能をあげている。こうした説をふまえれば，冒頭のKちゃんのふるまいなどは，男の子に制裁を加え，妨害行為を繰り返さないよう強制するための手段であったとみなすことができるかもしれない。

もっとも，Kちゃんのふるまいについて，これが衝動的攻撃と戦略的攻撃のいずれであるかを論じても意味のないことであろう。大渕（2000）は，攻撃には戦略的攻撃と衝動的攻撃の2タイプがあるとしたうえで，実際に人々が行う攻撃の多くは両者の混合であると指摘している。なお，大渕（1993）が提唱した攻撃の二過程モデルをはじめとして，戦略的攻撃と衝動的攻撃の両側面を包括しようとするさまざまな統合理論も提唱されている。

## 3. 攻撃と道徳

### (1) 道徳的違背としての攻撃

たとえば，幼稚園や保育所の子どもたちに，「人をたたくことはよいことかな，それとも，悪いことかな」と尋ねてみれば，ほとんど確実に「悪いこと」という答えが返ってくる。チュリエル（Turiel, 1983, 2006）の社会的領域理論に基づく研究において，攻撃行動は，他者に損害を及ぼす行為であるがゆえに，道徳的違背行為の典型とされる。攻撃行動は，自動的に人を心理身体的に傷つけるため，他者の期待や規則，権威者の指示・命令とは無関係に，「絶対にしてはいけない」「決して許されるべきではない」という善悪を規定する要素を内在化している（首藤・二宮，2003）。これは，善悪が社会的文脈に相対的である慣習の行為（マナー違反など）とは対照的である。

社会的領域理論に基づく初期の研究では，こうした攻撃行動に焦点を当て，子どもたちが本当に道徳と慣習を区別しているのかを検討してきた。たとえば，チュリエルらの初期の研究（Weston & Turiel, 1980）では，5～11歳の子どもたちを対象に，道徳（「人をたたく」など）と慣習（「裸で外に出る」など）の違反行為について，学校側が許容することはよいか，学校側が許容すれば子どもがそれらの行為に従事してもよいかの判断を求めている。その結果，すべ

ての年齢段階における子どもの大多数が道徳と慣習とを区別し，慣習の違反行為に関しては，学校側が許容すること，学校側が許容した場合に子どもが従事することのいずれについてもよいと判断する一方で，道徳の違反行為に関してはいずれも悪いと判断することが示された。

さらに，より幼い子どもでも道徳と慣習を区別するのかを問題として，2～5歳の幼児を対象とした一連の研究が実施された（Smetana, 1981, 1985；Smetana & Braeges, 1990）。一連の研究では，保育園における道徳（たたく，奪う）と慣習（集団活動に参加しない，片づけない）の違反行為について，規則随伴性（保育園に規則がなければ，その違反行為に従事してよいか），権威随伴性（保育者が命じるのであれば，その違反行為に従事してよいか）などの判断を求めている。その結果，2歳児でもたたくことや奪うことは明らかに悪いと判断できるが，この年齢での道徳の違反行為に対する判断は，慣習の違反行為に対する判断と同様に，規則や権威に左右されることが示された。道徳の違反行為について，禁止する規則がなくとも，また，そうするよう保育者が命じても悪いと判断することは，3歳の終わり頃までは難しい。しかし，4歳以降になると道徳の違反行為を規則や権威に左右されずに悪いと判断するようになる。

わが国においては，道徳と慣習の区別が可能になる年齢が遅いとの指摘もあるが，基本的には，領域の区別が幼児期から認められることが示されている（首藤・二宮，2003）。攻撃行動は他者を傷つけるから悪いという基本的な理解は，幼児期から認められるといえる。

### (2) 許容されることのある攻撃

しかし，現実には，攻撃的なふるまいが許容されることもある。冒頭のKちゃんの行為などはその典型であろう。確かにKちゃんの行為は，男の子を傷つけるものであったかもしれない。他方，Kちゃんの行為は，男の子に対してやり返すことで，被害を受けたYちゃんの相対的剥奪感を解消するものであったともとらえられる。越中（2005, 2007, 2012a）は，一連の調査のなかで，報復（加害者に対する被害者の応答的行動としての攻撃）や制裁（加害者に対する第三者の介入行動としての攻撃）といったやり返しの攻撃について，幼児

に善悪判断を求めている。その結果，年少の幼児は，自ら仕掛ける挑発的な攻撃と報復や制裁などの攻撃を区別せず悪いと判断するが，4歳から5歳にかけて相対的にやり返しを許容するようになることが示された。越中（2012a）はこの結果について，年長の幼児が，加害者に損害をもたらすことは悪いが，やり返しにより報復的公正（大渕，2000）がもたらされることはよいという葛藤を感じているものと考察している。幼児にとっても，「たたくのは悪い」ということは，わかりきったことである。特に年長の幼児であれば，たたいたら相手が痛いことも，先生に怒られることも十分にわかっているであろう。他方，年長の幼児は，「一方的にたたかれるのは不公平だ」という思いや，「やり返すことによって相手が意地悪をしないようになる」といった信念なども持っている。攻撃行動がときに許容されるのは，現実の複雑な社会的場面において，こうした思いが葛藤するためなのかもしれない。

　同様のことは大人においても認められる。大人による子どもへの攻撃（体罰）などはまさにその典型であろう。他者を傷つけることは悪いという道徳は普遍であるはずだが，体罰については，時代や文化の影響によって表面上，道徳が変化するようにも映る。しかし，これは道徳が変化しているのではなく，行為が他者にどのような影響を与えるのかといった仮説的推論（informational assumption）が時代や文化により異なることを意味する（首藤・二宮，2005）。体罰について，しつけであるという信念を抱くか，暴力であるという信念を抱くかでは判断が異なってくることが指摘されている（Wainryb, 1991）。

　越中（2010, 2012b, 2014）の一連の研究では，高校生，大学生および現職の保育者・小学校教諭を対象として体罰に関する認知を探るべく，親が道徳性や規範意識の芽生えを培ううえで「どんなことがあっても幼児に手をあげるべきではない」という考えに賛成か反対かを尋ね，理由づけを求めている。その結果，高校生・大学生のみならず，現職の保育者・教師においても賛否が拮抗することが示された。また，理由づけの分析からは，「身をもって人の痛みを経験させ，命の大切さや危険を理解させるために体罰は必要である」というような信念が，現職の保育者・教師においても根強いことが示された（越中，2014）。こうした事実は，子どもの道徳性や攻撃性を問題視する以前に憂慮すべき問題である。

　なお，伊藤（2001）は，攻撃と暴力を区別し，暴力には「不当である，悪で

ある」という意味が含まれているが，攻撃行動はそれ自体が善悪のいずれかであるか判断できないと指摘している。攻撃という語の用いられ方や善悪のとらえ方も一様ではないことに留意する必要がある。

## 4．攻撃と適応・不適応
### (1) 攻撃と不適応
　ソシオメトリックテストを用いた研究などは，仲間から拒否されている子どもたちの適応上の問題を明らかにするとともに，特に彼らが示す攻撃行動に着目し，実証的な研究を展開してきた。そして，多くの研究から，攻撃行動を示すことが仲間から拒否される主要な原因であることが明らかにされてきた（たとえば，Coie & Kupersmidt, 1983；Dodge, 1983）。攻撃性は，引っ込み思案や社交性以上に，ソシオメトリック地位に強い影響を及ぼす（Newcomb et al., 1993）。また，攻撃性や衝動性といったリスクを抱える子どもたちは，仲間から拒否されることにより，そうした既存の行動傾向を増大させると指摘される（Coie, 2004）。

　わが国においても，前田（1995, 1998, 1999, 2001）による一連の検討から，海外の研究知見と概ね一致する結果が見出されている。たとえば，小学校3～6年生の児童を対象としてソシオメトリックテストを実施した研究（前田，1995）では，仲間から拒否されている子どもたち（拒否児）が，仲間から攻撃的であると知覚されるとともに，孤独感を抱えていることが見出されている。また，小学校1～6年生までを対象とした横断的研究（前田，1999）では，6学年のいずれにおいても，拒否児は仲間から攻撃性が高く社交性が低いと評価されていた。この結果は，攻撃性と仲間からの拒否との関係が児童期の発達段階を通じて一貫していることを示唆するものといえよう。さらに，小学校2，3年生から小学校4，5年生までの2年間の縦断的研究（前田，1998）では，攻撃性が増加した子どもたちは仲間集団内における地位が低下したのに対して，攻撃性が低下した子どもたちは仲間内地位が向上したことが確認されている。攻撃・攻撃性は，不適応の主たる原因といえよう。

## (2) 攻撃と適応

　他方，前田と片岡（1993）は，仲間から積極的に好かれている幼児（典型的には，ある仲間からは人気があるが，他の仲間からは拒否されている幼児）のなかにも攻撃性を示す者が含まれている可能性を示唆している。古くは，レッサー（Lesser, 1959）が，挑発的攻撃を示す児童は仲間から拒否されるが，報復的攻撃を示す児童はむしろ仲間から受容されると指摘している。越中ら（2006）も，挑発的攻撃を示す幼児は拒否されるが，報復的攻撃は必ずしも拒否されず，制裁としての攻撃を示す幼児はむしろ仲間から受容される可能性を示唆している。ストレイヤーとノエル（Strayer & Noel, 1986）は，敵に対して向社会的にふるまうよりも，攻撃を示したほうが社会的に称賛されるという場合もあり，攻撃行動は悪，向社会的行動は善というような単純な二分法には限界があると指摘している。

　大渕（2011）が社会的機能説の1つにあげているホーリー（Hawley, P. H.）の攻撃適応理論においても，進化心理学の視点から，攻撃は資源コントロールの手段であり，適応的か非適応的かは社会的文脈に依存するととらえられている。従来の心理学研究では攻撃の否定的な面が強調されてきたが，児童期前期までは攻撃的な子どものほうが適応的であるとする知見もあり，攻撃の適応的側面に目を向ける必要性も指摘されている（大渕，2011）。

## 5. 攻撃・攻撃性とどのように向き合うか

### (1) 攻撃的な子どもの特徴と必要な支援

　ここまで種々の知見を概観してみると，攻撃や攻撃性とは何かを押さえることの難しさを改めて痛感する。アロンソン（Aronson, 1992）が明確な定義は示しがたいと前置きしたように，攻撃や攻撃性という語は，他者を意図的に傷つける違背という意味合いから活動性・主張性などの適応的なイメージに至るまで，さまざまなものを内包している。対人関係や適応上の問題のみならず精神や身体の健康の問題をもたらす原因となる（山崎，2002）一方で，適応的側面も有する（大渕，2011）のが攻撃性であるといえるのかもしれない。

　他方，攻撃を示し続ける子どもたちは，一時的には欲求を満たすことができたとしても，長期的にみれば仲間から拒否されることとなる（前田，2001）。

仲間とかかわる機会が減少すれば，自ずとソーシャルスキルや社会的コンピテンスの発達が阻害されるという悪循環に陥る。適応上の問題の予防という観点からも，攻撃性を低下させ，代わりに社交性の向上をうながす介入指導（ソーシャルスキル・トレーニングなど。詳細は第6章2節，3節参照）を行うことなどが重要であると指摘される（前田，2001）。

また，ティサック（Tisak, M. S.）らは，攻撃と道徳の問題をとらえるうえで重要な視点として，①チュリエルの社会的領域理論，②バンデューラの社会的認知理論，③クリック（Crick, N. R.）とドッジ（Dodge, K. A.）の社会的情報処理理論あるいはウェスマン（Huesmann, L. R.）の情報処理モデルをあげている。これらの社会認知的な視点に基づく研究はそれぞれ，攻撃的な子どもが，①攻撃行動を道徳領域の問題（普遍的な違背行為）ではなく，慣習領域や個人領域の問題ととらえる傾向にあること，②攻撃行動について特異な価値・信念を持っていること（攻撃によって相手を支配することを重視する一方で，被害者の苦痛や被害者からの報復，攻撃行動による仲間拒否の可能性を考慮に入れないなど），③攻撃行動の可能性を高めるような社会的情報処理を行う（社会的認知に歪みがある）を指摘している（Tisak et al., 2006）。攻撃的な子どもの特徴を理解したうえで，こうした発達を規定する要因を抑える必要がある。

(2) 大人はどうするべきか

二宮（2007）は，こうした攻撃行動の先行要因として，貧困，親の心理的困窮，粗暴なしつけ，親子の愛着の低下などをあげたうえで，両親に暴力的でない効果的なしつけの方法を教えることこそが持続的な問題行動の予防につながると指摘している。①力中心のしつけ（暴力で脅す，子どもの権利を奪う），②愛情の除去（無視したり嫌いと言ったりする），③誘導的なしつけ（子どもの行動が他者を傷つけていることを説明する）というホフマン（2000）の親のしつけの3タイプに言及しつつ，二宮（2007）は，思いやりを育む誘導的なかかわり，親子関係のあたたかさが大切であると指摘している。

攻撃と道徳について考えるうえで大切なことは，人を傷つけることが悪いという基本的な理解がどのようにもたらされるかということである。ヌッチ（Nucci, 2006）は，他者の損害や公平・正義などの道徳的概念が，特に仲間と

のかかわり（対人葛藤など）において，被害者，加害者あるいは目撃者として，社会的な経験を重ねることで主体的に形成されると指摘している。他者を傷つけることが悪いという認識は大人が教え込むことによって受動的に獲得されるものではない。ましてや，体罰によって教え込もうとすることなどは論外である。冒頭のKちゃんの事例などにも象徴されるように，子どもの攻撃的なふるまいの背景には，さまざまな感情・認知あるいはそれらの葛藤があると思われる。たとえば，いじめなども，被害者に苦痛をもたらす道徳的な問題であると同時に，仲間内でのルール（慣習領域）や友人の選択の自由（個人領域）ともかかわる多元的な問題である。現実の複雑な状況のなかで，子どもが「他者を傷つける」ことをどのようにとらえるかが，攻撃と道徳にまつわる中心的な問題であると考えられる。あたたかさのなかで「自他を大切にする心」（岩佐，2007）を育むことが，遠回りにみえて，攻撃に対処するうえでの一番の近道ではないだろうか。

## 3節　ビジネス倫理
　―キャリア・カウンセリングは人と企業の衝突を解決するのか

### 1．ビジネス倫理とは

　本節で取り上げる「企業倫理（business ethics）」とは企業の価値基準と倫理の価値基準をかけ合わせたところに成立する領域である。言い換えると，ビジネスの価値基準と人間の行為における善悪を扱う倫理の価値基準をかけ合わせた領域ととらえることができる（梅津，2002）。なお，本節では梅津（2002）に従い，企業倫理ではなくビジネス倫理という用語を用いる。職業場面においては，医療倫理，工学倫理や研究者倫理などもあげることができ，ビジネス倫理は包括的には職業倫理（professional ethics）のなかの1つであるといえる。

　ビジネス領域における倫理研究は，理論に関しては哲学，教育プログラムや倫理観の測定などに関しては心理学，さらに社会学や経営学などと異なる専門領域において研究がなされてきた。そのため，学問間の対話があまりなされてはこなかったという歴史的な経緯やビジネス倫理学として最初から研究が積み重ねられてきたわけではないので知見が分散しているといった特徴があった。また，倫理と経営が共存できるのかという問いも存在した。しか

し，1970年代に新しい学問として始まり，1980年代に学問間の統合がみられるようになったビジネス倫理学は，その後，着実にビジネス倫理学の研究知見を積み重ねつつある（DeGeorge, 1987）。日本においてビジネス倫理学は1990年代後半になってはじめてその認知や理解を得て，現在，研究者や実務家を含んで展開されつつある（梅津，2002）。特に，心理学の観点から述べるとすれば，ビジネス倫理を育成する教育プログラムの開発や効果測定，企業の社員のキャリア開発やメンタルヘルスといった点から研究知見や実践知が集まりつつある。具体的には，DIT（第1章参照）をベースとしてビジネスパーソンを対象とした道徳性尺度（Manegerial Moral Judgment Test: MMJT）の開発（Loviscky et al., 2007）やMJT（第1章参照）をベースとした道徳性尺度（Moral Reasoning Inventory: MRI）の開発（Weber & McGiven, 2010）が行われたり，ビジネスコースでの就学年数と道徳的理由づけの発達の関係性が検討されたりしている（Lowry, 2003）。また，金融機関の社員を対象に道徳的ジレンマ討論を用いた教育プログラム（Oser & Schläfli, 2010）が実施されたり，ケースメソッドという手法を用いた倫理教育も行われる（詳しくは第5章参照）。そして企業の倫理的制度，分配的公正，手続き的公正などと正の相関，保身・私利追求，対外的不適切行為，公私混同・ハラスメントとは負の相関があることが示される（横田，2013）。

　本節では，ビジネス場面において企業が倫理的行動をとっているのか，その場合はどのようなビジネス倫理行動をとっているのかを紹介する。その後，現在の社会経済状況下で企業が直面する数々の経営課題のなかにおいて今後取り組むべき倫理的課題について提示する。そして，現代の企業と雇用者の関係性や問題点をもとに，キャリア・カウンセリングの立場から企業が直面するであろう今後の課題に対して1つの解決法を提示したいと考える。なお，日本において「キャリア・カウンセリング」と「キャリア・コンサルティング」，「キャリア・カウンセラー」と「キャリア・コンサルタント」は同義で使用されている（詳しくは坂本，2008参照）。本節でも同様の扱いとする。

## 2. 企業は倫理的行動を行うのか

　企業の使命は第一において，本業において利益を出すことである。企業が利

第1部　理論編

益を出すことはその企業に関係するあらゆるステークホルダー（利害関係者：消費者，投資家，および社会全体）にとって利益をもたらすことであり，それが望ましいことであると考えられる。それでは，企業は合法的なあらゆる手段を用いて利益を出し続けていれば，それは企業の倫理的行動であるといえるのか。

　2014年に企業の思いやり行動を紹介する図書が出版された（高木・竹村，2014）。そのなかでは，東日本大震災の被災者・被災地支援を行いたいと願ったり，自発的に行動をとったりする従業員が多数存在したことから，企業がボランティアを希望する従業員を支援するという全社を挙げた取り組みがいくつも紹介されている。一見すると，以上の行為は企業の本業から離れた，ステークホルダーの利益を考えてはいない非倫理的行動にも思えるが，以下の話（小樽，2014）を私たちはどのように考えるだろうか。

- デンソーの話

　　愛知県に本社を構えるデンソーにおいて東日本大震災直後に会社および社員からの義援金，救援物資が集まった。さらに，震災地でのボランティアを希望する社員が多数いたことから，社員が安全に現地に入りボランティア活動を行えるよう継続的に組織的な支援活動を行い続けた。

- ヤマト運輸（クロネコヤマト）の話

　　ヤマト運輸は東日本大震災において自社のうち9つの営業所が全壊，5か所が半壊になり，営業をしたくても継続できなくなった。同時に，震災発生から3，4日の時点で全国から送られてきた救援物資が自治体や大きな避難所に山積みになり，本当にそれらの物資を必要とする人々に届かないという状況が生まれた。その際に，ヤマトのセールスドライバーは市に申し出て，集積所の物資を分類し，在庫管理を行い，避難所を効率的に回る配送ルートや配布量などの計画を立て，配送を行うという支援を自発的に行った。さらに，ヤマトの社長は宅配便1つあたりに10円の寄付を行う（130億円）という決定を行った。

　以上の話を読んで，企業やその従業員が行った行動を読者はどのように判断しただろうか。人や社会を助けたいという気持ちはあっても，なかなか実際の

行動に移すことは難しい倫理的行動だと判断した読者も多いのではないだろうか。さらに，日本においては上述したような企業の倫理的行動だけではなく，企業の持続的な発展を願うという観点から，かねてより創業家の家訓として倫理的行動が示されてきてもいる（例：三井家や住友家の家訓，近江商人の家訓）。

　このように，企業も企業の創始者もそれぞれができる形でさまざまな倫理的行動を示してきている。このような取り組みは，本書で取り上げた企業だけではなく，ほかのさまざまな組織においても実践されてきている。それらは企業の社会的責任（Corporate Social Responsibility: CSR）ともいえる。CSRとは企業が利益を追求するだけでなく，組織活動が社会へ与える影響に責任を持ち，すべてのステークホルダー（例：株主，環境（対社会），労働安全（対従業員），雇用創出（対地域），品質（対消費者），取引先との関係（対顧客））からの要求に対して適切な意思決定をすることだと定義される。以下では，特に対従業員に焦点を当て企業の社会的責任について考えていく。

　企業が今まで以上に人権について考えなくてはならなくなった特筆すべき出来事は，2005年から2011年にかけての国連人権理事会での議論である。人権委員会から提出された一連の報告書「ラギー・レポート」は以下の3ステップを踏んで進められた。第1に，人権に関する既存の諸基準や実践の収集，盛り込むべき内容の整理，第2に，人権の保護，尊重，救済のフレームワークづくり，第3に，フレームワークを活用可能なものとするための作業の継続である。そして，最終報告書においては，企業の責任に関して，①企業は人権を尊重しなくてはならない，②企業の人権尊重責任は国際的に認められている人権の尊重を意味する，③人権尊重責任として企業は自身の活動が人権侵害を引き起こさない，④人権尊重はすべての企業に求められる責任である，⑤人権尊重の責任を果たすため企業はポリシーやプロセスを社内に構築しなければならないといった5つの「基本原則」を示している（高，2013）。

　それでは，企業はいつも正しいのだろうか。いつでもステークホルダー（以下では対従業員を示す）に対して倫理的行動を行っているのか。この点に関して，少し，社会経済的背景から近年の日本における企業のあり方の変遷をふり返って考えていく必要があると思われる。

　これまでのおおむねの企業は，いわば日本型の雇用システムをとってきた。

第 1 部　理論編

　具体的には，新卒者を採用し，終身雇用をベースとして継続的な OJT を実施しながらゼネラリストを育成してきた。また，従業員には定期昇給や福利厚生制度，定年までの雇用が保証されていた。その一方で，企業は従業員の人事権を取得していた。右肩上がりの高度経済成長のなか，過労やワークライフバランスの悪さなどの問題をあげることもできるが，総じて，雇用という観点からは従業員にとっては安定した生活が約束されていたといえる（須東・城戸,2012)。

　その一方で，バブル経済の破綻以降，日本型雇用システムは一変した。たび重なるリストラクチュアリングなどにより終身雇用制度は事実上破綻しつつある。中高年の従業員が企業を離れやすくなっただけではなく，若者も生涯を通して 1 つの企業で働くという意識が以前より低くなっている。このような流れを受けて，キャリア形態はかつての会社任せであったものから，個人の自律性や自己責任が求められるものへとシフトしつつある（坂本，2012）。

　それでは，キャリア形成における責任が企業から個人に移ってきたという問題は，近年の社会経済的状況により雇用を閉じてきている企業だけに原因があるのだろうか。おそらく社会経済的状況や企業のグローバル化，政策などいくつかの要因が複雑に絡み合った結果として，このような問題は生じていると考えられる。しかし，その根本として共通しているのは，対象者が誰であったとしても従業員の心理的な負担感が増加しているという点において問題は一致するのではないだろうか。

　時代の変化といえばそれまでかもしれないが，時代や仕事の変化スピードが非常に速い現在，それに対応することができずにメンタルヘルスを患う従業員が増加したり，メンタルヘルスを患っているわけではないがキャリアパスがみえないことに悩む従業員なども増えたりしてきている。そういった従業員は仕事に全力で取り組むことが困難になったり，離職をしたりすることにつながる。このことは結果として企業が経営上のパフォーマンスを上げること（企業の社会的責任）に損害を与えているといえる。たとえば，宮城（2010）がメンタルヘルスの不調などの理由による休職者 1 人あたりにかかるコストは約 422 万円であると述べているように，従業員，企業の双方に不利益を生じていると思われる。この状況は企業の倫理的行動といえるのか。

それでは，企業，従業員はそれぞれどうすればよいのか。企業は社会経済的状況を最小限に考慮した経営を行い，従業員のメンタルヘルスやキャリア形成を最大限に考慮した経営を行えばよいのか。あるいは社会経済的状況を最大限にふまえた経営を行い（企業利益の追求を第一優先し），社員のメンタルヘルスやキャリア形成は自己責任にすればよいのか。おそらく，いずれの方法も抜本的な人と企業の解決には至らず，どちらかにアンバランスな負荷がかかることになろう。それではどうすればよいか。このような問題を解決する方法の1つとして，グラットン（Gratton, 2014）は"The Key（邦題：未来企業）"のなかで企業に寄せる期待として企業のレジリエンス（負荷がかかって変化したものが，もとの形状に戻る力）をあげている。具体的には，①従業員が知性と知恵を増幅し，精神的活力を高め，互いの結びつきを深めることができるような環境，②地域のことを考え，サプライチェーンの末端まで配慮した活動（例：完成した電気製品だけを見るのではなく，それを構成する部品や材料の一つひとつがどこの誰によりどのように作られたり，調達されたりしているのか），③企業がその資源や能力を活用して若者の失業問題や気候変動といったグローバルな課題に取り組むこと，の3つである。本節では先ほどから対従業員に焦点を当てているように，①について心理学の観点から考えてみることにする。

## 3．キャリア・カウンセリングを用いた解決

　さて，先に述べたような問題に対して心理学はどのような解決を提供することができるだろうか。本節ではキャリア・カウンセリングを提案することにする。
　キャリア・カウンセリングとは「①大部分が言語をとおして行われるプロセスであり，②カウンセラーとカウンセリィ（相談者）はダイナミックな協力関係のなかで，カウンセリィの目標をともに明確化し，それに向かって行動していくことに焦点を当て，③自分自身の行為と変容に責任を持つカウンセリィが，自己理解を深め，選択可能な行動について把握していき，自分でキャリアを計画し，マネージメントするのに必要なスキルを習得し，情報を駆使して意思決定していけるように援助することを目的として，④カウンセラーがさまざまな援助活動をとるプロセスである」と定義される（渡辺・Herr, 2001）。
　この定義によると，キャリア・カウンセリングはこれまでに述べてきたよう

な従業員が仕事上で直面するさまざまな問題点を克服するように思われる。しかしながら，統計を見る限り，キャリア・コンサルタントの有資格者は年々増加してはいるものの，キャリア・コンサルティングを実施する人材が「いない」と回答する企業も多い（坂本，2008）。その一方で，キャリア・カウンセリング自体は1950年代後半には日本においても普及をみせており，古くから日本に受け入れられてきたものでもあるという評価もある（丸山，2008）。また，従業員の持つキャリア開発志向が自発的な職務改善をうながすことも明らかにされている（浅井，2013）。

　それでは，場合によっては人材の有効活用，ひいては企業の活性化につなげることのできるキャリア・カウンセリングはなぜ広まらないのか，近年問題となっている人と組織の衝突を解決する一助とならないのか。おそらく，人材を活用できる形でのキャリア開発，キャリア形成でなければ，企業はキャリア・カウンセリングを企業内において推進していくことが難しいのであろう。言い換えると，キャリア・カウンセリングにより人材が成長することは企業にとって望ましいことであるが，それは同時に，その人材が別の企業へ移行する可能性を高めることにもつながる。それゆえに，キャリア・カウンセリングにより人材の発達をうながしていくことは企業にとって必ずしも肯定的な結果をもたらすことにつながるとはいえない。しかしながら，現在，企業の持続的な発展（Gratton, 2014），職業人としての人の発達，社会からの企業への期待，すべてを満たすことが企業に期待されているのも事実である。それでは，組織と従業員の双方のパフォーマンスを最大限に持っていくことができるようにするにはどうすればよいのか。

　坂本（2008）はその点をふまえて，従業員がキャリア上の自己概念を確立し（図3-3参照），それをキャリア・カウンセリングが後押しするようなシステムを提案している。図を下から支えるキャリア・カウンセリングを担当する者として，職務上の上司，キャリア・カウンセラーの2者を想定している。前者には職業上の理解を，後者にはカウンセリングの専門家としての役割を期待し，従業員のキャリア開発，メンタルヘルスへの対応を適宜行うことにより，先ほどあげた人と組織の衝突という問題を解決しようとするのである。

　それでは，組織経営上，キャリア・カウンセリングはどのようにとらえるこ

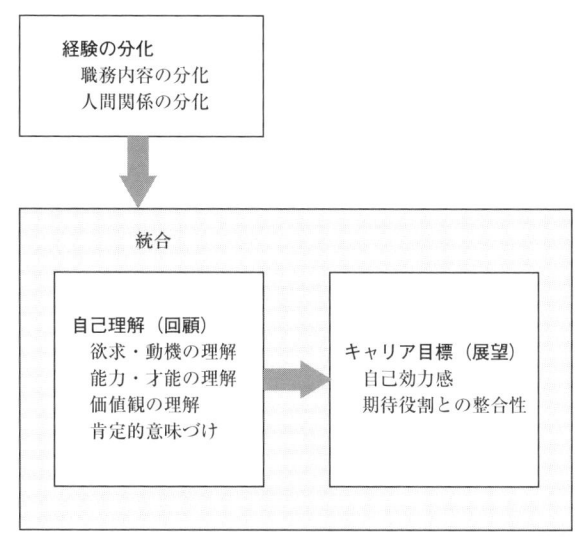

第3章 モラルの行動―道徳的行動はどのように生じるのか

```
┌─────────────────────┐
│   経験の分化        │
│    職務内容の分化   │
│    人間関係の分化   │
└──────────┬──────────┘
           ↓
┌─────────────────────────────────────────────┐
│ 統合                                         │
│  ┌──────────────────┐    ┌────────────────┐│
│  │ 自己理解（回顧） │    │キャリア目標    ││
│  │  欲求・動機の理解│ →  │    （展望）    ││
│  │  能力・才能の理解│    │  自己効力感    ││
│  │  価値観の理解    │    │ 期待役割との   ││
│  │  肯定的意味づけ  │    │    整合性      ││
│  └──────────────────┘    └────────────────┘│
└─────────────────────────────────────────────┘
```

注）キャリア・カウンセリング（上司・専門家）は図を下支えする形で影響を及ぼすと考えられている。

**図 3-3 キャリアの自己概念の確立プロセス**（坂本，2008 を改変）

とができるか。坂本（2008）はキャリア・カウンセリングの経営組織上の機能として，①モチベーションの向上，②自律的キャリア形成の促進，③組織コミットメントの向上，④人事情報の顕在化，⑤メンタルヘルス不全の予防，の5つをあげており，それらの特徴を以下のように述べている。

①モチベーションの向上とは，キャリア・カウンセリングにより従業員が自分自身の理解を深め，新たな挑戦目標を選択し，能動的に行動するようにはたらきかけることである。

②自律的キャリア形成の促進とは，組織に依存しない意思決定を重ねることにより，個人の変化適応力を高めるだけではなく，組織全体の環境適応力までも高めることである。

③組織コミットメントの向上とは，自律的なキャリア形成の促進により離職者が増えると懸念するのではなく，従業員の自律的なキャリア意識を前提に個人の自己理解を促進し，職場や企業からの期待役割と整合性を持ったキャリアの目標を主体的に設定させることである。

④人事情報の顕在化とは，キャリア・カウンセリングの対話によるセッションを通じて，個人に内在化されている粘着的な情報（個々の潜在能力やキャリアのニーズなど）を明確化することである。

⑤メンタルヘルス不全の予防とは，キャリア・カウンセリングを通じて，メンタル不全の早期発見を可能とし，組織的な対応の一役を担うことである。

このように経営上の目標と人の発達を2種類のキャリア・カウンセリング（上司・専門家）がつなぐことにより，人と組織の課題の解決をめざすのである。

## 4．今後に向けて

本節では企業の倫理的行動をテーマとして取り上げ，昨今の厳しい社会経済状況のなかにあっても企業が自発的に示す倫理行動を紹介してきた。その一方で，従来の組織と人がいわば一体化してきたような日本型雇用システムから近年の働き方の多様化が進むにつれて生じてきた問題（キャリア開発，メンタルヘルス）を取り上げ，企業は従業員を守りながら生産性を上げることができるか（企業が従業員を守って生産性が下がるのでは解決にはならない）という課題に対して解決法の1つとしてキャリア・カウンセリングを提案した。しかし，本節で述べた解決法はあくまでも理論であり，実証的データはほとんどない。また，企業が生き残る道は今まで以上に険しくなり（Gratton, 2014），企業のなかで働く人も今まで以上に「自分ブランド」（Gratton, 2011）の発揮の仕方を模索することになる。クロネコヤマトの従業員のように必要な場面で自発的に正しい判断を行い，持てる力を発揮している人もいるが，厳しい社会の到来が予測されるなかで，ビジネスにおける倫理学が解決を期待される課題は非常に大きくなるだろう。人と組織は変われないといわれるものの（Kegan & Lahey, 2009），キャリア・カウンセリングは今後も変化し続けるこの課題にどう応えることができるのか。

# 4節　情報モラル行動

インターネットがこの世に出現して以来，特に，パソコン上でさまざまなやり取りがなされてきた。アカデミック上の情報のやり取りや提供はもちろんの

こと，商品の売買が行われたり，見知らぬ他者との出会いの場が提供されたり，自身の HP を作成し，自身が情報の発信者になることもこれまでと比較すると非常に容易になった。しかしながら，そのようなサービスを享受できるのはパソコン・ユーザーに限られていた。ところが，近年では，スマートフォンの出現により，パソコンを持っていなくても，持ち歩いていなくても，容易にインターネットに接続することが可能になった。このことは，いつでもどこでもインターネットの持つさまざまな利便性を利用することを可能とした。

　このようにインターネットは私たち人間の社会生活を豊かで便利なものに一変したが，同時に，副産物ももたらした。先ほどの例を用いると，インターネット上からさまざまな情報を得られることにより，研究や情報交換が盛んになる一方で，場合によっては情報の信頼性を確認しなくてはならない必要性が出てきた（はたして，少しくらい盛った情報を流してもよいのか？）。インターネット上で容易に地球上のさまざまな商品の売買をすることが可能となったが，対面では決して売買されない物も出回るようになってきた（はたして，それを購入してもよいのか？）。また，普通に暮らしていては出会うことが不可能なほど多くの人と出会うことが可能になったが，一方で犯罪やトラブルに巻き込まれることも増加してきた（はたして，インターネット上で人と出会うこと自体がよくないことなのか？）。

　インターネットの特徴を少し取り上げてみるだけでも，よいのかどうか問いかけたくなる事柄は山のように含まれている。学校や企業という観点からみても，SNS の利用，ネットいじめ，情報漏えいなどいくつもの課題がみえてくる。本節では，情報モラルを取り上げ，その起源，心理学との関連性，情報モラル教育について検討していく。

## 1. 情報モラルとは

　文部科学省によると，情報モラルとは「情報社会で適正な活動を行うための基になる考え方と態度」（学習指導要領）と定義されており，「一人一人が情報化の進展が生活に及ぼす影響を理解し，情報に関する問題に適切に対処し，積極的に情報社会に参加しようとする創造的な態度」を大切にしているという。文部科学省は，誰もが情報の送り手と受け手の両方の役割を持つようになるこ

表3-1 学校種別のインターネット上で「誹謗・中傷・嫌なことをされた」の認知件数（文部科学省，2007）

| 区分 | 2006年 | 2007年 | 前年比 |
|---|---|---|---|
| 小学校 | 466 | 536 | 70件増 |
| 中学校 | 2,691 | 3,633 | 942件増 |
| 高等学校 | 1,699 | 1,705 | 6件増 |
| 特別支援学校 | 27 | 25 | 2件減 |
| 合計 | 4,883 | 5,899 | 1,016件増 |

れからの情報社会では，情報がネットワークを介して瞬時に世界中に伝達され，予想しない影響を与えてしまうことや，対面のコミュニケーションでは考えられないような誤解を生じる可能性も少なくないことをふまえ，情報社会の特性を理解し，情報化の影の部分に対応し，適正な活動ができる考え方や態度が必要となると考えている。それを裏づけるものの1つとして，コンピュータや携帯電話などで，誹謗・中傷や嫌なことをされたことの認知件数が5,899件（前年度：4,883件）にのぼり，ネットいじめが急増していることをあげることができる（表3-1参照）。

このように定義される情報モラルであるが，情報モラル教育はITにかかわる専門家の職業倫理から始まり，またたく間にすべてのエンドユーザーにその対象は拡大されたという経緯がある。また，当初はインターネットに限定されていたが，携帯電話の普及により，すべての子どもが教育対象となった（石原，2011）。さらに，近年はスマートフォンやタブレットなどの急速な普及と所持の低年齢化が進んでおり，情報モラルに関する研究も展開をみせている。このように，子どもにおける情報モラルの問題が大きく取り上げられつつある一方で，近年では成人においても情報モラルに関する問題はコンプライアンスや内部統制の観点からも課題としてあげられつつあるといえる。

それでは，近年，課題や必要性が上昇しつつある情報モラルに関して，どれくらいの研究がなされているのか，また，どのような種類の研究がなされてきているのか。情報モラルに関する研究をレビューした宮川ら（2010）は1994年から2007年までにおいて発刊された「情報モラル，情報倫理，情報社

会」に関する文献を対象者の発達年齢別に分類している。その結果，1次抽出で929件，2次抽出で346件（2003年：67件，2006年：59件，2000年：44件）あげられている。対象者の発達年齢別の研究数をみると，一般が95件（24.7%）高専・短大・大学が100件（26.0%），高校が54件（14.0%），中学校が48件（12.5%），小学校が46件（11.9%），そのほかが42件（10.9%）であった。特に，小・中学校対象の研究カテゴリー別にみると実態調査が25件，授業実践が18件，教材開発が16件，カリキュラム開発が12件であった。具体的な情報モラルに関する授業の内容をみると，著作権に関する授業（梅田ら，2012），情報モラルの教授法に関する研究（菅原ら，2012），子どもの発達と情報モラルの適時性に関する研究（西・本郷，2006），ネットいじめ（中里ら，2011），道徳的規範意識と情報モラル（宮川・森山，2011）などがある。

このように対象者の発達年齢にかかわらず，現代的ニーズに合わせて研究数やバリエーションが増加してきてはいるものの，情報モラルがどのように発達するのか，どのような心理的メカニズムを持つのかに関する研究は少ないようである。また，情報モラルといいながら，道徳とインターネットの関係性に関して必ずしも研究がなされていたり，知見が積み重ねられたりしてもいないようである。このことは，情報モラルが持つ問題そのものの解決につながらない可能性がある。というのも，情報モラルの発達が明らかにされなければ認知発達に合わせた情報モラル教育のあり方を考えることや，発達段階に合わせた情報モラル教育を提案することも困難になるからである。この壮大な問題に対して回答を多く保有している研究領域があるとすれば，おそらく，その1つが道徳心理学だろう。

## 2. 道徳心理学と情報モラルの関係

心理学の道徳研究において，道徳には発達段階があること（Kohlberg, 1989；第1章参照），その発達は認知発達に支えられており，発達の順序が想定されること（Kohlberg, 1989），道徳の発達には対応して発達すると理論化される他者視点取得能力や対人交渉方略（山岸，1998）があること（内藤，1987），言い換えると，道徳だけが発達するのではなく道徳に関連する，あるいは規定となる下位能力があり，それぞれが関連して発達していくこと（第

第 1 部　理論編

1章参照），その発達を促進する教授法の1つとして討論手続きがあること（Araki, 2014；Blatt & Kohlberg, 1975；第1章，第5章参照）などが知見として積み重ねられてきた。しかし，道徳の研究と情報モラルの研究では同じように道徳を扱っているとはいえ，情報モラルのほうはインターネットを介在すること，匿名性が高いこと，ツールの開発や変化にともない情報モラルの扱うコンテンツが変容していくこと，インターネット特有の炎上がみられることなど通常の心理学の道徳研究が扱うコンテンツとは大きく異なる点もある。よって，道徳心理学で積み重ねられてきた知見をそのまま情報モラルに適用するだけでは情報モラルが持つ問題の解決とはいえないだろう。

　そのようななか，西と本郷（2006）は小学生を対象として，情報モラルの教授法に関する適時性について検討を行っている。小学3年生，4年生，5年生，6年生を対象として日常生活から身につけている道徳性を情報モラルの学習へ活用できるか実験を実施した結果，4年生〜6年生の間では日常生活で身につけた道徳性を情報モラルの学習へ活用できる割合には差がないこと，3年生と4年生から6年生の間には日常生活で身につけた道徳を情報モラルの学習に活用する割合に差があることが明らかとされた。この結果は，情報モラルを学習する児童に日常の道徳性を応用させていくには発達を待たなくてはならない部分があることを示唆する。さらに，学年が上がるにつれて，「なりすまし」などを情報モラルなかで学習する必要性が高まる。

　本書でも繰り返し述べられているように，道徳性を発達させたり，その成熟を図ったりするためには討論手続きが用いられることが多い。討論はとても身近なものであり，教育に取り入れやすい面もある。しかし，情報モラルを取り上げるに際して，討論をどのように進めるのか，討論においてどのような内容を取り扱うのかに関して明らかになっていることは少ないと考えられる。しかしながら，先に述べたように，9歳から10歳前後を境として日常生活において身につけた道徳的知識をネット上に置き換えて話を進めていくことが可能になるようである。

## 3. 情報モラル意識とその個人差に関する研究

　情報モラルには，相手を思いやる気持ち，自分の言動（発信）に責任を持つ

第3章　モラルの行動—道徳的行動はどのように生じるのか

などの倫理的な態度，個人情報の保護やなりすましの危険から身を守るなど情報安全の考え方が含まれている（文部科学省，2010）。そのため，情報モラル教育では，ネット上の情報発信に際して相手を思いやること，情報社会の特性を理解して情報と安全に向き合うことで，正しい判断をすることが推奨されている。学校教育で高い倫理と情報安全知識を獲得して，安全な情報ネットワーク社会の構築を成し遂げることが目標とされている。

　情報モラル教育が必要な背景には，情報モラル意識の欠如による情報モラル違反行為の増加がある。わが国の小学生，中学生，高校生の情報モラル意識の実態については，いくつか研究が存在する。岡山市内の小学生，中学生，高校生860名を対象とした情報モラル意識の研究（三宅，2005）では，情報モラル意識に関する16項目を因子分析し，（著作権・肖像権などの）私的所有権の保護，コンピュータネットワークの知識，プライバシー尊重，知識悪用への誘惑（ウィルスの使用，なりすましログイン）という4因子が得られた。性別，校種，情報の授業の受講有無で尺度得点の違いを検討したところ，コンピュータネットワーク知識は授業の受講経験に関係なく男子のほうが女子より高く，大学生が中学生や高校生より高いことが明らかにされた。また，プライバシーの尊重に対する意識は中学生において男子より女子が高く，大学生のほうが高校生よりも高かったが，知識の悪用への誘惑は，大学生よりも高校生のほうの得点が高かった。三宅（2005）より，情報の授業を受けることで情報モラル知識は増加するが，その他の情報モラル意識は受講経験とは関係がないこと，また知識の悪用の誘惑は知識の獲得とは関係なく高校時点で最も高くなることがわかる。

　さらに，岡山市内の中学生，高校生，大学生の計1,183名を対象とした情報倫理意識と道徳的規範意識を調査した研究（三宅，2006）では，情報倫理意識22項目を因子分析し，情報悪用，著作権保護，電子メール礼儀（ネチケット）という3因子を得ている。この調査では，IT情報悪用の迷惑意識は大学生が中学生や高校生よりも高いが，著作権保護の意識は大学生と高校生が中学生よりも低いことが示された。また，情報倫理意識と道徳的規範意識は，公衆道徳を除いて有意な正の相関が認められた。三宅（2006）からは，著作権違反という高校生や大学生が目にする機会の多いインターネットの倫理違反において，迷惑行為であるという認識が薄れてしまっていることがわかる。

中学生，大学生の計543名を対象とした情報モラルに対する意識と道徳的規範意識に関する調査（宮川・森山，2011）では，情報モラル意識の20項目を因子分析し，不正コピー，著作権，個人情報，危険回避，犯罪防止，健康維持（目を休める，休憩など）の6因子を得ている。不正コピー，著作権，個人情報の合計得点は中学生，大学生で差がなかったが，危険回避，犯罪防止の合計得点で男性においてのみ中学生よりも大学生で高く，健康維持では女性においてのみ大学生のほうが中学生よりも高かった。宮川と森山（2011）では，情報モラルを高める要因についても検討され，道徳的規範である思慮，節度，正義・規範，思いやり・礼儀が情報モラルを高めることがわかった。

広島市内の小学生，中学生311名を対象とした情報モラルに関する研究（沖林ら，2006）では，ウィルスメール，匿名性の悪用，チェーンメールに関する事例を読み，対処行動を選択させたところ，匿名性の悪用においてのみ小学生のほうが中学生より適切な対処を選択するという学年差が認められた。また，一般的な倫理意識が高いほど情報モラル違反に対する対処得点は高くなることも明らかにされた。

国内3大学の学生413名を対象として情報倫理に関する判断と行動を区別して測定する13項目からなる質問紙を作成して調査を行った研究（深田ら，2013）では，情報倫理に関する判断と行動は，自己都合優先，他者迷惑行為，マナー違反行為の3因子からなることが明らかにされた。また，日常的倫理意識は情報倫理に関する判断と行動の3因子すべてと関連し，情報倫理教育の経験は自己都合優先，他者迷惑行為に影響があることが明らかにされた。

トルコの大学生211名を対象としてコンピュータを使用した非倫理的行動尺度に関する研究（Namlu & Odabasi, 2007）では，66項目の因子分析の結果，著作権の侵害，社会的影響（悪用），安全と品質（の侵害），ネット上の誠実さ（プライバシーの侵害），情報の正しさ（なりすまし，剽窃）の5因子が得られた。大学生の学生生活におけるインターネットをきっかけとした不誠実行動に関する研究（Akbulut et al., 2008）では，だまし，剽窃，改ざん，怠慢，許可されていない手助け（アクセス）の5因子が得られている。

上記の情報モラル意識に関する尺度の因子分析の結果をまとめたのが表3-2である。因子に含まれている項目の内容から，研究で共通していたのは著作権，

第3章　モラルの行動―道徳的行動はどのように生じるのか

表3-2　情報モラル意識に関する尺度の因子分析結果のまとめ

| 研究 | 対象 | 著作権 | 個人情報 | 情報悪用 | その他 |
|---|---|---|---|---|---|
| 三宅（2005） | 小・中・高 | 私的所有権の保護 | プライバシー尊重 | 知識悪用への誘惑 | |
| 三宅（2006） | 小・中・高 | 著作権保護 | | 情報悪用，電子メール礼儀（ネチケット） | |
| 山口ら（2007） | 中・高・大 | 著作権などの知的所有権 | プライバシーの尊重 | | コンピュータネットワークの知識，知的好奇心の心のはたらきの相反性 |
| 宮川・森山（2011） | 中・大 | 不正コピー，著作権 | 個人情報 | | 危険回避，犯罪防止，健康維持 |
| 深田ら（2013） | 大 | 自己都合優先 | 他者迷惑行為 | | マナー違反行為 |
| Namlu & Odabasi（2004） | 大 | 著作権の侵害 | ネット上の誠実さ | 社会的影響，安全と品質 | 情報の正しさ |
| Akbulut et al.（2008） | 大 | 剽窃，許可されていない手助け | | だまし，改ざん | |

注）小＝小学生，中＝中学生，高＝高校生，大＝大学生

個人情報，情報悪用であった。これらの3因子は，ネット上で行われる代表的な倫理違反行為であり，情報モラル意識を測定するうえでは必要な側面であると考えられる。その他の因子としては，ネットワークの知識や危険回避などがあり，道徳的意識を高める前提となるネットワークの知識や，危険な情報から回避することも意識の高さとして尺度に含まれている研究があることがわかる。危険回避は，文部科学省（2010）の定義では情報安全の考え方が含まれており，情報モラル意識を測定するうえでは必要な側面だと考えられる。

　ビジネス場面での情報モラルに関しては，国外で研究が多く行われている。メイソン（Mason, 1986）は，情報モラルとして，プライバシー（privacy），正確さ（accuracy），所有権（property），アクセスのしやすさ（accessibility）の4側面を取り上げ，頭文字からPAPAと名づけている（表3-3）。ビジネス場面では情報を正確に伝えられているか，情報が必要な人が情報にアクセスできるように配慮されているかなど，という情報を発信する側の道徳性も重要と

99

第 1 部　理論編

**表 3-3　情報モラルの 4 側面**（Mason, 1986 より作成）

| カテゴリー | 定義 |
|---|---|
| プライバシー | プライバシーが保護されるべき情報，共有されるべき情報，共有された情報が安全に保管されることへの自信 |
| 正確さ | 情報が正確でかつ真正であることに誰が責任を持つのか，間違った情報に対して誰が責任を持つのか |
| 所有権 | 法律で必ずしも保護されないものも含む知的所有権 |
| アクセスのしやすさ | 情報を得るための権利または権限 |

なる。

　メイソンのモデルに基づいて作成された4つのインターネット上での情報モラル違反状況についてアメリカの 440 名の大学生に倫理的判断を求めた研究（Williamson et al., 2011）では，多次元倫理尺度（Reidenbach & Robin, 1990）を改定した尺度が使用された。多次元倫理尺度は，正義（例：正しい），相対主義（例：文化的に許容される），利己主義（例：個人的に満足する），功利主義（例：少数派が害を受け，多数派が利益を受ける），義務論（例：不文律に違反する），意図／評価（例：この行動を仲間か同僚が行う可能性）という 6 次元からなる尺度である。因子分析の結果，正義，相対主義，功利主義，意図／評価からなる因子，功利主義と利己主義からなる因子，義務論からなる因子の 3 因子構造が得られた。

　韓国の大学生 111 名を対象とした倫理判断が倫理違反行動への評価（許容できるか，倫理的か）とその後の行動に影響を及ぼすかを検討した研究（Yoon, 2011）では，4 つの情報モラル違反行動に対して多次元倫理尺度に回答が求められた。その結果，シナリオによって倫理判断に影響を及ぼす次元が異なることが明らかにされた。相対主義はすべてのシナリオで影響力を持っており，文化的，個人的，伝統的に許容されていると判断されれば倫理違反であっても許容されることが示された。また，プライバシー（シナリオ 1），性的な表現（シナリオ 2），所有権（シナリオ 3）については，共通して正当でない，または少数派が利益を受けると判断すれば，許容されにくいことも明らかにされた。

　インターネット上のファイル交換については，アメリカの 387 名の大学生を対象とした道徳絶対主義（理想論，形式論），社会的コンセンサスと倫理的判

表3-4　インターネット上の4つのモラル違反状況と倫理判断に影響した次元（Yoon, 2011 より作成）

| シナリオ[注1] | 影響する次元[注2] |
|---|---|
| シナリオ1：ゲーム会社から，友人のアドレスを教えてほしいという依頼があった | 正義，相対主義，功利主義，利己主義，義務論 |
| シナリオ2：卑猥な言葉を使うので有名なロックバンドのファンクラブを高校のサーバー上で作ったが，管理人より閉鎖することを命じられた | 正義，相対主義，功利主義 |
| シナリオ3：ある統計ソフトが急に必要になった友人から頼まれて，違法コピーをする | 正義，相対主義，功利主義，義務論 |
| シナリオ4：インターネットで購入した化粧品が肌に合わなかったので返金を要求したが，企業は個人的要因によるものとして断ってきた | 相対主義，利己主義 |

注1）下線部の行動に対する評価を求めた。
　2）5%で有意な影響力があった変数のみを記載した。

断の関係を検討した研究が存在する（Bateman et al., 2013）。分析の結果，理想論（例：他者を絶対に傷つけてはいけない），形式論（信頼できる，道義に基づいたなどの特性評価），社会的コンセンサス（例：他者がどの程度違法ダウンロードを間違っていると思っているか）は，違法性の判断を高め，違法ダウンロードの行動意図を減少させることが明らかにされた。

　態度，主観的信念，知覚された行動制御によって行動意図が決定されるという計画行動理論（Ajzen, 1991）をインターネット上の倫理的行動の意図に適用した研究も存在する（Chiang & Lee, 2011；Leonard et al., 2004）。アメリカの大学生423名を対象とした研究（Leonard et al., 2004）では，倫理的態度と個人的規範が倫理的行動意図に影響があり，状況によっては自我の強さ，重要性の知覚，性別も行動意図に影響することが明らかになった。この研究から，情報モラルについても計画行動理論が適用でき，態度，主観的信念が関係することがわかる。台湾の440名の大学生を対象としたデジタル著作権に関する研究（Chiang & Lee, 2011）では，計画行動理論（Ajzen, 1991）を援用し，デジタル著作権への態度，主観的信念，知覚された行動制御が倫理的行動に与える影響が検討された。愛他的，利己的態度（例：コンピュータに関する倫理を守ることに幸せを感じるか，合理的な行動と思うか，合法的にインターネットを

使用するか),主観的規範(例:自分にとって重要な友人が,自分がコンピュータ倫理を守る行動を支持してくれると思うか),知覚した行動制御(例:表現の自由を実現するため,プライバシーを守るため,知的財産を守るため)に合意するかを質問し,倫理的行動の意図(知的情報財産の権利,プライバシーの尊重,合法的なサイトの使用,他のオンラインユーザーの信頼など,コンピュータ倫理を守る意図)との関連を検討した結果,愛他的,利己的態度,主観的規範,行動制御はすべてコンピュータ倫理を守る行動意図を高めることが明らかにされた。この研究から,個人的信念や規範と,自身の行動の統制可能性が,デジタル著作権においても倫理的行動をとることを増加させることがわかる。

## 4. 情報モラル意識を高める要因

　これまでみてきたように,情報モラル意識が高い人は,ネットに限定しない一般的な状況での規範意識も高いことがいくつかの研究で明らかにされている(深田ら,2013;沖林ら,2006;宮川・森山,2011;三宅,2006)。他にも,大学生 493 名を対象に情報倫理に影響する要因を検討した研究(奈良・吉井,2002)では,共感性が日常生活における道徳意識を高め,日常生活における道徳意識が情報倫理の知覚を高め,情報倫理の知覚が情報倫理的行動を高めるという因果関係が明らかにされている。また,刺激希求性は逆に情報倫理の知覚や情報倫理的行動を低める要因であった。

　香港の 11 〜 16 歳までの 825 名の児童生徒を対象とした,インターネット上での倫理的行動に影響を及ぼすデモフィラディック変数と親の養育態度を検討した研究(Lau & Yuen, 2013, 2014)では,男性のほうが女性よりも倫理的でない行動をとりやすく,社会経済状況が低い生徒のほうが高い生徒よりも倫理的でない行動をとりやすいことが示されている。しかし,キリスト教徒かどうかと親の養育態度は倫理違反行動とは関係がなかった。マレーシアの大学生 252 名を対象としてインターネット倫理意識とビッグ・ファイブ・パーソナリティとの関係を検討した研究(Karim et al., 2009)では,調和性,誠実性,情緒安定性が倫理違反行動を減少させていた。トルコの大学生 559 名を対象とした研究(Akbulut et al., 2008)では,コンピュータを使用した非倫理的行動の得点は,男性のほうが高かったが,学部,コンピュータの利用歴の影響はない

ことが明らかにされている。ソフトウェアの著作違反行動に影響を及ぼす要因に関する研究のレビュー（Liang & Yan, 2005）によれば，男性であること，年齢が若いこと，世帯収入が低いこと，コンピュータの使用歴が長いこと，個人用のコンピュータを持っていること，理系でコンピュータ専攻の学生であること，ソフトウェアの著作権侵害への肯定的態度が倫理違反行動を高めることが明らかにされている。また，ソフトウェアの著作権侵害への肯定的態度は，男性であること，情報技術の学生であること，経済学の学生であること，著作権侵害行為が長いこと，同僚が違反行為に肯定的であることによって高められるが，年齢，コンピュータの使用歴，個人のコンピュータを所有していること，職歴の長さ，自分の収入，家族の収入，法律の知識は影響しないことも明らかにされている。さらに，ソフトウェアの著作権違反に対する道徳的態度の強さは，男性であること，年齢が若いこと，フルタイムの学生であること，同僚と大学の従業員が道徳的であることで，高くなることが示されている。

　インターネット上での情報モラル違反行為の1つに，人の悪口を言う，ウソの情報を流すなどして人を傷つける行為がある。こうした他者を傷つける行為をネット上で行った場合，ネットいじめ（cyber bullying）と呼ばれる。スペインの11～19歳の青年893名を対象にして行われたネットいじめとその他のいじめに影響する要因を検討した研究（Casas et al., 2013）では，ネットいじめはネット中毒，安全性の問題，同級生との否定的関係，その他のいじめにより上昇し，共感性，情報コントロール感，同級生との肯定的関係によって低下することが明らかにされた。この研究では，共感性が教師のサポートの知覚を高め，教師のサポートの知覚が同級生との肯定的関係につながり，同級生との肯定的関係がネットいじめを低下させるという因果関係も明らかにされている。ギリシアの13～17歳の青年355名を対象とした研究（Lazuras et al., 2013）では，ネットいじめの意図は，道徳意識，感情的共感性を低下させるが，同年代の人がネットいじめをしているのを目撃したかしているのを聞いた数，同年代の人がネットいじめをしている割合の見積もり，同年代の人もネットいじめをするという典型性の知覚，自己効力感を高めることが明らかにされた。

　これまで多くの国の研究を概観してきたが，情報モラル意識には，文化的な違いがあることが明らかにされている。中国とアメリカの平均年齢が12歳程

度の児童生徒を対象に調査した研究（Jackson et al., 2008）では，中国のほうが道徳的パーソナリティを重要だと考えており，道徳的行動のレベルは中国人女性，アメリカ人女性，中国人男性，アメリカ人男性の順に高く，中国人のほうがインターネット上の倫理違反行動に，より許容的であった。中国人は現実世界の道徳的態度と行動が高いとオンライン上の倫理違反行動を許容しない傾向にあり，道徳的パーソナリティの重要性の評価とインターネットとその他のテクノロジーの使用量はオンライン上の倫理違反行動の許容度とは関係しないことが示されている。この研究は比較文化研究の一例であるが，国や文化によって情報モラル違反の許容度の認識や，倫理的行動の要因が異なる可能性を示している。わが国でも，他国のデータを援用するだけでなく，独自の情報モラル違反状況を探求したり，倫理的行動を高める要因が他国の先行研究と同様であるのかなどを確かめる研究を行う必要があるだろう。

## 5. 情報モラル意識を高める教育

　情報モラル意識を高める教育の実践例は，これまで数多く報告されている。情報モラル教育のための教材として，Web上で自由記述させるツール（宮田・石原，2001），大学生向けの情報倫理ビデオ教材（辰巳ら，2006；山之上ら，2008），情報倫理デジタルビデオ（大学ICT推進協議会，2005），コールバーグの認知的発達理論に基づいた情報モラルWeb教材（林，2005）などが開発されてきた。アニメによる教示とゲームによる体験を中心とした「ネット社会の歩き方」（コンピュータ教育推進センター，2014）は，小学生から大人向けに情報検索，情報発信，個人情報・著作権，携帯電話，コミュニケーション，消費生活安全，ネットショッピングという7つの状況におけるルールやマナーを学ぶWeb教材である。同様にWeb上で情報セキュリティ対策が学べるビデオ教材も開発されている（警視庁，2014）。Web以外の媒体を用いた例として，FMラジオによる情報モラルの啓発（野崎ら，2013）も行われている。こうした情報モラル教育の成果を測る検定として，情報ネットモラル検定も開発されている（堀田ら，2013）。

　義務教育段階における具体的な情報モラル教育の実践例については，宮川ら（2010）がレビューを行っており，効果が明確な3例を紹介している。それらは，

アニメ視聴，模擬体験，意見交換を含んでおり，それぞれが情報モラル意識を向上させていた。他にも，小学生を対象としたネットいじめに関する情報モラル教育の効果を検討した研究（中里ら，2011）では，携帯電話を使って電子掲示板に他者の悪口を書いた事例を読ませ，児童らに書き込まれた他者の気持ちを考え，どのように行動すべきかを考えさせるという授業を展開し，解決スキルや言語的スキル，気遣い，信頼他者といった変数が授業後に上昇することを明らかにしている。ネットいじめについては，ソーシャルスキルプログラムの実施例もある（小野ら，2011）。高校生を対象とした著作権（著作権法とマナー・エチケット）に関する行動，意識，知識が2種類の情報倫理教育（発表をともなわない討論法，発表をともなう討論法）によって変化するかを検討した研究（三宅，2008）では，著作権違反の行動については授業の効果がみられて減少するが，マナー・エチケット違反の行動については効果がみられなかった。また，授業前だと女子は男子よりも著作権違反への罪悪感が高いが，授業後には著作権法の許容範囲を知ると罪悪感を感じなくなることが示された。著作権違反については小学生を対象とした研究（梅田ら，2013）でも，情報モラル教育の実践例が報告されている。情報モラルの指導法には，やってはいけないことを教えるために多くの問題事例を提示する「事例中心」，問題場面やジレンマ状況を提示して心情に訴える「心情重視」，道徳的規範知識，情報技術に関する知識，合理的判断の知識を組み合わせて問題場面やジレンマ場面における情報モラル判断をすることを教える「3種の知識」による指導法がある（降矢ら，2009）。高校生に対して「3種の知識」による情報モラル教育を実施した研究（玉田・松田，2009）では，授業後には3種の知識に言及した問題解決法を述べる生徒が多くなることが明らかにされている。

　情報モラル教育は，教育工学の分野を中心に教材の開発が進み，道徳の授業などで使用できる形でカリキュラムが作成されている。カリキュラム内容は，ネットいじめなどのテーマごとに考案されているが，現在のところ，どのカリキュラムが道徳意識向上と倫理的行動の上昇に有効なのかは明らかでない。今後，討議や「3種の知識」など効果の見込みのあるカリキュラムについて，実践例を積み重ねていく必要があるだろう。

## 6. おわりに

　本節では，情報モラルに関する研究を概観してきたが，情報モラル意識を高める要因や教育については，いくつか課題も見受けられた。海外では性別や収入などのデモグラフィック変数が道徳意識に影響を与えることや，小学生から大学生までの年代的比較も行われているが，国内ではまだそうした研究は少なかった。道徳心理学の理論や計画行動理論などを援用し，わが国で情報モラルと関連する変数を明らかにする必要がある。情報モラル教育についても多くの教材が開発されている（第4章3節参照）。しかし，それぞれのカリキュラムがどの程度効果があるのかは不明確なままで，今後効果の検討を進める必要がある。

　また，本節ではビジネス場面での情報モラルについてはあまり触れることができなかった。ビジネス場面の情報モラル（第4章3節参照）については，大規模な調査や実践報告についてはまだ少なく，これからの研究課題といえる。ネット上で引き起こされる犯罪は，私たちの生活に直接影響を及ぼし，また子どもたちの心理的発達にも影響を及ぼす可能性がある。そうしたネットでの非倫理的行動を抑制し，ネット上で自分が加害者や被害者にならないようにするために，どのような要因が重要であるかを，ビジネス場面でも義務教育場面でも明らかにしていく必要がある。

# 5節　道徳的パーソナリティ―道徳性の育て方

## 1. アメリカ心理学史にみる道徳的行動の研究

　本節では，道徳的行動が成立するしくみに関して，主としてアメリカにおける研究から検討する。まずはじめに，道徳的行動と心理学の関係について明らかにすべく，アメリカ心理学史について概観しておこう。

　周知の通り，19世紀末から20世紀初頭，ドイツを中心とするヨーロッパ諸国において心理学が哲学からの独立を開始した。その独立の主たる目的は，従来，人間の外部に存在する対象を研究すべく自然科学の領域で用いられてきた方法を人間の意識にも適用することにより，人間に関して外部から観察可能な指標を打ち立てようとする点にあった。アメリカでも，1890年にジェームズ

(James, W.；1842-1910）が『心理学原理（The Principles of Psychology)』を執筆し，1913年にワトソン（Watson, J.；1878-1958）が「行動主義者の立場からの心理学(Psychology as the behaviorist views)」(いわゆる「行動主義宣言」)という題目の講演を行うなど，人間の意識に関する研究が進められていった。

　このように学問の一領域として心理学が成立することになった19世紀末から20世紀初頭は，人間の道徳性に関しても新たな研究方法が導入され始めた時期である。すなわち，従来道徳哲学（moral philosophy）という括りのもとにおもに哲学・倫理学の範疇とされてきた道徳性の研究において，新たに客観化可能な指標を用いた研究方法が導入されることになったわけである。道徳性あるいは人間の道徳的行動に対する心理学的方法の導入は，大まかに述べるならば，20世紀初頭における「行動主義（behaviorism）心理学」を端緒として，その後「パーソナリティ心理学（personality psychology)」（日本では，同分野に関して，従来「人格心理学」あるいは「性格心理学」という名称が使用されてきた）において扱われてきた。以上の概略に基づき，本節ではまずはじめに，主として「行動主義心理学」と「パーソナリティ心理学」という2つの分野の知見から，道徳的行動が成立するしくみについて検討していく。

## 2. 行動主義心理学に基づく道徳的行動の分析
　　―ハーツホーンとメイの研究に注目して
### (1) 道徳的行動の成立に関するハーツホーンとメイの見解

　人間の道徳性に心理学的方法を導入した先駆的研究として，1924年から1929年の間にハーツホーン（Hartshorne, H.）とメイ（May, M. A.）らによって行われた「人格教育研究（Character Education Inquiry: CEI）」があげられる。同研究は，当時教育心理学研究において多大な影響力を有していたソーンダイク（Thorndike, E. L.；1874-1949）指導のもと，道徳的行動の成立要因に関する解明をめざしたものであり，道徳教育の効果検証を試みた最初期の研究と位置づけられる。

　CEIは，ロックフェラー（Rockfeller, J. D.）による資金援助のもとに，コロンビア大学教員養成学部社会・宗教調査研究所（Institute of Social and Religious Research）において実施された，子どものパーソナリティに関する

第1部　理論編

表3-5　背景要因の抽出 (Hartshorne & May, 1928, pp.288-292 より一部抜粋)

| 背景要因 | 調査対象 | Honest ① | Honest ② | Dishonest ③ | Dishonest ④ | Confessor ⑤ | Confessor ⑥ |
|---|---|---|---|---|---|---|---|
| 子どもと家族の関係 | 父親の状態<br>(1：非社会的である，2：時々酒を飲んで騒ぐ，3：責任感がない，4：責任感がある) | 4 | 4 | 3 | 3 | 3 | 4 |
| | 両親の関係<br>(1：喧嘩ばかりしている，2：一方が支配的，3：たまに口喧嘩をする，4：いつも仲がよい) | 3 | 4 | 2 | 3 | 3 | 3 |
| | 学校の勉強に対するプレッシャー（有 or 無） | | | | 有 | | |
| 家族のデータ | 住んでいる地域の状況（良1～悪12） | 10 | 9 | 1 | 3 | 7 | 1 |
| | 国籍・人種<br>(A：アメリカ人，Fr：フランス人，I：イタリア人) | A | A | A | Fr | A | I |
| | 宗教（C：カトリック，P：プロテスタント） | ― | ― | P | C | P | C |
| 子どものデータ | 性別（B：男，G：女） | B | G | G | B | B | B |
| | クラスでカンニングの起こる割合（少1～多12） | 4 | 3 | 5 | 2 | 11 | 12 |
| | 不適応の度合い<br>(罰を与えられる頻度や嫌いな教師の数など<br>※値が大きいほど，度合いが高い) | 3 | 2 | 1 | 2 | 2 | 10 |

筆者注）①～⑥は調査対象とされた子どもを指している。

調査である。同調査は，おもにアメリカ東部の23の都市部に住む第5学年（日本の小学5年生にあたる）から第8学年（日本の中学2年生にあたる）の児童・生徒10,865人を対象に，総額140,000ドル（現在の金額としては1,627,078ドルに相当）に及ぶ巨額の費用を投じて行われた。その概要および結果は，全部で3巻からなる『人格の本性に関する研究（*Studies in the nature of character*）』という大部の著作にまとめられている。

本節が考察の対象とするその第1巻において，ハーツホーンとメイは，調査対象である子どもたちの持つ各背景要因を調査し，それをカンニング行為に関する子どもの態度・行動と比較・対象させた。すなわち，表3-5にその結果の一部を示したように，調査対象である子どもを，「誠実でカンニングや嘘をつくといった行為をしない者（Honest群）」「カンニングや嘘をつくといった行為をした者（Dishonest群）」「カンニングや嘘をついたことを後で正直に告白した者（Confessor群）」の3つに分類したうえで，各群の子どもの態度・行

動に何らかの傾向がみられるかどうか調べたわけである。

　道徳教育に大きな期待と関心を有する者は，道徳教育の実施の有無こそ子どもの道徳的行動を第一に規定する要因であると考えるはずであるが，CEI の調査の結果,「子どもの問題行動に大きな影響を与えているのは，道徳教育の実施ではなく家庭や周囲の環境といった子どもを取り巻く諸状況である」という結論が導き出されたという（表3-5でいえば，とりわけ住んでいる地域の状況など成育環境の影響が大きかったとのことである）。このような結論が個人の印象ではなく統計的手法を用いて提示されたことは，道徳教育の実施が子どもの行動・性向に肯定的な影響を与える第一の要因であると考えていた教師たちに大きな衝撃を与えたことはいうまでもない（20世紀初頭のアメリカにおける道徳教育実践の概要については後述）。

## (2) 行動主義心理学にみる道徳的行動成立のしくみ

　CEI の指導者としてソーンダイクの名があげられていることをふまえるならば，以上のような研究に行動主義心理学の知見が少なからぬ影響を与えていたことは認めておく必要があるだろう。周知のとおり，行動主義心理学は人間あるいは動物の行動を「刺激（stimulus）」と「反応（response）」の関連によってとらえて説明しようとするものである。行動主義心理学の最もラディカルな研究者は，外部から観察することのできる反応こそ人間の行動を説明する唯一の方法であると考えることにより，直接存在を確認することのできない「良心（conscience）」や「信念（belief）」といった概念を認めない立場をとる。先に取り上げた「人間の道徳的行動はすべて状況に左右される」という CEI によって提示された結論を，行動主義心理学者の有する「人間を刺激と反応の結びつきとみなす」人間観と照らし合わせるならば，結果的に，次のような主張が展開されたことが認められるだろう。

・人間が異なる状況においても一貫してはたらく特性を有しているとは考えられない。
・人間が，自らの行動を決定する意思や，自らのとるべき具体的な行動を思考・認識するはたらきを有しているとは考えられない。

　もっとも，先の結論があくまでも心理学的方法を用いた CEI の調査から導

き出されたものである以上，その結論のすべてが行動主義心理学の知見のもとに生み出されたものとみなすのは速断にすぎる。だがその一方，人間はときに倫理的判断に基づき自らが不利となりうる決断を下すこともある。そのようなことをふまえるならば，「異なる状況において一貫して機能する特性は本当に存在しないのか」という視点に立ってさらなる追加検証が行われなかったことそれ自体に，同研究に携わった者たちが有していた人間観が大きく反映していたであろうことは付言できる。CEIによって結論が示された後，子どもの道徳性を論じる著書や論文に，当時の道徳教育の中核概念である「character」という言葉がほとんど使用されなくなったこともふまえるならば，道徳教育および道徳的行動の研究に対して，行動主義心理学の与えた影響は大きかったといえるだろう。

## 3. パーソナリティ心理学に基づく道徳的行動の分析
### ―「人間－状況論争」に関する若林（2009）のまとめを中心に

　CEIの結論は，さらに大きな命題，すなわち「人間の行動は異なる諸状況において一貫してはたらく特性によって決定されるのか」，あるいは逆に「そのような特性は存在せず，人間の行動はただ周囲の状況によって決定されるのか」という二項対立に敷衍させることができる。このような命題は，古来多くの哲学者によって議論の対象とされてきたものであるし，また近年でも20世紀初頭の「遺伝説と環境説の対立」や20世紀中葉以降（主として1960年代から1980年代）の「人間－状況論争（person-situation controversy）」においても展開されてきた。とりわけ「パーソナリティ心理学」という心理学の一分野において，フロイト（Freud, S.：1856-1939）に代表される精神分析論，キャテル（Cattell, R. B.：1905-1998）に代表される特性論，クレッチマー（Kretschmer, E.：1888-1964）に代表される類型論，あるいはそれらの複数を取り入れたオルポート（Allport, G. W.：1887-1967）の折衷理論など，種々さまざまな人間のありようを説明する論考がなされてきた。

　以下，そのようなパーソナリティ心理学の知見をもとに，CEIの結論の現代版ともいえる「人間－状況論争」の帰結について確認すべく，わが国におけるパーソナリティ心理学の代表的な研究者である若林（2009）による「人間－状

第3章　モラルの行動—道徳的行動はどのように生じるのか

**表3-6　「人間−状況論争」のまとめ**（若林，2009, pp.45-46 より一部改変）

①人間の行動には，特性に基づく一貫性と状況による多様性，可変性の両方が認められること。
②行動の一貫性には個人差が存在すること。
③状況の行動に対する影響は，個人によってまた状況によって異なること。
④個人の行動の一貫性と可変性を測定する場合，どのような理論的立場でどのような測度を使用するかによって結果は異なる可能性があること。
⑤（人間は他者の行動を観察し，それをもとに行動を予測する自分なりの理論を暗黙のうちに構成する以上）自己評定であっても他者評定であっても，個人が持つ人間の行動についての暗黙の帰属−推論モデルがパーソナリティ研究のデータに反映されていること。

況論争」のまとめを参照する。若林は，表3-6に示したとおり，「人間−状況論争」の結果得られた内容として，5点をあげている。

　この若林による「人間−状況論争」のまとめのうち，本節では特に③および⑤の内容に注目したい。このように，人間の行動が個人によって異なるばかりか，「個人の行動に影響を与える状況は，物理的に規定できる状況ではなく，個人が主観的に認知した状況である」という見解が提示されたことは，大きな意義を有している。というのも，このような視点を有することにより，第1に，人間を単に環境に対して受動的な存在とみなすことはできないこと，第2に，現段階において容易に外部客観化可能な指標を見出せていない「自己理解」や「自己認識」なる概念を想定する必要性が認められること，以上2点が導き出されるからである。

　人間の道徳的な行動を研究対象とする場合，人間が，周囲の諸状況を認識する能力のみならず，どうにも抑えがたい自分自身の性向をふまえたうえで，自らの行動に抑制をかける能力を有していることも考慮に入れる必要がある。あるいはまた，道徳的目標や道徳的理想像といった，当人の意識において顕在化しているとは限らない要素のはたらきまでも考慮に入れる必要がある。これらの理解にあたっては，古典的行動主義心理学で展開された単純な「刺激−反応（S−R）」モデルに代わって，それらS−Rの間に種々の選択を主体的に行う有機体を位置づけた「刺激−有機体−反応（S−O−R）」モデルが提示されたことを踏まえることもできるだろう。これはすなわち，人間の道徳的行動が，周囲の状況を認識することによって半ば自動的に生じるわけではない以上，刺

111

第 1 部　理論編

激と反応との間に他の何らかのはたらき（たとえば，「自我（ego）」や「自己（self）」など）が介在していると想定せざるをえないことを意味している。

## 4. 道徳的行動の研究に関する今後の展望──人格教育の枠組みをもとにして

　これまで行動主義心理学およびパーソナリティ心理学の知見をもとに道徳的行動成立のしくみについて考察を行ってきた。最後に，アメリカにおける道徳教育実践のうち「人格教育（character education）」に注目しその特質を明らかにすることを通じて，今後の道徳性研究に関する筆者なりの展望を提示することとする。以下，まずはじめに人格教育の教育方法および中核概念の分析を行う。

### (1) 教育方法にみる人格教育の特質

　先に取り上げた CEI の名によって示されていたとおり，19 世紀末から 20 世紀初頭のアメリカにおいて広く行われた道徳教育実践として「人格教育（アメリカにおいて 1980 年代以降現在まで実践されている同一名称の"〈現代の〉人格教育"はそのリバイバルである）」があげられる。

　道徳的行動が成立するしくみについて考察するにあたり，その教育方法に注目するならば，19 世紀末から 20 世紀初頭において，価値の「直接指導（direct approach）」と「間接指導（indirect approach）」の 2 つが用いられていたことが注目される。詳述は避けるが，当時のアメリカの学校教育において，わが国でいうところの徳目主義的な教育方法を指す直接指導のみならず，各教科および教科外活動など広範な活動に基づく間接指導を通じて道徳性の向上がめざされていたことは，大きな意味を有しているといえる。なぜなら，このことは，当時人格教育を主導した実践家・研究者たちが，道徳性の向上はただ単に徳目主義的な価値の伝達によってのみなされるものではないという教育観・人間観を有していたことを暗示しているからである。すなわち人格教育の第 1 の特質は，人間の道徳的行動を，当人の特性（生来の気質・資質や性格等），実際の行動，当人を取り巻く広義の環境（学校の授業・家庭環境・地域環境等）といった多様な要因のもとに把握しようとする点にあったわけである。この特質が，半世紀以上の時間を経て再び注目された「現代の人格教育」においても認めら

れることをふまえるならば，人格教育は先の「人間−状況論争」の帰結に適う教育観を蔵していることが確認できよう（「現代の人格教育」では，子どもを取り巻く周囲の環境の影響が重視されることにより，コールバーグ理論におけるジャスト・コミュニティ・アプローチが導入されている（第5章参照）。他方，子どもの体験活動がさらなる道徳性の向上および道徳的行動の成立を生むという認識のもとに，サービス・ラーニング（Service Learning）も取り入れられている）。

## (2) 人格教育の中核概念

　人格教育の第2の特質は，その中核概念に，従来使用されることの多かった「道徳性（morality）」ではなく，「人格（character）」が用いられた点に認められる（ここで翻訳の事情に言及しておこう。これまで character に対しては「人格」や「性格」などさまざまな訳語が用いられてきた。佐古（2009）によれば，「人格」は明治時代初期に井上哲次郎によって personality の訳語として造られた言葉であり，それを踏襲してか，現在でも心理学の領域では，character に「性格」を，personality に「人格」という訳語を与えることが多いようである。だが人格教育が，①子どもの認識・心情・行動という3つの領域にわたる発達をうながす取り組みであること，および②単に子どもたちの性向を分類するのみならず，その道徳性の発達をめざす取り組みであること，以上2点を考慮し，本節では「性格」ではなく「人格」を使用した）。

　もっとも，たとえば20世紀初頭に著されたデューイの著作（『倫理学（*Ethics*）』）においても character という言葉が用いられていたことをふまえるならば，道徳性を表す概念にそれを据えるのはごく一般的な選択であったと解することもできる。だがその一方で，第1に，20世紀初頭以降の心理学において，character よりも personality という言葉のほうが頻繁に使用され始めたこと，および第2に，道徳性を論じるにあたって，種々の価値・徳目の想定・提示が減退する傾向がみられたこと，これら2点には注目しておくことが求められる。すなわち，とりわけアメリカでは，行動主義心理学が減退した後も，心理学の領域において，可能な限り「価値」を排した研究が行われる傾向が広く認められ，また道徳教育の領域においても，子どもが身につけるべき価

第1部　理論編

値観や理想の人間像を想定することが避けられてきたのである。これらのことをふまえるならば，半世紀を経て再び注目された「（現代の）人格教育」において，その理論的支柱であるリコーナ（Lickona, T.）によって示された人格概念の構成は大きな意味を有していることが確認できる（図3-4参照）。

　図3-4に示されているとおり，リコーナは人格の構成要素として，「道徳的認識（moral knowing）」「道徳的心情（moral feeling）」「道徳的行動（moral action）」の3つを提示した。このような図式が示されたことの意義としては，まず第1に，道徳性を表す概念のうちに，「認識」や「心情」のみならず「行動」が含められたこと，第2に，それら3つの相互連関が意図されていること，そして第3に，(「道徳的認識」の項目に「自己認識」が含められているとおり）道徳性の向上における「自己」のはたらきがふまえられていること，以上3点があげられる。これまでの内容に即して考えるならば，第3点目がとりわけ重要であろう。このように道徳教育の構想にあたって感情や周囲の環境を把握する「自己」のはたらきが想定されることにより，より現実に即した人間観のもとに研究が行われることが期待されるからである。

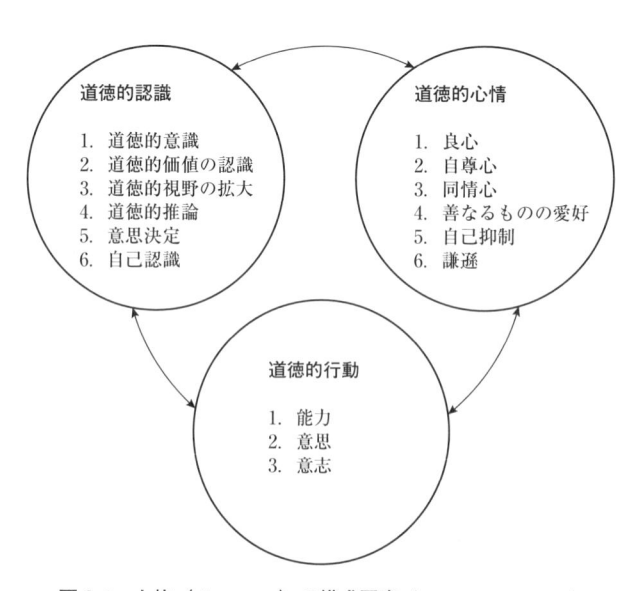

```
          道徳的認識                    道徳的心情
      1. 道徳的意識                 1. 良心
      2. 道徳的価値の認識           2. 自尊心
      3. 道徳的視野の拡大           3. 同情心
      4. 道徳的推論                 4. 善なるものの愛好
      5. 意思決定                   5. 自己抑制
      6. 自己認識                   6. 謙遜

                    道徳的行動
                 1. 能力
                 2. 意思
                 3. 意志
```

**図3-4　人格（character）の構成要素**（Lickona, 1991, p.53）

## (3) 道徳的行動の研究に関する今後の展望

　以上，本節では，人間の道徳的行動が成立するしくみに関して心理学の知見をもとに考察を行ってきた。最後に同分野の研究における今後の展望を2点提示しておく。

　まず第1点目として，図3-4に示されていたとおり，道徳的行動の成立に関する研究を行うにあたっては，否応なく「認知（認識）」と「感情（心情）」のはたらきを考慮に入れなければならないということがあげられる。本節が「モラルの行動」という章の一部であるにもかかわらず，内容の端々に「行動」以外に関する記述を含める必要があったのはそのためである。

　続いて第2点目として，今後の道徳的行動および道徳性の研究にあたっては，「認知」・「感情」・「行動」のすべてにかかわるとともに，それら3つを統合するはたらきを見出すことのできる「自己」を中核概念に据える必要があることを指摘しておく。そのように「自己」概念をもとに人間を包括的に扱う視野を持つことにより，特定のはたらきのみに依拠した研究を避けることができるからである。基本的に，従来の道徳教育の文脈では，人間の「意志」に重きが置かれてきたといえるが，道徳的判断を下す際の「情動」のはたらきや，その基盤となる神経・生理学的事象にも目を向ける必要がある。そのように考えるならば，リコーナの示した人格の構成要素は，認識と心情と行動の三者のかかわりに関してさらなる発展をなすことが期待できよう。特に，行動を成立させる2つの要素である，①「認識」が発達するしくみ（たとえば，コールバーグの認知発達理論などを参照），②「心情」の基盤に想定される「意志」や「良心」のはたらき，以上2点が主たる問題として見出される。これらをふまえるとき，デカルトによる「心の哲学」における意志の位置づけ（小林，2009）など，哲学の領域で扱われてきた人間の心をめぐる諸問題が再び浮上することになる。そのような意味において，今後は，心理学や哲学など多様な分野の知見を考慮に入れながら，それらを包括的に論じることのできる枠組み（各領域・各分野の研究に見出される可能性と限界）を見出す必要があるといえよう。

第 1 部　理論編

# 6 節　反社会的行動とサイコパス—理論的統合に向けた論考

## 1. 反社会的行動の個人差研究における理論的変遷

　犯罪や非行，いじめ，暴力，攻撃などの反社会的行動は文化普遍の現象である。本節では，反社会的行動を説明する理論のなかでも，特に反社会的行動を行う者の個人差に着目する生物学的理論と心理学的理論に限定して紹介する。最も古典的な生物学的理論は，犯罪学の始祖ともされるロンブローゾ（Lombroso, C.）による体型説である（Vold & Bernard, 1985）。体型説は，ある個人が反社会的行動を行いやすい傾向があり，そうした傾向は体型といった生物学的要因に素因があるとすることで，遺伝によって伝承される可能性をも示唆するものであり，犯罪学における個人差の重要性を決定づけた理論である。ロンブローゾの理論に対する反論や批判を通して，反社会的行動の個人差を説明する実証的研究は進展することとなり，特に生物学的理論では染色体異常などの遺伝子レベルでの欠陥や，ホルモン代謝物質や神経伝達物質の影響，脳科学の発展を背景とした神経系機能の異常に着目する多様な研究が展開されることとなった。ただし，個別の理論化にとどまり統合の視点に欠けている。

　一方，心理学的理論では，おもに攻撃性との関連からその理論的発展がなされているが，近年では反社会的人物における世の中や他者との相互作用の認識における特異性，すなわち社会的情報処理のエラーやバイアスに着目する理論（たとえば，Crick & Dodge, 1994；Gibbs et al., 2001）や，反社会的行動を社会的な相互作用における適応の結果とみなす理論である社会的相互作用主義モデル（Berkowitz, 1993；Crick & Dodge, 1996）が台頭してきている。

　最新の社会的情報処理研究では，道徳性や感情を組み込んだモデルが提唱されており（Arsenio & Lemerise, 2004；Lemerise & Arsenio, 2000），特に発達心理学の分野では反社会的行動を説明する要因として怒り，敵意，復讐心（revenge）などのネガティブ感情だけではなく，良心，共感性などのポジティブ感情の欠如や，感情全般の生起しにくさとしての冷淡 – 情動の欠如（callous-unemotional）が注目されている（Arsenio & Lemerise, 2010）。

　社会的相互作用主義モデルでは，敵対的攻撃性（hostile aggression）と道具的攻撃性（instrumental aggression）が明確に区別されている（たとえば，

Berkowitz, 1993)。前者は対象への危害や傷害がおもに行動の目標であり，意識的分析や計算をほとんどともなわない攻撃をうながす攻撃性である。一方，後者は対象への危害や傷害がおもに社会的地位や金などの他の目標を達成する戦術的方法であり，意識や分析をともなう「学習的」行動をうながす攻撃性である。道具的攻撃性の概念を新たに導入することで，他者に社会的影響力を行使する際の社会的相互作用における一手段として攻撃を位置づけるパラダイム転換となっている。

## 2. サイコパシー研究の再燃

　反社会的行動の個人差の説明に有力なパーソナリティ理論として，近年サイコパシー概念が注目されている。サイコパスは個人に関して，精神病患者や健常者と区別するために臨床家が用いた表現の1つであり，その心理的特徴のことをサイコパシーと呼ぶ。現在のサイコパシー概念は，クレックリー（Cleckley, 1976）の著書 "The Mask of Sanity" にその起源をさかのぼることができる。

　ヘア（Hare, R.）はクレックリーの診断基準に自らの臨床経験を加えて，サイコパスを評価するための Psychopathy Checklist（PCL）を開発している。その後，改訂が加えられ，20の行動面の評価項目から構成される PCL-R となり，子どもや青年版，日本を含む多くの国で翻訳版も開発されている（Hare, 1991, 2003；Hare et al., 2000）。因子構造に関しては複数のモデルが報告され

表 3-7　PCL-R の2因子と評定項目 （Hare, 2003）

| 第1因子：対人面・感情面 | 第2因子：社会的逸脱 |
| --- | --- |
| 口先だけのこと／表面的な魅力 | 刺激を求めること／退屈しやすさ |
| 誇大化した自己価値観 | 寄生的生活様式 |
| 病的なまでに嘘をつくこと | 十分な行動のコントロールができない |
| 詐欺／人を操ること | 不特定多数との性行為 |
| 良心の呵責・罪悪感の欠如 | 子どもの頃の問題行動 |
| 浅薄な感情 | 現実的・長期的な目標の欠如 |
| 冷淡さ／共感性の欠如 | 衝動的なこと |
| 自分の行動に責任を取れないこと | 無責任なこと |
|  | 少年非行 |
|  | 仮釈放の取り消し |

ているが（宮口，2015），主流は2因子モデルである（たとえば，Harpur et al., 1989）。第1因子は共感性の欠如，罪悪感の欠如，自己中心性のような感情・対人的側面，第2因子は反社会的行動と生活様式などの行動的側面である（表3-7）。2因子モデルは，一次性サイコパシー（情緒性の欠如）と二次性サイコパシー（衝動的行動の側面）の区別にも対応している（Karpman, 1941）。

サイコパスにおける反社会性の深刻さは，高率の再犯性に裏づけられており（たとえば，Hare et al., 2000），特に第1因子すなわち一次性サイコパシーが深刻な反社会性と関連するとされる。こうした深刻さの原因は，彼らが適切に社会化されない（あるいは社会化しにくい）ことにあるとする主張がある。サイコパシーの上記の特徴は，養育やしつけなどの社会化によって身につけられる側面である。フロイトのエディプス・コンプレックスに代表されるように，こうした側面は父親の影響を受けて内在化される。父子家庭の子どもは犯罪者になる可能性は高いが深刻な非行のリスクは低いことを示す研究（Harper & McLanahan, 1998）があるが，こうした知見は反社会的人物全般ではなく，反社会性の深刻なサイコパス特有の問題が父性的な社会化に起因することを示唆する。ただし，継父がいても母子家庭において深刻な犯罪者となるリスクは低減しないとする結果も得られていることから，サイコパスにおいて生物学的な父親（生みの親）の影響がより強い点に注目すべきである。

サイコパスにおける反社会性の深刻さの原因として生物学的素因に着目し，社会化が困難な遺伝子型にあるとする主張が存在する。リッケン（Lykken, 1995）は反社会的人物の特徴をサイコパシーとソシオパシー（sociopathy）とに区別している（図3-5）。両者の違いは養育などの社会化の困難さの違いにあり，サイコパシーは，遺伝的な素因により親の社会化が最も困難な気質を持つ一群において，社会化に失敗した結果発症する症候群である。こうした素因を持つ子どもは恐怖や罪悪感などの感情を経験する能力が乏しいため，子育てを通じて良心を身につけさせることができない。また，感情の乏しさゆえに，快楽を得るためには強い刺激を必要とするため，スリルのあるリスクの高い行動，すなわち犯罪をしやすくなる。そのためこの遺伝子型を持つ子どもに対しては，かなり効果的な社会化がなされないと，サイコパシーになることを防ぐことができない。一方，ソシオパシーはサイコパシーと比較してこうした素因がそれ

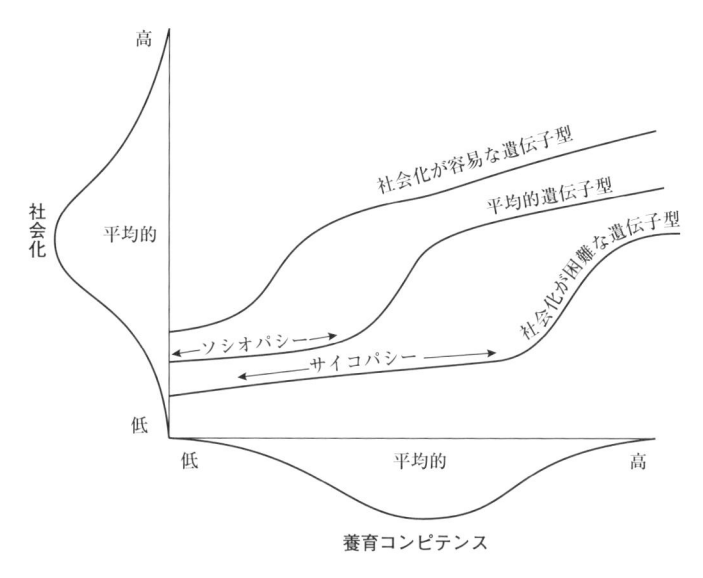

第 3 章　モラルの行動―道徳的行動はどのように生じるのか

**図 3-5　3 つの遺伝子型ごとの養育コンピテンスと社会化の程度との関連**（Lykken, 1995, p.11）

ほど強くはなく，社会化のしやすさに関する遺伝子型は平均的であるが，サイコパシー同様に社会化に失敗した結果の症候群である。この遺伝子型は，サイコパシーとなる遺伝子型と比較して社会化がしやすいため，養育がある程度効果的であればソシオパシーになることを免れやすい。これら 2 群の遺伝子型と比較し最も社会化が容易な遺伝子型は存在し，こうした一般群では養育や生育環境がよほど劣悪であっても，反社会的人物になる確率は非常に低いとされる。

　サイコパスには遺伝的リスクと環境的リスクの双方が想定されるが，養育などの社会化のしやすさを規定する遺伝子が存在するという意味で遺伝に基づく素因の影響のほうが強いことになる。近年脳科学，神経心理学，行動遺伝学の研究の台頭により，脳機能や遺伝などの生物学的な素因を明らかにするための実証的な研究が集中して行われている。個別に行われていた生物学的理論を統合的に説明する概念としての有効性も示唆される。また，一次性サイコパシーは心理学的理論における最新の研究で注目されている感情の問題と密接に関連する概念であり，サイコパスの他者を利用，搾取し，自らの利益となる利己的な行動をとる側面はまさに道具的攻撃性そのものである。

## 3. サイコパシーの理論モデル

　本節ではサイコパシーの説明に特化し，近年の研究で特に注目されている生物学的基盤に基づく理論，認知的理論，進化心理学的理論におけるモデルを紹介する。生物学的基盤に基づく代表的理論には，恐怖機能不全モデル，行動抑制システム弱体化モデル，暴力抑制機構モデルがある。恐怖機能不全モデル（low-fear hypothesis）を提唱したリッケン（Lykken, 1957）の研究では，「不安が行動選択を規定する程度」を測定する活動嗜好性質問紙（Activity Preference Questionnaire: APQ）を開発し，一次性サイコパシー群が神経症傾向の高いサイコパスや一般群と比較し，高い得点を示すことを確認した。さらに，不快な出来事と外界の出来事との関連を学習する恐怖条件づけ課題において，一般群よりも電気ショックによる不快への生理的反応としての皮膚電位反応が有意に減弱しており，生じた反応も急激に減退することが確認されている。同様の皮膚電位反応の減退は，多くの追試で確認されている（たとえば，Lykken, 1995）。

　恐怖機能不全モデルは，他の実験課題を用いた研究においても支持されている。go/no-go 課題を用いた研究では，金銭的な損失といった罰に対する受動回避学習が阻害されていることが報告されている（Newman et al., 1985）。また，アイオワ・ギャンブリング課題を用いた検討では，サイコパスはカードを引くことによる報酬の確率を損失の確率が上回るようになっても，そのカードを引き続けることが確認されている（Newman et al., 1987）。これらの知見は，サイコパスには，電気ショックなどによる不快や罰に対して生じる恐怖において機能不全が存在することを裏づけるものである。

　行動抑制システム（Behavior Inhibition System: BIS）とは，神経生物学的な研究の知見に基づき，動物の学習や動機づけに関する理論から導かれた概念である。グレイ（たとえば，Gray, 1979）は行動を制御するシステムとして，2つのシステムを仮定している。一方は環境との能動的な相互作用を駆り立てる行動促進システム（Behavioral Activation System: BAS）であり，接近，逃避，能動的回避などの行動が該当する。BASのおもな構成要素は中脳辺縁系のドーパミン経路に統合されていることから，ドーパミンがBASの調節に関係する神経伝達物質だと考えられている。一方BISは，環境条件と行動の結果予

期との間に不一致が生じる場合に，行動反応を制止もしくは減少させるシステムである。前頭前野と連合した中隔核海馬（septohippocampal）システムにBISの神経生物学的な中核があり，ノルアドレナリンやセロトニンにより制御されている。

　クエイ（Quay, 1993）はグレイの理論を拡張し，社会化されていない攻撃的な行為障害（Undersocialized Aggressive Conduct Disorder: UACD）を含む子どもの主要な精神疾患の解釈に用いている。衝動的な反応を含めたUACDにおける略奪的，道具的な攻撃行動を強調し，UACDはBASが優勢となることでBASとBISに不均衡が生じた結果であると断定している。こうした不均衡はBISが非常に弱まった場合やBASが極端に強くなった場合に生じるが，現段階ではBISの弱体化を支持する証拠が大半を占めている。さらにクエイは，環境や学習の条件によりBISの機能がうまくはたらかず，BASが過度に活性化されることがあるとして，これら2つのシステムに関連する神経伝達物質への経験の影響を示唆している。UACDの特徴はサイコパシーに酷似している。

　サイコパスとの関連については，BIS弱体化モデルとサイコパスの臨床的特徴との一致を報告した研究がある（Fowles, 1980）。BIS弱体化モデルは，サイコパスに臨床的に認められる不安の弱体化と行動抑制の問題をともに説明するものであり，実験研究においても支持される知見（Lykken, 1957）が得られていることから，リッケン（Lykken, 1995）もこの仮説を支持している。

　ブレア（Blair, 1995）の暴力抑制機構（Violence Inhibition Mechanism: VIM）モデルでは，VIMは自己の行動が他者に苦痛を与えることを知覚させ，自己にも苦痛という主観的体験をもたらす。その結果として，罪悪感や後悔という社会的感情が喚起され，行動を抑制すべきであることが学習される。この学習が道徳的社会性の獲得であると説明されている。

　VIMモデルは道徳的発達の必要条件となる認知モデルを説明するものであり，苦痛の手がかりを見ることで嫌悪反応を生じさせるシステムが幼少期に備わることが示唆されている。このモデルでは道徳と慣習の違反の区別ができないこと，悲しみや恐怖の表情への反応性が悪いことが予測されるが，それらはすべて実証的に支持されている（Blair, 1997；Blair et al., 2001）。

　近年，グレイは自らの仮説を再検討し，中隔核海馬システムではなく扁桃体

(amygdala) が不安に基底する,より重要な脳構造であると指摘している (Gray & McNaughton, 2000)。その一方,恐怖が扁桃体と密接な関連にあることを示す多くの実証的知見も存在する (たとえば,Labar et al., 1998)。VIM モデルに基づけば,他者の苦痛を知覚するためのシステムがサイコパスに備わっていないことが示唆されるが,実際にサイコパスには表情の誤認知が示され,こうした問題は扁桃体の損傷患者に見受けられる (Adolphs, 2002)。ブレア (Blair, 2006) は,恐怖と共感性の両方を阻害する共通の生物学的要因がサイコパシーの基盤として存在すると主張している。これらを総合すると,上記3モデルは,すべて脳の扁桃体に局在する機能の欠陥に基づく仮説とみなすことができる。恐怖に基づく驚愕反応の弱さはサイコパスの特徴 (Patrick et al., 1993) であるが,この研究では驚愕反応は扁桃体の活性化と関連することも指摘されている。

　認知的理論では,サイコパシーにおける認知の欠陥を指摘する反応調整仮説と,認知のゆがみに注目したベックの理論がある。反応調整仮説 (たとえば,Gorenstein & Newman, 1980) では,目的志向の行動を遂行する際に,計画を立て,実行し,それを評価するという一連の過程において,注意を素早くかつ比較的自動的に移すという自動処理がなされるが,この処理においてサイコパスに機能不全があると主張されている。この注意のシフトにより,優勢となっている反応に関する情報を処理している途中で周辺情報をモニターして活用することができ,必要であれば実行中の行動をコントロールできるのであるが,先述した受動回避学習やアイオワ・ギャンブリング課題におけるサイコパスの成績の悪さはこうした機能の不全が反映されたものとみなされている。

　ベックの理論 (Beck, 1976) では,進化心理学的視点に基づいて,サイコパスが採る欺瞞的・搾取的方略を自然淘汰の原則により説明している。欺瞞的・搾取的方略を導く先行要因には,状況的要請の評価により生じる情報処理が仮定されている。状況の評価はスキーマに包摂された信念に基づくため,自己・他者スキーマにおける機能不全は,ゆがんだ自動的な自己評価,因果帰属やif-then 条件のバイアスなどを生じさせることで,こうした方略を導くとされる。ベックの予測に基づき,サイコパスにおける認知のゆがみを実証的に示す研究が存在する。自分の状況解釈と一般的な人々が行う状況解釈との区別が困難

第 3 章　モラルの行動―道徳的行動はどのように生じるのか

（Widom, 1976）であるといった知見や，他者に危害を加える行動を自己概念に一致したものとして判断する逸脱的自己スキーマを保有（Klass, 1980）するという知見，挑発的仮想場面においてより怒りを感じ，敵意を帰属しやすい傾向（Serin, 1991）があることを報告する知見がある。

　認知のゆがみを分析する社会的情報処理理論においても，サイコパシーとの関連を検討した研究が存在する（Pardini et al., 2003）。有罪判決を受けた青年において，社会的認知の問題（仲間に対する攻撃行動による報酬を期待し価値を見出す程度）に，サイコパシーの第1因子（情緒性の欠如）との有意な関連が認められた一方で，第2因子（衝動的行動）との関連は認められなかった。この研究で扱われていた社会的情報処理指標は道具的攻撃傾向と密接なかかわりがあることから，他の先行研究に整合する妥当な知見を提供している。

　進化心理学的理論では，規範順守を好む遺伝子と犯罪性を好む遺伝子が，人々においてある種のバランスで保たれており，この遺伝子の個人差によりサイコパスが説明されている（Rowe, 2002）。こうした種の淘汰プロセスは頻度依存淘汰（frequency dependent selection）と呼ばれる。頻度依存淘汰のもとでは，遺伝性の行動パターンは，その行動が一般的であるよりもまれである場合のほうが，適応に有効である。逆にまれであった行動パターンが一般的になると，もう一方の代替的行動パターンが獲得する適応度のほうが大きくなる。その結果，2つのパターンが集団内で存続し，一方がもう一方を消滅させることはない。進化論に基づけば，サイコパスのとる欺瞞的方略は先史時代の環境においては再生産を成功させる適応的方略であった（たとえば，Beck & Freeman, 1990）。ただし，頻度依存淘汰により，欺瞞的方略の対極に位置づけられる互恵的なサポートを目的とした集団内での協力を必要とする方略が適応的になる。その結果，欺瞞の方略を用いる個体は減少し，現代社会がそうであるように協力的方略が一般的になるが，協力的方略が多数を占めることで欺瞞的方略の適応度は逆に上昇する。

　遺伝子レベルで規定されるこうした方略の個人差に関しては，ミーリー（Mealey, 1995）がサイコパシーの「統合的」進化モデルを提唱して説明している。このモデルでは，操作的かつ侵略的な社会的相互作用を用いる生活戦略をうながす進化圧（evolutionary pressure）によってソシオパシーが生み出さ

れたとされる。広範な遺伝研究，発達研究，サイコパシーの説明理論を調査した結果，社会化や社会的感情の獲得に向かない気質的，生理学的個人差に関連する社会的逸脱行為と対応した遺伝子型が存在すると結論づけている。

またミーリーのモデルでは一次性ソシオパシーと二次性ソシオパシーが区別されており，前者は遺伝要因に基づく個人差であり社会的背景とは無関連であるとされる。一方で後者は早期の発達段階における環境条件の影響を受けた個人差であり，遺伝要因の影響や情緒性の欠如もより少ないとされる。このモデルは，リッケンの一次性・二次性サイコパシー概念の考えと類似している。

## 4. サイコパシーの統合的発達理論モデル

本節では，サイコパシーの各理論を，発達的変遷を考慮することで統合的に説明する理論モデルの提唱を試みる。それにあたり，「成功するサイコパス」とそうでないサイコパスとを区別する。前者は本質的にはサイコパシーに該当する性格特徴を有するものの，深刻な反社会的行動を行わない人々である（Smith, 1978）。特徴としては，恐怖を感じず，独占的な傾向があるが，衝動的で反社会的な傾向が見受けられないといった指摘がある（Lykken, 1995）。一次性サイコパシーの特徴を有するが，二次性サイコパシーの傾向は低いタイプである。

サイコパスの生物学的素因と密接に関連する特徴は一次性サイコパシーである。二次性サイコパシーは養育などの環境条件の影響をより強く受ける個人差特性であるのに対して，一次性サイコパシーは遺伝要因の影響をより強く受ける個人差特性である。一次性サイコパシーの特徴は情緒性の欠如を主としており，こうした機能の欠陥は脳の扁桃体に局在するものである。扁桃体の機能不全に関する理論仮説は，恐怖機能不全モデル，暴力抑制機構モデル，行動抑制システム弱体化モデルといった生物学的基盤に基づく理論である。

社会化の困難な扁桃体の機能不全リスクを持つ子どもに対し，報酬に基づく応答的なしつけがなされれば，良心を内在化させ，道徳的な価値を身につけさせることに成功するが，罰に基づくしつけがなされるのであれば，良心や道徳心を内在化することはない（たとえば，Kochanska, 1997）。一次性サイコパシーに対応した養育やしつけがなされなければ，社会化に失敗することとなる。

一次性サイコパシーのみを有する者は成功するサイコパスとなり，二次性サイコパシーを併せ持つ者は成功するサイコパスとならず，反社会的行動に従事する確率が高まる。発達的な観点を導入すれば，遺伝リスクにより発達の初期では情緒性の欠如のみを示すが，その情緒性の欠如がゆえに報酬を重視し罰を軽視する経験を積み重ねる。こうした子どもに対して養育者が報酬に基づく応答的な社会化を行えばよいが，罰の効果がないサイコパスに対して罰を与えるという矛盾した養育がなされる可能性もある。罰がわからないものが罰を受けている状況に適応するためには，一時的にでも自らの行動を統制しようとする他者を欺く欺瞞的方略を身につける必要がある。

欺瞞的方略は先史時代に一般的に有効であった対人方略であるが，現代においても進化論的な考えに基づけば頻度依存淘汰の面で適応的である。現代では一般的には不適応的な対人方略であるが，環境適応の観点からいえば，潜在的な適応価のある欺瞞的方略をベックが主張するように認知をゆがめることによって獲得したものとみなすことができる。認知的対人関係モデル（Blackburn, 1998）では，サイコパシーにとって主要な対人スタイルは，他者との関係における強制的なスタイルであり，他者に敵意を期待することによって維持されるとする。愛着理論で確認されているように，対人関係のモデルは幼少期の経験により獲得されることから，これらの理論はともにサイコパスが適応するため経験的にこうした方略やスタイルを学習，獲得した可能性を示唆する。

罰の効果がなく社会化が困難なサイコパスは自己制御能力の獲得に失敗し，短期的に報酬が得られる行動に従事する可能性も高い。その結果，報酬や自己の欲求を優先する一次的な課題に注意が向き，罰や周辺的な情報に注意を向けない認知傾向を獲得してしまった可能性が想定される。ただし，ここで主張したいのは，こうした反応調整仮説で説明される現象が，情緒性の欠如を持つサイコパスによって発達的に副次的に獲得された可能性である。感情価のない刺激に対しても，周辺的な情報の処理に欠陥をみせる知見（Newman et al., 1997）があることから，情緒性の欠如と反応調整仮説は独立しており，情緒性の欠如があっても，必ずしも反応調整に困難を抱えるわけではない。リッケンの主張するように，有能な養育を受けることができれば，反応調整に困難を抱えるような認知機能の欠陥は生じないと考えることができる。

第 1 部　理論編

　自己制御や注意のコントロールにかかわる脳科学的基盤は，前頭前皮質に局在しており，その部位が果たす機能は実行機能として総称されている。なかでも前頭前皮質腹内側部（vm-PFC：大脳図で BA10, 14, 25, 32 に当たる）は，特に道徳情報の感情的側面の処理を担っているといわれている。vm-PFC の損傷は道徳性の一側面である利己主義的な判断と関連があることが確認されている（Koenigs et al., 2007）。さらに興味深いことに，vm-PFC の損傷の時期と利己主義的な判断の間には線形の関係があり，損傷の時期が早いほど利己的になりやすい（Taber-Thomas et al., 2014：図 3-6）。この知見は，反応調整仮説で説明されるサイコパシーの衝動性や自己欲求を優先する考え方が，発達の過程で経験により獲得される可能性を示唆する。

　以上の論考を発達的観点を導入して整理すると，生物学的素因としての遺伝的基盤のある扁桃体の機能不全は情緒性の欠如，すなわち一次性サイコパシーのリスク要因となる。そしてこうした一次性サイコパシーの特性に適した環境からの社会化がなされないことで，その環境に適応するために発達の過程で経験的に欺瞞的方略や強制的な対人スタイルであるゆがんだ認知傾向を獲得することとなる。また，一次性サイコパシーを有する者は社会化が困難なため，適切な社会化がなされなければ，同じく発達の過程で反応調整仮説に示唆される認知の欠陥を抱えることとなる。発達的な順序性を各理論間に想定することで，サイコパシーに関する主要理論を統合した統合的発達理論モデルが導かれる。

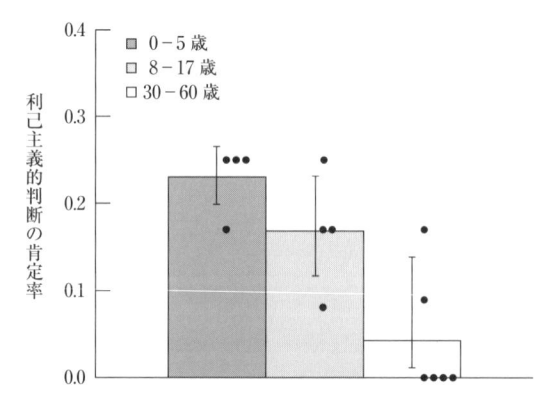

図 3-6　前頭前皮質腹内側部の損傷時期と利己主義的道徳判断との関連（Taber-Thomas et al., 2014）

第3章　モラルの行動——道徳的行動はどのように生じるのか

本書のテーマである道徳との関連を検討した研究では，サイコパスは道徳的ジレンマ課題を用いて道徳的思考の複雑さを測定するコールバーグの道徳推論レベルには問題がないものの（たとえば，Trevethan & Walker, 1989），チュリエルの道徳的および慣習的違反を区別する道徳／慣習識別課題では非常に悪い成績を示すことが確認されている（たとえば，Blair, 1997）。一般的に発達にともない道徳的違反のほうが悪いとする判断がなされるようになるが，こうした成績の悪さは判断の差別化ができないというよりもむしろ，環境に適応するために差別化をせずにすむゆがんだ認知傾向を獲得した結果とみなすこともできる。

　筆者らの研究（Yoshizawa & Fukui, 2013）では，一次性サイコパシーとかかわる脳の扁桃体機能や，発達的に副次的に生じることが想定される注意や自己制御にかかわる実行機能（前頭前皮質に局在）を統制したうえで，ゆがんだ認知傾向としての社会的情報処理指標とサイコパシーとの関連を分析している。分析の結果，反社会的な認知のゆがみや攻撃を正当化する信念により測定された社会的情報処理指標は，情動認知機能（扁桃体機能）や実行機能を統制してもなお，サイコパシー特性に対して十分な予測力があることが立証されている。興味深いことに，社会的情報処理指標は全般的に二次性よりも一次性サイコパシーと強い関連があることが確認されている。二次性サイコパシーは行動抑制の問題であることを鑑みると，一次性サイコパシーが認知のゆがみ（欺瞞的方略や強制的対人スタイル）と認知の欠陥（反応調整仮説に基づく注意の問題や衝動性などの行動抑制の問題）を異なる発達的軌跡で生じさせる可能性が示唆されており，統合的発達理論モデルを部分的に支持する知見である。

　本節では，反社会的行動研究の理論的変遷を紹介したうえで，サイコパシー概念に焦点を当てることの意義を解説した。さらにサイコパシーの主要な諸理論を紹介し，それらを統合する試みとして統合的発達理論モデルを提唱した。ただし，理論統合を試みる他の研究（たとえば，Blair et al., 2005）同様，このモデルは実証データに裏づけられていない。モデルを構成するさまざまな概念を網羅的に測定し，発達的な測定モデルを仮定する綿密な研究計画を練らなければ実証は困難である。根気強くデータを積み重ねる検証が今後の研究で求められている。

# 第２部
## 実践編

# 第4章　これまでのモラル教育，これからのモラル教育

　第4章では，モラル教育のなかでも，特に日本の道徳教育の過去・現在・未来に絞り，大きな見取り図が紹介される。本章を読むことにより，子ども，成人へモラルを今後どのように教育していくかについて，指針が得られるだろう。

　そもそも，道徳教育は，学校教育において今までどのように発展してきたのか。本章の前半では，道徳教育の学校教育における発展を独自の分析枠組みである「価値変容モデル」により時系列的に紹介している。モデルを用いて概観することにより，「学校教育における道徳教育の過去・現在・将来」について見取り図を得ることができるだろう。

　本章の後半では，学校教育を終えたのち，すなわち成人での道徳教育が語られる。成人は，仕事，養育，そして何より個人の人生において，道徳とは切っても切り離せない存在であり，道徳性の成長が欠かせない。本章の後半では，成人の道徳性の「測定・発達・教育」について，詳しく述べる。

## 1節　価値変容モデル

　本節では価値変容モデルについて述べる（図4-1）。
　図4-1の①は，それぞれの時代の学校教育で扱われてきた道徳的価値を表現している（例：生命尊重）。ここでの道徳的価値は，人々によって道徳的に重要とされている価値を指す。モデルでは，さまざまな道徳的価値を2つずつに省略して描写している。道徳的価値は抽象的な概念であるため，実際の行動な

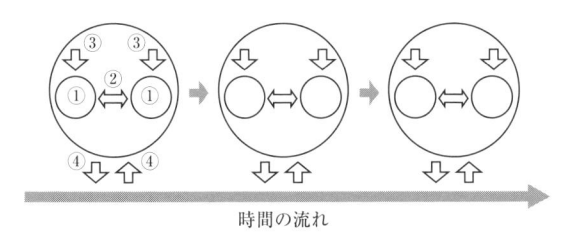

第 4 章　これまでのモラル教育，これからのモラル教育

①道徳的価値　　　　　②道徳的価値どうしの関係
③包括的目標からの影響　④包括的目標と内容項目の変容

図 4-1　価値変容モデル

などで具体化した姿は同じではなく，時代や個人によって変わりうると仮定する。

図 4-1 の②は，道徳的価値どうしの関係について表現している。モデルでは，道徳的価値間にはときに優先順位が生じ，時代や個人の状況によって優先順位が変化すると仮定する。（例：生命尊重と公徳心の関係，どちらを優先するか）。

道徳的価値のまとまり（道徳的価値群）は，学校教育において，個々がばらばらに存在するのではなく，時代によって，価値群を包括する固有の目標（包括的目標）が存在する場合がある。図 4-1 のモデルでは，包括的目標からの影響を③で表現している。たとえば，学習指導要領には道徳教育の目標が記載されており，道徳教育，道徳の授業を規定する役割をもつ。このような包括的目標は，個々の道徳的価値に影響を与えると同時に，最も重要視される道徳的価値を決める可能性も持つと考えられる（例：内容項目群と学習指導要領の関係）。

道徳的価値群と包括的目標は，それぞれの時代で起きた事件や，公表された文書，法律などの社会情勢から影響を受ける。また，反対にそれぞれの時代で生きる人々や道徳的実践は，包括的目標や道徳的価値群の影響を受ける。両者は，それぞれ影響を与えながら変容していくと考えられる（例：内容項目と教育基本法改正との関係，内容項目と現実に起きた事件との関係）。

図 4-1 では，時間の経過とともに，実践・社会との相互作用を受けて包括的目標と内容項目が変容していく様子が④で表現されている。本章の前半では，道徳的価値の歴史的な変遷の経緯を，上記のモデルを通じて説明していく（より詳細な説明として，押谷，2011 や林，2009 も参照されたい）。

第2部　実践編

## 2節　時代ごとの特徴

### 1．1958年の特設以前

　1958（昭和33）年に，小・中学校の教育課程において「道徳の時間」が特設された。価値変容モデルを基に，特設に至るまでの経緯をたどるには，道徳教育が修身の形で行われていた時代を参照する必要がある。

　1872年に発布された学制において，修身は「修身口授（ぎょうぎのさとし）」として小学校第1，第2学年の教科として設置された。当初の修身は，西洋の教科書を邦訳したものを読み上げる形で授業が行われており，西洋的な倫理観が道徳的価値として授業のなかで重視されていた。邦訳本を用いていたことは，このころの道徳教育・道徳授業が，西洋から学び日本の近代化を達成するという包括的目標の影響を受けていたことを示していると考えられる。しかし，その後，西洋的な倫理観を基とする道徳教育に対して，儒教的な道徳的価値を重視する立場からの批判が起こり論争となった（徳育論争）。この論争と前後する形で，法制度の改正により，修身は対象学年が拡大され時間数も増加していった。1890年には「教育に関する勅語」（教育勅語）が渙発された。教育勅語は前段，中段，後段に分かれ，中段において「父母ニ孝ニ」「兄弟ニ友ニ」などの14の重視されるべき道徳的価値が明示された。また，教育勅語の前段には，「国体の精華」を「教育の淵源」とすることが記されており，1890年以降，道徳教育・道徳授業の包括的目標として機能したと考えられる。1891年の文部省検定教科書使用方針の打ち出し，1903年の教科書の検定制から国定制への切り替わり，1904年から1945年までの4回の教科書改訂を経て，学校教育における包括的目標（同時に価値）として「国体の精華」を重視する傾向が強まっていった。明治政府による開国から第二次世界大戦に至るまでの社会情勢の影響を受け，学校教育における包括的目標と道徳的価値群が徐々に変容していったと考えられる。

### 2．特設時

　1945年の敗戦後，GHQにより修身は日本歴史，地理とともに停止された。その後，1947年に教育基本法が公布され，社会科が新設され，道徳教育は社

会科のなかで行われることが期待されることとなった。また，1948年に教育勅語の排除・失効確認に関する決議が衆参の両議院で行われた。決議に前後して，1947年以降，社会科が道徳教育としての役割を果たすことの是非について議論が起こり，1958年には，小・中学校学習指導要領が告示された。その結果，教科とは別に，教育課程の一領域として「道徳の時間」が学校教育に特設されることとなった。この特設によって，現在の形に近い道徳教育・道徳授業が形成されたと考えられる。ここでの「現在の形」とは，学習指導要領のなかで，①道徳教育の包括的目標が示され，②道徳的価値が内容項目の形で表現されていることであり，③「道徳の時間」を中核とした，全教育活動における道徳教育である，ことを指す。1958年の「道徳の時間」特設時には，学校教育で重視される価値として，小学校36，中学校21の内容項目があげられた。

## 3. 特設後

特設後，1968年（小学校のみ。中学校は1969年），1977年，1989年，1998年，2008年の5回の学習指導要領改訂を経て，内容項目は少しずつ変化してきた。しかし，道徳教育において，「道徳の時間」という授業が行われ，学習指導要領が包括的目標と重視すべき道徳的価値群を記し，社会情勢の影響を受け変容していくという構造は変わっていない。

現行の学習指導要領（2008年改訂版）においては，学校教育において重視すべき価値，すなわち学習指導要領に記載されている内容項目は，小学校低学年16項目，中学年18項目，高学年22項目，中学校24項目となっている。これらの内容項目は，「主として自分自身に関すること」などの4つの視点によって，まとまりごとに整理されている。4つの視点と内容項目の一覧を表4-1で示す。

たとえば，小学校低学年では「1　主として自分自身に関すること」の内容項目として，「健康や安全に気を付け，物や金銭を大切にし，身の回りを整え，わがままをしないで，規則正しい生活をする」と文章の形で記述されている（呼称例として「基本的な生活習慣」と呼ばれる）。

特設後においては，学習指導要領に道徳教育および「道徳の時間」の包括的目標が記されている。たとえば，2008年に改訂された小学校学習指導要領に

第 2 部　実践編

表 4-1　小学校・中学校の内容項目

| 小学校 ||| 中学校（24 項目） |
|---|---|---|---|
| 低学年（16 項目）<br>1 年　　2 年 | 中学年（18 項目）<br>3 年　　4 年 | 高学年（22 項目）<br>5 年　　6 年 | 1 年　　2 年　　3 年 |
| 1　主として自分自身に関すること ||||
| (1) 基本的な生活習慣 | (1) 基本的な生活習慣 | (1) 基本的な生活習慣・節度節制 | (1) 基本的な生活習慣・調和のある生活 |
| (2) 勤勉努力 | (2) 勤勉・粘り強さ | (2) 希望・勇気・努力 | (2) 希望・勇気・強い意志 |
|  |  | (3) 自由・自律・責任 | (3) 自主自律・誠実・責任 |
| (3) 善悪の判断・勇気 | (3) 善悪の判断・勇気 | (4) 誠実・明朗 |  |
| (4) 正直・明朗 | (4) 正直・明朗 | (5) 真理愛・創意工夫 | (4) 真理愛・理想の実現 |
|  | (5) 個性の伸長 | (6) 個性の伸長 | (5) 向上心・個性の伸長 |
| 2　主として他の人とのかかわりに関すること ||||
| (1) 礼儀 | (1) 礼儀 | (1) 礼儀 | (1) 礼儀 |
| (2) 思いやり・親切 | (2) 思いやり・親切 | (2) 思いやり・親切 | (2) 人間愛・思いやり |
| (3) 友情 | (3) 信頼友情 | (3) 信頼友情・男女協力 | (3) 信頼・友情 |
|  |  |  | (4) 異性の理解 |
|  |  | (4) 寛容・謙虚 | (5) 寛容・謙虚 |
| (4) 感謝 | (4) 尊敬・感謝 | (5) 尊敬・感謝 | (6) 尊敬・感謝 |
| 3　主として自然や崇高なものとのかかわりに関すること ||||
| (1) 生命尊重 | (1) 生命尊重 | (1) 生命尊重 | (1) 生命尊重 |
| (2) 自然愛・動植物愛護 | (2) 自然愛・動植物愛護 | (2) 自然愛・環境保全 | (2) 自然愛・畏敬の念 |
| (3) 畏敬の念 | (3) 畏敬の念 | (3) 畏敬の念 | (3) 弱さの克服・生きる喜び |
| 4　主として集団や社会とのかかわりに関すること ||||
| (1) 規則尊重・公徳心 | (1) 規則尊重・公徳心 | (1) 公徳心・規則尊重・権利義務 | (1) 法の遵守・権利義務 |
|  |  |  | (2) 公徳心・社会連帯 |
|  |  | (2) 公正公平・正義 | (3) 正義・公正公平 |
|  |  | (3) 役割と責任の自覚 | (4) 役割と責任の自覚 |
| (2) 勤労 | (2) 勤労 | (4) 勤労・奉仕 | (5) 勤労・奉仕・公共の福祉 |
| (3) 家族愛 | (3) 家族愛 | (5) 家族愛 | (6) 家族愛 |
| (4) 愛校心 | (4) 愛校心 | (6) 愛校心 | (7) 愛校心 |
| (5) 郷土愛 | (5) 郷土愛 | (7) 郷土愛・愛国心 | (8) 郷土愛 |
|  |  |  | (9) 愛国心 |
|  | (6) 愛国心・国際理解 | (8) 国際理解・親善 | (10) 国際理解・人類愛 |

※「総合的道徳教育プログラム」推進プロジェクト（2012）を基に作成。
※項目どうしは，強い関連は実線，弱い関連は点線でつながれている。

おいて，道徳教育と「道徳の時間」の目標として以下の記述が見られる。

第1章　総則　第1　教育課程編成の一般方針　2
　「道徳教育は，教育基本法および，学校教育法に定められた教育の根本精神に基づき，人間尊重の精神と生命に対する畏敬の念を家庭，学校，その他社会における具体的な生活のなかに生かし，豊かな心をもち，伝統と文化を尊重し，それらをはぐくんできた我が国と郷土を愛し，個性豊かな文化の創造を図るとともに，公共の精神を尊び，民主的な社会および国家の発展に努め，他国を尊重し，国際社会の平和と発展や環境の保全に貢献し未来を拓く主体性のある日本人を育成するため，その基盤としての道徳性を養うことを目標とする」

第3章　道徳　第1章　目標
　「道徳教育の目標は，第1章総則の第1の2に示すところにより，学校の教育活動全体を通じて，道徳的な心情，判断力，実践意欲と態度などの道徳性を養うこととする」
　「道徳の時間においては，以上の道徳教育の目標に基づき，各教科，外国語活動，総合的な学習の時間及び特別活動における道徳教育と密接な関連を図りながら，計画的，発展的な指導によってこれを補充，深化，統合し，道徳的価値の自覚及び自己の生き方についての考えを深め，道徳的実践力を育成するものとする」

　これらの記述を道徳教育の包括的目標ととらえたとき，「教育基本法および，学校教育法に定められた教育の根本精神に基づき」とあることから，これらの法規も包括的目標に含まれていると考えられる。また，学習指導要領第1章総則において，「人間尊重」「生命に対する畏敬の念」「豊かな心」「伝統と文化を尊重」などのさまざまな要素が価値として盛り込まれている。このような道徳的価値の間で，児童生徒の生活上どれを優先すべきかについて，明確な基準は示されていない。
　一方，「指導上」の優先（重点化）については，学習指導要領内に記述されている。たとえば，「重点目標を設定」し，複数年の指導を見通した「重点的

な指導」を行い，「児童の発達の段階や特性等を踏まえ，指導内容の重点化を図ること」とし，低学年における「基本的な生活習慣」等，各段階で配慮すべき内容と，児童の発達段階や学校の実態に応じた指導を求めている（小学校学習指導要領　第3章道徳　第3　指導計画の作成と内容の取り扱い）。

　また，教師が「学校教育においてどの道徳的価値を重視すべきか」と感じているかという点については，柄本（2014）の知見が参考になる。柄本（2014）は，教職課程科目の受講大学生に対し，内容項目のなかから，将来の指導において特に重視したいと考えるものを7つまで選択させ，その結果を小・中学校教員での知見（永田・藤澤，2012）と比較した。その結果，大学生，小・中学校教員ともに，「思いやり・親切」の選択率が一番高く，教師側から学校教育において「思いやり・親切」が重要視されていることが示唆された。なお，全国版副読本においては，「思いやり・親切」の小学校での掲載数は中程度で，中学校で対応する内容項目の「人間愛・思いやり」の掲載数が多くなっていた（柄本・永田，2014）。本章では，法制度の面から，道徳授業における道徳的価値（内容項目）を取り上げているが，学習指導要領，教師，副読本の3つの観点からみた道徳的価値の相違点について，検討する価値があるだろう。

　上記の議論は，「指導上」の重点化に限られたものであり，児童生徒が生活のなかでどの価値を重視するかについては，道徳教育を受ける児童生徒が選びとることが期待されているといえる。現実には，優先すべき価値は個人や状況によって変化するため，個人が道徳的価値において葛藤状態（ジレンマ）に陥り，どう行動すべきかの判断が難しいことが多々ある。そのような価値のジレンマを教室内であえて設定し，教育として活かす指導方法として，道徳的ジレンマ授業がある。道徳的ジレンマ授業は，コールバーグの道徳発達の理論に基づいたものである（第1章を参照。また，関連するジャストコミュニティについては第5章を参照）。学習指導要領に記載された包括的目標は，価値間の優先について明記していないため，このような葛藤を題材にする授業が可能になっていると考えられる。

## 3節　新領域との関連

　実践・社会との関連という点で，近年，道徳教育との関連が注目されている新領域として，発達段階，金融教育，キャリア教育，情報モラルがある。以下ではこれらのテーマについて，道徳の授業と関連づけて述べる。

### 1．発達への考慮

　道徳授業においては，発達段階への考慮が求められている。たとえば，指導の重点化に関連して学習指導要領内に「児童の発達の段階や特性等を踏まえ，指導内容の重点化を図ること」（小学校），「各学校においては，生徒の発達の段階や特性等を踏まえ，指導内容の重点化を図ること」（中学校）という記述がみられる。ここでの「児童の発達の段階」の内容については，明確には示されていないが，従来の特別支援教育とのかかわりや，発達の多様性，発達症の観点から道徳教育をとらえていく領域が，今後発展していくと考えられる（第6章と関連）。

### 2．金融教育

　金融広報中央委員会（2013）によれば，金融教育は，「生きる力をはぐくむ教育」「お金や金融のさまざまなはたらきを理解し，それを通じて自分の暮らしや社会について深く考え，自分の生き方や価値観を磨きながら，より豊かな生活やよりよい社会づくりに向けて，主体的に行動できる態度を養う教育」とされる。学ぶ内容としては，(1) 生活設計・家計管理，(2) 経済や金融のしくみ，(3) 消費生活・金融トラブル防止，(4) キャリア教育の4つがあげられている。道徳教育においては，内容項目として小学校低学年の「基本的な生活習慣（……物や金銭を大切にし，……）」などのいくつかの内容項目と関連させることができる。

### 3．キャリア教育

　キャリア教育については，金融教育の一部ではなく，独立した一分野としてとらえられる場合がある。キャリア教育は，「子ども・若者がキャリアを形成

第 2 部　実践編

していくために必要な能力や態度の育成を目標とする教育的働きかけ」を指す（文部科学省，2011）。道徳教育・道徳授業の包括的目標においても，「各個人の有する能力を伸ばしつつ社会において自立的に生きる基礎を培う」（教育基本法），「職業についての基礎的な知識と技能，勤労を重んずる態度及び個性に応じて将来の進路を選択する能力を養うこと」（学校教育法）とあげられており，キャリア教育との強い関連性があると考えられる。

　キャリア教育は，現在の学習指導要領においては直接「キャリア教育」という言葉で言及されているわけではないが，道徳授業の目標や，いくつかの内容項目は，キャリア項目に関連させることができる。たとえば，国立教育政策研究所（2012）では，「道徳の時間」の目標に「道徳的価値の自覚及び<u>自己の生き方</u>についての考えを深め，道徳的実践力を育成するものとする」（下線筆者）とあげられていることや，内容項目として，中学校学習指導要領にあげられている「向上心・個性の伸長」「勤労・奉仕」などとキャリア教育との関連が指摘されている（例として，学習指導案を第 5 章に示した）。

　なお，成人においても，キャリア形成・開発が重要視されてきている（第 3 章 3 節参照）。

### 4．情報モラル

　情報モラルは「情報社会で適正な活動を行うための基となる考え方と態度」（文部科学省，2008a, 2008b）であり，内容として「個人情報の保護，人権侵害，著作権等に対する態度，危機回避やネットワーク上のルール，マナーなど」があげられている。2008 年改訂の小中学校学習指導要領「第 3 章　道徳　第 3 指導計画の作成と内容の取扱い」において，「児童の発達の段階や特性等を考慮し」指導に留意することが述べられており，学習指導要領に内容項目として含まれているわけではないが，近年の ICT の発展と社会の変化を受け，指導上留意すべき重要な点としてあげられている（詳細は第 3 章 4 節参照）。

## 4 節　現在―教科化との関連

　今後の道徳教育・道徳授業はどのように展開していくのだろうか。その 1 つ

第 4 章　これまでのモラル教育，これからのモラル教育

の方向性を示す資料として，2013 年 12 月に「道徳教育の充実に関する懇談会」より発表された「今後の道徳教育の改善・充実方策について（報告）～新しい時代を，人としてより良く生きる力を育てるために～」（以下，文部科学省，2013）が参考になる。文部科学省（2013）では，「道徳の時間」を「特別の教科道徳」（仮称）として位置づけることを求めている。第 1 章で道徳教育の重要性を確認し，第 2 章において道徳教育・道徳授業の課題を指摘し，学習指導要領の改訂を含めた改善方法を提案している。そして，第 3 章で道徳教育を支えるための条件整備の改善策について,「教材・教科書」（例：検定教科書の導入），「教員の指導力向上」（例：校内研修や共同研究の充実），「学校，家庭，地域の連携の強化」（例：学校，家庭ぐるみの取り組み）の面から提案を行っている。

　第 2 章では，道徳教育の内容として，「発達の段階ごとに特に重視すべき内容や共通に指導すべき内容」の精選を求めている。また，道徳教育の指導方法の改善策として，「ア　児童生徒の発達の段階をより重視した指導方法の確立・普及」として，児童生徒の発達段階を重視した指導方法について触れられている。ここでの発達の段階が，どのようなものを指すのかについて明確には言及されていないが，本書第 6 章にある脳科学からの知見が，発達段階の特定と発達段階を活かした道徳授業の開発につながると考えられる。

## 5 節　学校教育を終えた後に大人の道徳教育は存在するのか

　前節まではおもに学校段階の子どもを中心に道徳教育をみてきた。しかし，道徳とは人の生きる道のことであり，義務教育を終えた後も人の生きざまにかかわるものであり，親として，社会人（場合によっては教師）として，地域の大人として教育的な側面からかかわることもある。また，義務教育と社会人の間を接続する高等教育に相当する発達段階においても道徳教育の重要性は指摘される（Colby, 2008, 2014）。そして，近年では本書の第 3 章 3 節でも取り上げたように，社会人においてもビジネス倫理という用語で，道徳教育の重要性が指摘される（藤澤，2013）。

第2部　実践編

## 1. 成人の道徳性はどのように測定されるのか

　道徳心理学において道徳性は DIT を用いて測定されることが多い（第1章参照）。レスト（Rest, 1979）による DIT の開発以来，近年でも毎年約500名の研究者が DIT を利用した研究を行っており（Bayley, 2011），日本においても日本版 DIT（山岸, 1995）を用いた道徳性研究が行われている。しかしながら，従来の DIT は必ずしもビジネス場面における道徳性を測定することを目標とはしておらず，DIT を用いて測定された道徳性の発達段階がビジネス場面において適用されるのかに関して疑問が持たれていた。そのようななか，近年では DIT の考え方を援用した成人の道徳性（ビジネス倫理）を測定する尺度も開発される（Loviscky et al., 2007；Weber & McGiven, 2010）。このことは組織における道徳的問題（ビジネス倫理，CSR など）が大きく取り上げられる現在に通じるところがあるといえる（たとえば，水尾, 2014）。

## 2. 成人の道徳性は発達をすることがあるのか

　コールバーグによると道徳性はすべての人が第6段階に到達するとは考えられてはいない。同時に，道徳的ジレンマ課題を用いた討論を実施することにより道徳性が発達することは小学生や高校生を対象とした実験により繰り返し示されてきた（第1章参照）。大学生や成人を対象とした道徳性と討論の関係性について検討した研究は少ないものの，成人（金融機関の社員）に対してジレンマ討論を用いた教育プログラムを実施し，一定の効果を示唆した研究も報告される（Oser & Schläfli, 2010）。また，藤澤（2013）は大学生と高校生を対象として討議経験が道徳性と対応して発達する対人交渉方略や他者視点を高めることを明らかとしている。

## 3. 今後の課題

　成人に対する道徳教育研究の歴史は長くはないものの，企業組織における道徳的問題がビジネス倫理としてまとめあげられて以来（DeGeorge, 1987），道徳心理学の知見を応用し理論，実践の観点から研究知見が積み重ねられつつある（Bebeau & Monson, 2014）。特に，レストの四構成要素モデルは多くの研究者により，ビジネス倫理教育を進めるうえで活用されている（Bebeau &

Monson, 2014；中村，2010, 2014)。四構成要素には，①道徳的感受性，②道徳的判断力，③道徳的意欲，④道徳的人格の4つが対応すると考えられている（中村，2010）。また，ビジネス倫理教育においても，学齢期の子どもを対象とした道徳教育と同様に，道徳的判断力などの認知能力を育成するという考え方がある（中村，2014）。それを踏まえ，藤澤（2013）は就職前（生徒・学生／道徳教育）から就職後（社会人／ビジネス倫理教育）にかけて接続する立場にある高等教育がどのような役割を果たせるかに関して，今後検討の余地が残されると述べている。

# 第5章　モラルの教育
発達年齢に応じたモラルの教育にはどのようなものがあるか

　あなたが日本で教育を受けたのであれば，小学校や中学校で道徳の授業を受けたことがあるだろう。それは，「こういうことがありました」など道徳的な話を聞くだけの授業でなく，人と人とがかかわるうえで何が大切かを教えられる題材について，話を読んだり，話し合ったりしたことだろう。本章では，幼児から成人に至るまでの道徳教育の理論と実践を紹介する。

　第4章で述べられたように，改正学校基本法で道徳は教科化され，これからますます重要視されることになる。道徳教育の方法は，年々少しずつ新しくなっており，本章では2015年現在最新の教育方法について紹介していく。道徳教育は，小学生なら「相手を思いやる心」，中学生なら「勤労・奉仕・公共の福祉」が含まれるといったように，それぞれの発達課題に従った徳目について教育指導案が作成されている。道徳教育は，そのような教材をもとに学習する以外にも，人をたたいてしまった子どもに対して「なぜ人をたたいてはいけないのか」を教えていくことも含まれる。その意味では，幼稚園児，保育園児などの幼児への教育は重要である。この章では，現場で対応を迫られている課題として，幼稚園，保育園，小学校の連携についても述べていく。

　道徳教育では，討議と対話が重視される。しかし，ただ単に話し合えば，参加者の道徳性が高まるというわけではない。より効果的な道徳教育には，どのような観点が重要なのだろうか。本章の後半では，討議の重要な要素を述べるコールバーグによるジャスト・コミュニティ・アプローチから説明し，討議についてさまざまな工夫がなされた高校生，大学生を対象とした討議による道徳教育の実際と成人に対する経営倫理教育としてケース・メソッドを紹介する。

第5章　モラルの教育―発達年齢に応じたモラルの教育にはどのようなものがあるか

# 1節　幼保小連携とモラル

## 1．幼稚園・保育所と小学校との連携

### (1) 幼保小の合同研修会にて

　とある地域から講演依頼を受け，はじめて幼保小合同研修会の講師を担当したとき，非常に複雑な思いを抱いた。直前までそれぞれの現場にいらした先生方が，会場である地域の大きなホールに駆け足で集まってくる。そして，開会行事などを含めた2時間程度の講演を黙々と聞いて，再び駆け足でそれぞれの現場に戻っていく。ご自分の現場の代表として1人で参加された先生のなかには，この間，一言も発することのなかった方もいらしたのではないだろうか。

　そんな様子を見て，先生方の真面目さに頭の下がる思いを抱きつつも，日頃，幼保小の先生方どうしで気軽にお話をされる機会はあるのだろうかと疑問に思った。気になって講演後に主催者側にうかがってみたところ，そうした機会はほとんどなく，特に保育所・保育園は夏休みなどもないので一緒に集まること自体が難しいとのことであった。お話をうかがって，幼保小の先生方が集ったせっかくの機会を私の一方的な講演で無駄にしてしまったと申し訳なく思った。

　それ以来，同様の講演依頼を受けた際には，こちらから問いを投げかけるなどして，所属の異なる先生どうしで話し合っていただく機会を設けるようにしている。たとえば，ある講演では，冒頭で以下のような場面を提示した。

> 　自由遊び時間に，6歳の子ども（年長児または1年生）ふたりが，1つの遊具をめぐって，どちらからともなく奪い合いをはじめました。やがて，一方が先に相手をはげしくたたき，たたかれた方も同じようにたたき返しました。ふたりは泣きながらにらみ合っています。

　そして，ご自分が担任だったらどのような方針で対応するか，先にたたいた子とたたき返した子のそれぞれに声をかけるとしたら何と言うか，などを用紙に記入するよう求め，さらに，所属の異なる先生がどんなことを書いているか，お互いに見せ合うよう求めた。すると，緊張した様子であった先生方も，やがて打ち解けて話し合いをはじめた。その後，実際に話し合ってどう思ったかう

143

かがうと,「私はガツンと言うようなことを書いたのですが,幼稚園や保育所の先生は優しくて丁寧だなと反省しました」という小学校の先生の感想や,「小学校の先生方は毅然としていらして,見習わなければならないと思いました」という保育者の感想などが聞かれた。これらの感想が本音か建前かはともかくとして,所属の異なる先生どうしで話をすること自体は新鮮に感じてもらえたようであった。

### (2) 幼保小連携の難しさと課題

　改正教育基本法において教育の目標に「道徳心を培う」ことが明記されたことを受け,現行の学習指導要領では道徳教育の充実・改善が改訂の柱の1つとなった。充実・改善の観点としては「発達の段階に応じた指導内容の重点化」があげられ,幼児教育(保育)においては道徳性や規範意識の芽生えを培うことが,小学校教育では道徳的価値観の形成を図ることなどが求められている。加えて,道徳教育はすべての学校段階において一貫して取り組むべきものであると強調され,接続に配慮することが課題とされている。しかしながら,「小1プロブレム」という言葉もあるように,特に指導形態の大きく異なる幼稚園及び保育所と小学校とでは,円滑な接続を図ることは容易ではないと思われる。

　道徳教育に限らず,幼保小の接続を困難なものとしている要因として,まずあげられるのが学校種の違いによる指導形態の相違である。学校間移行は子ども・親・教師のいずれにとってもストレスフルな出来事であり,「生きる力」育成の観点からも,教育心理学に対して学校現場から強い要請のある課題となっている(首藤, 2009)。道徳教育に関しても,遊びを通して道徳性や規範意識の芽生えを培う「幼児教育」(保育)と道徳の時間を「要」として道徳的価値観の形成を図る「小学校教育」とでは大きな相違があり,幼保小の間で共通理解を図るうえでは課題も多いといえよう。

　2008(平成20)年に改定・改訂された保育所保育指針,幼稚園教育要領及び小学校学習指導要領では,幼保小の連携がこれまで以上に強調された。また,こうした流れのなかで,幼児・児童の交流,公開保育・公開授業,合同研修会・講演会,情報交換・保育参観・授業参観などの幼保小連携活動がなされるようにもなっている。しかし,松嵜(2009)は,保育所を対象とした全国調査の結

果，保小連携を実施している施設が6割，幼保連携を実施している施設は3割にすぎないことを指摘し，幼保小の組織的な連携の必要性を強調している。なお，本章では幼保と小の相違と連携に焦点を当てて論じるが，幼と保との間にもさまざまな相違があり，連携が課題となっていることも付記しておきたい。

さて，松嵜（2009）は，連携による成果として，「子どもに関する情報を得たり，伝えたりすることができた」などの教職員についての成果と「子どもが，小学校がどのようなところか知ることができた」「子ども自身が自己の成長の実感をもった」などの子ども自身の成果をあげている。他方，幼小連携について「教育課程に位置づけていくこと」や「双方の指導観，子ども観の違いを理解すること」に関しては，特に課題が残されていると指摘している。本章の冒頭で例をあげたように，幼保小の保育者・教師が自然にかかわり合い，語り合うことなどは，多くの地域でなかなか難しい現状にあるといえる。

### (3) カリキュラムに関する幼保小連携の取り組み

保育・教育の現場が多忙をきわめるなか，幼保小の連携といっても実際には年に1, 2回のイベント的な交流が多く（松嵜, 2009），全国各地で行われている幼小一貫教育の実践なども多くが交流活動の事例報告であり，交流活動が自己目的化してしまっている（助川ら, 2013）と指摘される。また，助川ら（2013）は，生活科を中心としたスタートカリキュラムやアプローチカリキュラムの編成事例など，幼小間における教育内容上の一貫性に着目した実践は散見されるが，十分な蓄積があるとは言い難いとも指摘している。道徳と幼保小の連携に焦点を当てた研究はさらに少なく，教育課程・カリキュラムと関連した取り組みなどは，今まさに行われつつある段階にある。

たとえば，宮里ら（2006, 2007, 2008, 2009）は，かかわる力を育む幼小一貫の道徳教育カリキュラム開発のための基礎研究として，一連の報告を行っている。宮里ら（2006）では，広島大学附属三原学園における異校種異学年交流活動（小学4年生と幼稚園年長児のペアでスタートし，その後3年間同じペアで活動する）を紹介したうえで，ペア活動について小学生や担任教諭にアンケートや聞き取りを行った結果を報告している。そのなかでは，明確な結果は示されなかったものの，小学生を対象に市販の道徳性検査なども実施されている。

また，宮里ら（2007）では交流活動の効果について参与観察法による質的検討がなされ，宮里ら（2008）では少数ながら交流活動をネガティブな体験ととらえている児童の存在などが確認されている。そのうえで，宮里ら（2009）では，交流に対する態度を高レベルで維持させる幼児・児童の組み合わせを検討している。

　また，中島ら（2011, 2012）は，道徳性や共同性の育成をテーマとした，鎌倉女子大学の幼稚部（幼稚園）と初等部（小学校）における幼小連携のカリキュラム編成に向けての取り組みを報告している。さらに，助川ら（2013）は，善悪の判断などを主題とした道徳教育実践の事例として，宮崎大学の附属幼稚園と附属小学校の取り組みを報告し，両者を比較検討している。ただし，たとえば，中島ら（2011, 2012）と助川ら（2013）の研究について，前者は中間考察が報告されたところであり，後者も幼小の取り組みを比較しつつ「どのようにすれば，どの程度までつなげることができるか」を検討することがこれからの課題として見出された段階にあるなど，これらの研究は総じて途上にあるといえる。今後，まとまった知見がもたらされることが期待される。

## ２．保育者と小学校教諭の道徳発達観・指導観
### (1) 冒頭のトラブル場面での言葉かけを例に

　幼保小の連携に関しては，カリキュラムもさることながら，先述の通り，保育者・教師が互いの道徳発達観・指導観を理解し合うという大きな課題もある。たとえば，先述の子どもどうしのけんかの場面でどのような言葉かけを行うかについて，保育者（保育士・幼稚園教諭），小学校教諭および教育学部生（小学校教員志望者）を対象に調査を実施し，自由記述を求め，テキストマイニングによる分析を行ったところ，それぞれで記述の内容に相違がみられた（越中，2012）。

　もちろん，ひとくちに保育者，小学校教諭，学生といっても，一人ひとりの記述はさまざまであるが，全体として，学生では「たたいてはいけないよ」「やめなさい」「順番に使いなさい」などの提案・忠告を行うとする記述が相対的に多かった。また，小学校教諭では，こうした提案・忠告も多いが，これに加えて，「どうしたの」「何があったの」などと尋ねるとする記述も多くみられた。

他方，保育者では，小学校教諭と同様に子どもに尋ねるとする記述が多いものの，学生や小学校教諭とは異なり，提案・忠告は相対的に少なかった。保育者で特徴的であったのは，先にたたかれた子どもに「たたかれて痛かったね」「悲しかったんだよね」などと声をかけるとする記述であり，これは学生や小学校教諭ではあまりみられない特徴的な表現であった（越中，2012）。こうした言葉かけ1つをとっても，幼保小の間に道徳についての指導観の相違があることがうかがえる。

### (2) 幼保と小の指導観の相違

　指導観について保育者と小学校教諭で違いがあることは，これまでもさまざまに指摘されてきた。たとえば，山崎ら（2006）は，幼稚園教諭と小学校教諭のそれぞれに，幼稚園と小学校の教育において育てるべき内容を尋ね，認識の違いを検討している。その結果，幼稚園教育において育てるべき内容では，幼稚園教諭が「感動・豊かな心」などの情緒的・感情的側面を重要視しているのに対し，小学校教諭は基本的生活習慣やルールや規則の順守などを重視していた。他方，小学校教育において育てるべき内容について，幼稚園教諭は「個性・自分らしさ」を重視するのに対し，小学校教諭はこの点をあまり重視しないという違いがみられた。また，中川ら（2009）は，保育士，幼稚園教諭および小学校教諭の学級経営観を比較検討し，前者が心情重視で受容的であるのに対して，後者が規範重視で指導的であることを指摘している。野口ら（2007）は，「子ども中心」や「教師中心」などの語に対するイメージの比較から，幼稚園教諭が子どもの主体性や自発性を重視するのに対し，小学校教諭は教師側の指導や方向づけを重視するなど異なる観点を持っていることを指摘している。

　さらに，越中ら（2011）は，道徳指導観に焦点を当て，現職の保育者・教員および養成課程の学生を対象として，「道徳性や規範意識の芽生えを培ううえで幼児期にどのような指導・配慮が必要か」と尋ね，テキストマイニングによる分析を行っている。その結果，小学校教諭では「きちんと」「しっかり」「〜させる」などの語が特徴的であった。「幼児期からルールやきまりをきちんと守らせる，しっかり意識させる」など，教育の目標や指導内容を重視した記述が特徴的であった。他方，保育者では，「見る」「聞く」「思い」「気持ち」「理

解」などの語が特徴的であった。「子どもの様子を見て，話を聞き，思いや気持ちを理解する」など，子どもに寄り添うことを重視した記述が特徴的であった。また，養成課程の学生に関して，保育者志望の短大生・大学生では「見守りつつ，教えてあげ，ほめてあげる」などの記述が，小学校教諭志望の大学生では「悪いと教える，叱る，注意する」などの記述が特徴的であった。学生は現職者に比して賞罰による直接教示を志向する傾向にあるが，幼保と小学校の相違の萌芽は養成課程の段階から認められるようである。

## (3) 保育者の指導観の背景にあるもの

道徳教育に対するアプローチは，子どもに特定の道徳的価値を理解させ，習慣化させることをめざす伝統的アプローチ（Character Education）と，こうした価値の教え込みに反対する発達的アプローチ（Moral Reasoning Education）とに大別されることもある（Graham et al., 2008；首藤，2009）。両者が統合可能であるか否かについてはさまざまな考えがある（Narvaez, 2006；Nucci, 2006）が，たとえば，ラッセル（Russell, 1926）は，『教育論』の冒頭で，「教育はある明確な信念を注入する手段であるとみなしている人々と，教育は自主的な判断力を養うべきものであると考えている人々との間には，意見の一致はあるべくもない」と指摘した。

倉橋（1934）もまた，『幼稚園真諦』の冒頭で，「教育は人々の人生観を離れないもの」であるとしつつ，「ひたすら目的を本拠として教育に臨んで行くか，対象の特質に基づいて教育に臨んで行くかという教育態度の差違」があると指摘している。そのうえで，『幼稚園真諦』では，幼稚園の保育は「特に対象本位に，実に対象本位に」なされるべきであるとしている。

同書第一編の「四．幼児生活の自己充実」において，「子供たちが多少いたずらをしても，着物を汚しても叱られず，少しくらいけんかをしても先生方がニコニコと見過ごしている」ような「自由感」の意義を説いている。また，「八．幼児生活の陶冶」では，陶冶が「理想的な完全なものを目的」とすることを認めつつも，「幼児の生活に即したことであるべき」と強調し，「一般的道徳規準というものに重きを置き過ぎて，子供の生活に基づいて，結果を考えてゆくという風がすくない」と当時の教育の実際に異議を唱えている。さらに，同書第

第5章 モラルの教育―発達年齢に応じたモラルの教育にはどのようなものがあるか

三編の「六，流れ行く一日」では，幼稚園が「規律本位で生活を鍛えてゆく道場ではなし」に，その本来が「幼児を真に生活させる」ところであると指摘するなど，その主張は一貫したものとなっている。『幼稚園真諦』のなかで示されている指導観は，倉橋自身の言葉を借りれば，当時の「相当自由主義をとっておりますアメリカの幼稚園」や「進歩主義の保育論」以上に対象本位な指導観であったといえる。

先述の幼保小の指導観の比較などからは，対象本位な倉橋の指導観が，今日の保育者にも綿々と受け継がれているようにも見て取れる。他方，幼稚園教育要領が改訂されるたびに，教え込みや強制はかえって道徳性や規範意識の芽生えをつみ取ることになるとの指摘が繰り返される（岩立，2008；松永，2001）ことをふまえると，保育者の指導観もまた一様でないことがうかがえる。

### (4) 道徳発達に関する理論の変遷

幼児期の道徳発達のとらえ方は心理学の分野においてもさまざまである。道徳発達に関する心理学上の古典理論は，精神分析学的理論，社会的学習理論，認知的発達理論に大別されるが，それぞれの主張は大きく異なっている。たとえば，認知的発達理論の流れを汲むチュリエル（Turiel, 2006）は，精神分析学的理論や学習理論の道徳発達観について「個人の道徳性を心理的にある種の強制（compulsion）を受けたものととらえている」と批判している。道徳発達における環境との能動的な相互作用を重視する認知的発達理論の立場から，道徳発達を両親との同一視の過程（精神分析学的理論）や罰と報酬などの社会的強化の随伴性（学習理論）を通した社会規範の受動的内面化ととらえる両理論を批判している。

その一方で，チュリエル（Turiel, 1983, 2006）は，認知的発達理論を批判的に展開して社会的領域理論を提唱した。従来の認知的発達理論においてピアジェやコールバーグが道徳発達を「他律」から「自律」への一元的な変化ととらえたのに対して，チュリエルは発達初期から多元的であると主張した（首藤・二宮，2003）。すなわち，「正義や権利などの道徳的概念は児童期後期あるいは青年期まで構成されず，幼い子どもたちは権威志向的に慣習を厳守する段階にある」というこれまでの道徳発達観に代わって，「幼い子どもでも道徳と慣習

を区別しており，状況に応じた多元的な判断と行動（権威に従ったり，自己決定したり）ができる」とする新たな道徳発達観を提示した（Helwig & Turiel, 2002；首藤・二宮，2003）。

### (5) 道徳発達観の変遷と幼保小の相違

　こうした理論の変遷と対応するように，学習指導要領等における道徳性の発達に関する記述も変化してきた。たとえば，平成元年の『小学校指導書（道徳編）』（文部省，1989）は，「道徳性の発達と道徳教育」のなかで，低学年児童の道徳的判断を「大人の言うことや規則にさえ合っていればよい行動であるという，ごく形式的な判断しかできないのが普通である」と解説していた。これに対して，現行の『小学校学習指導要領解説道徳編』（文部科学省，2008）では，「教師や保護者の影響を受ける部分が大きいものの，行ってよいことと悪いことについての理解ができるようになる」と解説している。さらに，入学当初の児童について，平成元年には「幼児期の自己中心性がまだかなり残っているため，他人の立場を認めたり，理解したり，他人の人格を尊重することは困難である」と解説していたが，現行では「幼児期の自己中心性はかなり残っているが，他人の立場を認めたり，理解したりする能力も徐々に発達してくる」としており，幼児期における道徳的自律を認める方向に変化していることが見て取れる。

　他方，こうした道徳発達観についても，幼保小の間で相違が指摘されている。たとえば，越中（2014）は，幼児期の道徳発達のイメージに関する項目（越中・白石，2009）について，「幼稚園や保育所（園）の年長児（5歳児）のイメージにどの程度あてはまるか」を尋ね，公立小学校教諭，公立幼稚園・保育所・認定こども園の保育者および私立幼稚園教諭の3者間で比較を行っている。その結果，保育者は公立・私立ともに，小学校教諭に比して，年長児は「自分のことは自分ですることができる」「自分の気持ちを抑えて，我慢することができる」とイメージしていた。他方，小学校教諭は，保育者に比して，年長児は「やって良いことと悪いことの区別は難しい」「大人が正しいと言えば何でも正しいと判断する」とイメージしていた。子どもの発達のとらえ方を共有していくこともまた，幼保小連携の課題であるといえるかもしれない。

## 3. 幼児教育・保育と道徳
### (1) 保育本来の遊びと道徳発達
　松井（2013）は，保育の中心活動は「遊び」であるとしつつ，保育本来の遊びを，「①遊び自体を目的とした実践→②教師は子どもの遊びを支える→③子どもが楽しんで遊び込む→④結果的に，諸発達が促される」という循環としてとらえている。たとえば，幼稚園教育要領に，「幼児の自発的な活動としての遊びは，心身の調和のとれた発達の基礎を培う重要な学習である」とあるように，遊びの教育的意義は大きい。しかし，効用を求めて強制される活動を遊びと呼ぶことはできないように，効用はあくまで遊びに付随するものである（越中，2013）。森（1996）が指摘したように，遊びの本質は，自由で，自発的で，自己目的的（遊ぶこと自体を目的とした）であるところにある。
　また，無藤（2013）は，幼児期に育てるものとして，まず「感情の育ち」（養護，生命の保持と情緒の安定）をあげ，次いで「学びに向かう力」（自己調整力），さらには「学びの芽生え」（5領域の保育内容，友だちや先生の気持ちに気づくことなどを含む）をあげている。安心感のあるなかで，遊びや活動に集中・没頭できることが，道徳性や規範意識を含めた学びの芽生えの基礎となるといえる。

### (2) 拙速な幼保小連携がもたらしうる弊害
　他方，松井（2013）は，「特別支援教育の影響によって，保育の根幹が揺らいだ」と警鐘を鳴らしている。拙速な特別支援教育の拡大によって，障害特性論（子どもの障害に行動の要因を見る）による子ども理解や遊びを障害特性改善の手段とみなす考え方が蔓延し，本来のどの子にもうれしい保育実践がかえって難しくなったと指摘している。松井（2013）は，障害特性論に基づく遊びを，「①特定領域の発達を促すことを目的とした実践→②教師が指導的になる→③子どもが遊び込むことができない→④発達が促されにくい」という循環としてとらえているが，この指摘は，幼保小の連携と道徳を考えるうえでも非常に示唆的である。
　たとえば，「うちのクラスのAちゃんは落着きがなくて，小学校に行ってから45分座っていられるかどうか……」と心配する保育者から，「普段の保育の

第 2 部　実践編

なかでも，とりあえず長時間座るような経験をさせたほうがよいでしょうか」などと相談を受けることがよくある。実際に小学1年生のクラスを訪れてみると，その多くでは，スタートカリキュラムをはじめとして，学習活動自体が楽しくなるようなさまざまな配慮のもと，児童の自主的・自発的な活動が展開されている。1年生になったAちゃんをいきなり，45分間ただ座らせておくということもないはずである。しかし，小学校の様子がわからない保育者にしてみれば，こうした不安を抱くのは当然のことなのかもしれない。

ただし，保育者が小学校への接続をこのような形で意識すると，障害特性論に基づく悪循環と同様の問題が生じることも懸念される。実際に，道徳性や規範意識を身につけさせようとするあまり，安心感や感情の育ち，自由や自発性，そして，遊びの楽しさそのものが損なわれてしまっている幼稚園・保育所のクラスを見ることがまれにある。たとえば，子どもどうしで楽しくドッジボールをしているのに，ズルをした子を先生が発見し，「当たったんだから外に出なさい」「当たってない」の押し問答がはじまって，遊びが立ち消えになってしまう。あるいは，楽しい絵本の時間のはずなのに，先生が姿勢の悪い子をいちいち注意するため話が進まず，他の子どもたちが退屈そうにしている。嘘をついてはいけないという道徳の問題や話の聞き方などの慣習の問題を先生が強く意識し，直接的に厳しく指導する結果，クラスに不穏な空気が流れる。

### (3) 幼児教育・保育と小学校教育の共通性

デヴリーズとザン（De Vries & Zan, 1994）は，幼稚園や保育所，学校などのクラスに広がっている社会・道徳的雰囲気について，「軍隊型」（従順さへの強い圧力），「工場型」（従順に課題をさせるための圧力），「コミュニティ型」（尊重，肯定的な態度と一体感）の3つに類型化している。実際に幼稚園や保育所を訪れると，残念ながらまさに軍隊のようなクラスを目にすることもある。

デヴリーズとザン（De Vries & Zan, 1994）やヌッチ（Nucci, 2006）は，道徳性を育むうえで大切なこととして，①大人の養育からくる感情的温かさ（信頼感），②話し合いと省察，③子どもたちが学校や園のルールを評価・修正することの3点をあげている。道徳教育についての考え方は多様であるが，子どもたちが温かい雰囲気のなかで，さまざまな問題について話し合い，クラスの

第5章 モラルの教育―発達年齢に応じたモラルの教育にはどのようなものがあるか

ルールづくりに主体的にかかわることを可能とするクラスづくりは，幼保小を問わず，教師・保育者に共通して求められる役割であると考えられる。

本章では，幼保小連携と道徳に関して，おもに幼稚園・保育所と小学校の違いに焦点を当てて論じた。他方，幼稚園・保育所においても，小学校においても，子どもの道徳的自律の発達をもたらす実践には上記のような共通性があると考えられる。こうした差異と共通性について，保育者と教師が互いの実践を理解しつつ，自然に，自由に語り合えることが，道徳に関する幼保小連携の第一歩となるのではないだろうか。湯川（2003）は，保育指導において最も大切なこととして，保育者が自らの価値観を絶えず問うことの重要性を指摘しているが，このことは道徳と保育・教育について考えるうえでもきわめて重要であろう。

## 2節　実践 道徳学習指導案―小学校低学年

> 主題名　「物を大切にするこころ」
> 内容項目1－（1）基本的な生活習慣
> ねらいと資料
> 　　　ねらい：物を大切に扱おうとする心情を育てる。
> 　　　資　料：大きなふるどけい（松本紀子編『音楽の森』・歌集）

### 1. 主題設定の理由
#### （1）ねらいとする価値

道徳的行為が本来他者からの指示・命令によってする行為ではなく，自分を取り巻く状況のなかの諸問題を最適に解決する主体的行為である限りで，その行為は意志の自律を前提とする。その意志の自律は，子どもを自らの理想に向かって真理，真実へと導き，子どもの自己を形成していくこととなる。

小学校低学年は，両親や教師の保護のもとで，他律的な生活態度から自律的な生活態度への移行の準備に向けて，その一歩を踏み出す段階である。この段階の児童には，理屈や理論によって，節度ある生活をするようにと説くよりは，

節度ある生活は大切であり，感性的に気持ちのよいものであることを伝えることが肝要であるといえる。

　節度ある生活態度は，人間らしい生活をするために身につけなければならない最も基本的な生活習慣態度である。その自主的な生活態度形成において，物を大切にするとは，たとえば，物を壊さないように扱うことや最後まで使うこと，紛失しないように注意すること，物の価値についてしっかりと認識することである。また，物を粗末に扱うなどのわがままをしないようにし，身の回りを整理・整頓して生活することが気持ちよい生活につながることに気づかせ，それに向かって努力することが必要である。

　音楽科「大きなふるどけい」は，物に対する意識や愛着心を感性に訴え，感動を覚えさせるものである。また，音楽科で学習した歌集としても児童が親しみをもつ歌であり，教科との関連を図ることを通して，総合単元的な道徳学習につなげられる素材でもある。そこで，この「大きなふるどけい」を素材として，古時計とおじいさんの関係性を考えることにより，物に対する意識を涵養し，自分の物について愛着をもって大切にできる心情を育むようにしたい。

## (2) 児童の実態

　低学年期の子どもの発達といえば，未分化であり，自己中心的な世界観が主張され，言語によるコミュニケーションが不十分であり，周囲への気配りができず，継続することがなかなか困難であるなど，生活上いろいろと指導的な課題がある。そのような学級では，落とし主がわからない鉛筆や消しゴムなどがみられる。自分の物がなくなったことに気づかない子どもや，なくなっても探そうとしない子どもたちが多くなってきている。

　一方，物事の本質を直感（直観）でとらえ，物事を純粋・素直に受けとめることなど，この発達期の特徴もあげることができる。特に，低学年（1年生）の子どもは，まだまだアニミズム的な思考から脱却せず，自分以外のものに無限の思いやりをかける子どもの実態もある。「鉛筆さんや消しゴムさんが泣いているよ」とか，「アサガオさんが喉がかわいたと言っていたよ」というような言葉がけに敏感に反応し，素直に反省したり，自分の行動を改めようとしたりする。

第5章 モラルの教育―発達年齢に応じたモラルの教育にはどのようなものがあるか

＜1年　どうとく＞

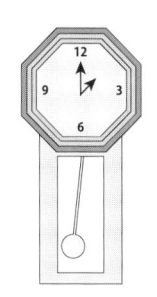

なまえ＿＿＿＿＿＿＿＿＿＿＿＿＿＿＿

## 大きなふるどけい（Grandfather's clock）

さっきょく：ヘンリー・クレイ・ワーク
（Henry Clay Work, 1832〜1884）

♫ おおきな　のっぽの　ふるどけい
おじいさんの　とけい
ひゃくねん　いつも　うごいていた
ごじまんの　とけいさ
おじいさんの　うまれた　あさに
かってきた　とけいさ
いまは　もううごかない　そのとけい

ひゃくねん　やすまずに
チク　タク　チク　タク
おじいさんと　いっしょに
チク　タク　チク　タク
いまは　もううごかない　そのとけい

なんでも　しっている　ふるどけい
おじいさんの　とけい
きれいな　はなよめ　やってきた
そのひも　うごいてた
うれしいことも　かなしいことも
みなしっている　とけいさ

いまは　もううごかない　そのとけい
うれしいことも　かなしいことも
みなしっている　とけいさ
いまは　もううごかない　そのとけい

まよなかに　ベルがなった
おじいさんの　とけい
おわかれのときが　きたのを
みなに　おしえたのさ
てんごくへのぼる　おじいさん
とけいとも　おわかれ
いまは　もううごかない　そのとけい

ひゃくねん　やすまずに
チク　タク　チク　タク
おじいさんと　いっしょに
チク　タク　チク　タク
いまは　もううごかない　そのとけい
いはは　もうっごかない　そのとけい

☆かんがえよう

♪1．だれが，どんなきもちで，かってきたとけいでしょう。
♪2．おじいさんにとって，ふるどけいはどんなものでしょう。
♪3．ふるどけいにとって，おじいさんはどんなひとでしょう。
♪4．ふるどけいは，どうしてうごかなくなったのでしょう。

図5-1　授業の資料

第2部　実践編

　このような発達的特徴を持つ子どもたちにとって，本資料「大きなふるどけい」は，自分とのかかわりで物を大切にするとはどういうことかを素直に考えることができ，愛着を持って物を大切に扱うことの意義を見出してくれるものである。

## (3) 資料について

> 　百年もの間，ずっと動いていた大きなのっぽの時計は，おじいさんにとっても自慢の時計である。この古時計は，おじいさんが生まれた朝に誰かが喜びの気持ちで買ってきたものであり，おじいさんとともにずっと過ごし動いていた時計である。おじいさんの生い立ちとともに動き，うれしいときも，かなしいときも，そのおじいさんの気持ちや存在に寄り添って，ともに生の時を刻んできた時計である。おじいさんが天に召されたとき，おじいさんとのお別れにもしっかりと付き添い，そのお別れを見守り，おじいさんの一生をともにした時計である。そんな大きなのっぽの古時計も「いまはもううごかないそのとけい」になってしまった。

　音楽の学習の時間に歌い，学び親しんでいるこの歌詞を資料として扱う。この資料の道徳的問題としては，大きな古時計とおじいさんの気持ちを考えることで，子ども自身とのかかわりで，自分の身の回りの物を見つめ直し，物を粗末にせず，愛着を持って大切に扱っているかということである。大きな古時計が，おじいさんにとってどんな存在であり，古時計とおじいさんとの睦まじいかかわりを理解することから，自分の物を大切にしようとする心情を育てていく。また，おじいさんとともに在り，生をともにした古時計が動かなくなったことを考えることで，子どもたちの発達的特徴としての優しさ・思いやりを引き出し，アニミズム的思考で物に対する意識，気持ちを涵養し，物を扱う者としての心地よさと執着心に気づかせていきたい。

## 2. 本時の展開

### (1) ねらい

　古時計とおじいさんの関係性を考えることにより，物に対する意識を涵養し，自分の物について愛着を持って大切にできる心情を育む。

第5章　モラルの教育―発達年齢に応じたモラルの教育にはどのようなものがあるか

## (2) 展開

| 過程 | 学習活動<br>（おもな発問と予想される子どもの反応） | 教師の指導上の工夫 |
|---|---|---|
| 導入 | 1. 自分の物で大切にしている物は何か，発表し合う。<br>・DS，ソフト（ゲーム）<br>・サッカーボール<br>・学習道具　…… | ○買ってもらったもの，誕生日プレゼントなど，自由に発言させる。 |
| 展開前段 | 2. 資料「おおきなふるどけい」を聴き，歌詞に注目し，ふるどけいの気持ちになって話し合う。<br>①だれが，どんな気持ちで買ってきた時計なのでしょうか。<br>・おじいさんのお父さんが，おじいさんの誕生を喜び，記念に買ってきた時計。<br>・親戚や家族の親類が，おじいさんの誕生をともに喜び合うために買ってきた時計。<br>・だれが買ってきたかわからないが，一緒に喜びたいし，おじいさんが無事に生まれてきてよかったという気持ちをプレゼントにした。<br>・ともに幸せな気持ちを表したかった。<br>②おじいさんにとって，古時計はどんなものでしょうか。<br>・家族，きょうだいみたいなもの。<br>・生まれたときから，いつも一緒にいるもの。<br>・自分と同じようなもの。（生きているもの。）<br>・かけがえのないもの。<br>・自分とのかかわりが強いもの。<br>③古時計にとって，おじいさんはどんなものでしょうか。<br>・家族，きょうだいみたいなもの。<br>・生まれたときから，いつも一緒にいるもの。<br>・自分と同じようなもの。（生きているもの。）<br>・かけがえのないもの。<br>・見守ってあげなければならない人。<br>・ともに時を刻んできた，一心同体なもの。<br>④古時計は，どうして動かなくなったのでしょうか。<br>・おじいさんが天国にいってしまい，さびしくて止まってしまった。（ショックのあまり）<br>・かなしくて，自分（古時計自身）もおじいさんを追いかけていった。<br>・別れたくなくて，自分も天国についていった。<br>・おじいさんとの別れがつらく，ずっと一緒にいたおじいさんとは別れたくなく，おじいさんを追い求めていった。 | ○ねらいとする道徳的価値への方向づけを行う。<br>○「おおきなふるどけい」を聴き・歌い，歌詞に注目させる。<br>○ワークシートを配付する。<br>○おじいさんの誕生を喜ぶために買ってきたことを，自由に発言させる。<br><br>○古時計を大切にするおじいさんの気持ちに共感する。<br><br><br><br>○おじいさんを大切に思う古時計の気持ちに共感する。<br>○擬人化された古時計の気持ちを考えさせることを通して，おじいさんを大切にする気持ちに共感する。<br><br>○両者相互の関係を強く意識する。<br>○古時計の立場で，おじいさんを思う気持ちを考える。 |

157

| | | |
|---|---|---|
| 展開後段 | 3. 自分の物の扱いをふり返り,「物を大切にすること」について話し合う。<br>・買ってもらった時の気持ちをずっと持ち続ける。(物との出会い)<br>・物の扱い方,物にも気持ちを持ってかかわることが大事である。<br>・物の持ち主として,最後まで大切に物を扱う気持ちを持つ。<br>・身近な物として,愛用している自分も落ち着く物である。(「これでなくちゃいけない!」) | ○自分の身の回りの物で,喜んでいる物や泣いている物を具体的に考え,その原因について話し合う。<br>○話し合いを通して,物を大切にすることについての考えを深め,これからの生活について課題を持てるようにしていく。 |
| 終末 | 4. 教師の説話を聞く。 | ○1つの物を長い間,最後まで使った物,使っている物を提示し(話し),物を大切にすることのよさを感じさせる。<br>○「大きな古時計」が,本当に動かなくなった理由を知る。 |

(3) 評価

　古時計やおじいさんの関係性に共感し,物を大切に扱ったときのよさや,不適切な扱いをしたときの後味の悪さなどを,自分とのかかわりで考えさせて,物を大切にしようとする心情を深めることができたか。

# 3節　実践 道徳学習指導案—小学校中学年

主題名　「相手の気持ちを考える心」
内容項目2-(2) 思いやり・親切
ねらいと資料
　　　ねらい:信頼関係のあり方を考え,相手を思いやり,相手の立場・
　　　　　　状況(時・場)をよく理解していこうとする態度を培う。
　　　資　料:絵はがきと切手(『みんなのどうとく3年』学研)

第5章 モラルの教育―発達年齢に応じたモラルの教育にはどのようなものがあるか

## 1. 主題設定の理由
### (1) ねらいとする価値
　人間は社会的関係のなかで多数の人々に支えられ，相互に協力し合って生活している。しかし，その人間関係が抽象的であり，自分一人で生きているかのごとく錯覚しがちである。こうした錯覚を是正する認識こそが人間を尊重して思いやる気持ちの基盤を形成し，「社会」を成立させる人間的認識の土台である。さらに，それは個人と社会を結節し，社会的正義や社会的連帯や差別と偏見の克服の視点を開いていく道徳的基盤でもある。

　「思いやり」の内容項目は「身近な人に対して親切にする」段階から，「相手のことを思いやり，進んで親切にする」段階へ，さらに「誰に対しても思いやりの心をもって，相手の立場に立って親切にする」段階へ，中学校では「人間愛の精神」が求められる段階へと高まっていく。他者への共感的理解だけではなく，葛藤も伴う批判的な評価も含め，これまで，子どもたちが抱いていた「思いやり」の価値観に揺さぶりをかける。そのことによって，相手を思いやりながら正しいと思うことを正直に言動化する態度を養い，より高次の価値観に気づかせていきたい。

　そこで，子どもたちが友だちの気持ちを思いやりながら，資料「絵はがきと切手」を読み，切手代が足りないことを知らせたほうがよいかどうか迷っているひろ子の気持ちを考え，実際に正子に宛てた手紙を書くことを通して，互いに信頼し合える関係を深めていこうとする心情を育むようにしたい。

### (2) 児童の実態
　3年生になると，温かい心で人に接しようと，親切にすることへの気持ちのよさ，大切さを感じられるようになり，子ども自ら「思いやり」の気持ちを表現できるようになってきたと気づかされる。まだまだ成長・発展途上ではあるが，仲間との人間関係も良好となり，ますます深め合うことができるようにもなってくる。その反面，相手の気持ちを気にするばかりで，自分の正直な気持ち・本音を言えなくなることも多くなる。また，相手の非を厳しく注意し追及してしまい，自分の非については相手の寛容的な態度を要求するために，衝突（ケンカ）も起こりやすくなる。

159

第2部　実践編

　しかし，自他をよく理解することが深まれば，互いの間に信頼関係が生まれるはずである。そのためには，相手をよく知り，相手の立場や気持ちをよく理解しながら，自己を推し量っていく心がけが必要である。思いやりの心を持って他者とのよりよいかかわりを構築していくこの時期の子どもたちにとって，本資料「絵はがきと切手」の学習は，学校生活における人間関係や交友関係を考えることができ，自他相互に理解し合うことの大切さを感じとらせていくものとなる。

(3) 資料について

> 　ひろ子が転校していった仲良しの正子から絵はがきを受け取る。ひろ子ははじめ喜ぶが，その絵はがきが定型外郵便物で70円の料金不足であることを知る。ひろ子がすぐ返事を書こうとしたが，正子に料金不足のことを知らせるべきかどうか迷う。お母さんに聞くと，「お礼だけ書いたほうがいいかもしれないね」と言う。兄に聞くと，「ちゃんと言ってあげたほうがいいよ」と言う。そこで，ひろ子は迷ってしまう。

　この道徳の学習において，「思いやりをもつこと」「親切にすること」の大切さに関する指導は，主として「相手の立場をよく考えて行動しようとする」心情を育むことに主眼がおかれる。しかしそこでは「どうすれば思いやりを伝えられるか」「どうすれば相手の気持ちを害さずにこちらの主張を伝えられるのか」という問題・課題が残る。この資料による学習においても，子どもは主人公ひろ子に自分の気持ちを委ね感情移入し，料金不足70円の絵はがきを送ってきた正子に対しては感謝しているものの，このままではまた「正子さんは，ほかの人にも，この大きすぎる絵はがきを50円で送るかもしれない」と考え，「正子さん，きっとわかってくれる」と思って手紙を書き始めたことは理解できるかもしれない。しかし，本当にそのような手紙を書くことができるかどうかは考慮しなければならない。

　そこで，子どもがひろ子の迷いを受けとめることができたとするならば，実際，ひろ子の立場で手紙を書き，そのような手紙を書くことが自分にできるのか。資料が明らかにしていない手紙に綴る気持ちや内容を，子どもはひろ子に成り代わり，「正子さん，きっとわかってくれる」と思いながら，結局どのよ

うな手紙を書いたのかを明らかにしたい。実際に正子に宛てた手紙を書いてみて、それを読み聞き合って、自分がそのような手紙を受け取ったら相手にどんな気持ちが伝わってくるのかを発表し合いながら、その「思いやり」の心を感じ取らせたい。

## 2. 本時の展開

### (1) ねらい

　資料「絵はがきと切手」を読み、切手代が足りないことを知らせたほうがよいかどうか迷っているひろ子の気持ちを考え、実際に正子に宛てた手紙を書くことを通して、互いに信頼し合える関係を深めていこうとする心情を育てる。

### (2) 展開

| 過程 | 学習活動<br>（おもな発問と予想される子どもの反応） | 教師の指導上の工夫 |
|---|---|---|
| 導入 | 1. 日頃の友だち関係についてふり返る。<br>①「仲間」「信頼」という言葉からどのようなことをイメージしますか。<br>・やさしい、楽しい、あたたかい<br>・趣味、関心事が同じ<br>・同じ気持ちが持てる（共感できる）<br>・わかり合える　など<br>②友だちとのかかわりは良好ですか。<br>・よい　・ギクシャク　・対立　・戸惑い | ○言葉のもつニュアンス、辞書に書いてある意味から、いろいろな感じ方、イメージができるようにする。<br><br>○多数決で友だち関係を把握・確認する。 |
| 展開前段 | 2. 資料「絵はがきと切手」を読んで話し合う。<br>①正子さんからの絵はがきを読んで、ひろ子さんが喜ぶ気持ちについて発表し合う。<br>・正子にまた会いたい<br>・元気な正子さんで何より、安心した<br>・ずっと仲良しの正子　・美しいたてしな高原<br>・ぜひ夏休みには泊まりに行きたい<br>②「料金不足70円」（郵送料120円）を教えるべきかどうか、ひろ子さんの持つ「迷い」の気持ちについて考える。<br>・お礼だけを書いたほうがよい（母）<br>・友だちなら、教えてあげたほうがよい（兄）<br>・正子さんが嫌な気持ちになり、嫌われたらどうしよう（ひろ子） | ○正子のことを懐かしく思い、喜ぶひろ子の気持ちをおさえる。<br><br><br><br><br>○絵はがき（定形・定形外：料金体系）を提示する。<br>○兄、母二人の考えの違いを明確にし、判断に「迷い」葛藤するひろ子の気持ちを整理する。 |

161

第 2 部　実践編

| | | |
|---|---|---|
| | ③「料金不足 70 円」（郵送料 120 円）を教えてあげようと決断したひろ子さんの立場になり，正子さん宛てに手紙を書く。<br>・絵はがきをもらってうれしかったお礼<br>・いつでも正子さんを思い，会いたい気持ち<br>・「料金不足 70 円」（郵送料 120 円）をどのように伝えればいいのか，手紙を受け取る正子さんの反応を考えて書く | ○価値判断に迫りつつ，相手を意識した手紙をどのように書くのかを考えさせる。<br>○便せん（ワークシート〈図 5-2〉）を配付する。 |
| 展開後段 | 3. 書いた手紙を読み聞き合い，受け取った側において相手のどんな気持ちが伝わってくるのか，感じたことを発表する。 | ○「料金不足 70 円」（郵送料 120 円）を伝える方に気持ちを向けさせる。（聞く立場） |
| 終末 | 4.「仲間」「信頼」とはどのようなかかわりを持つべきなのかを考える。 | ○相手の気持ちを考えることや，信頼し合うことから相互のかかわりを深めることを押さえる。 |

## (3) 評価

ひろ子の立場になり信頼関係のあり方を考え，相手を思いやり，相手の立場・状況をよく理解していこうとする意識を高めることができたか。

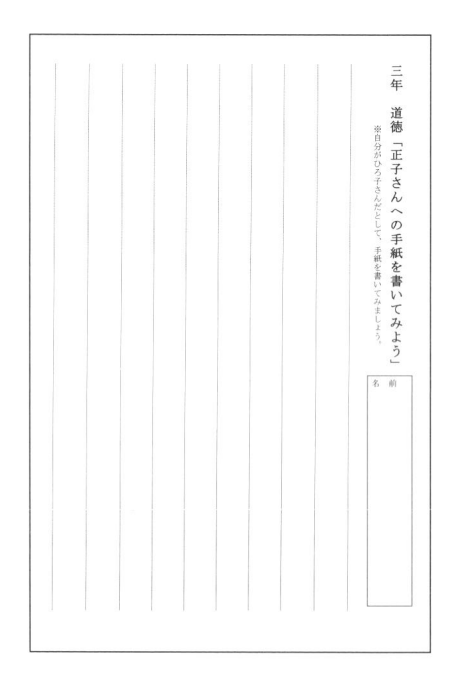

図 5-2　正子さんへの手紙ワークシート

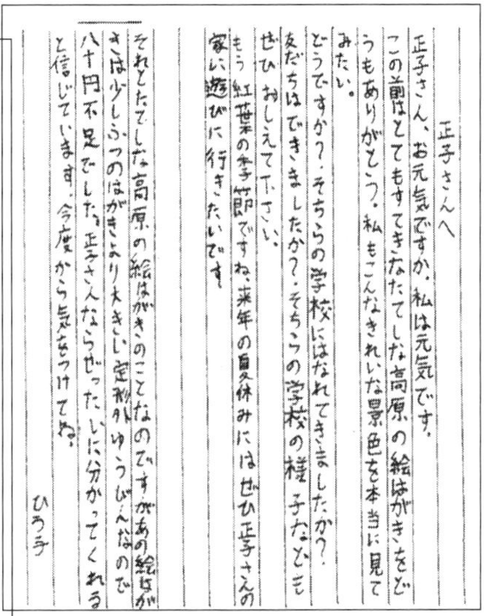

第5章 モラルの教育―発達年齢に応じたモラルの教育にはどのようなものがあるか

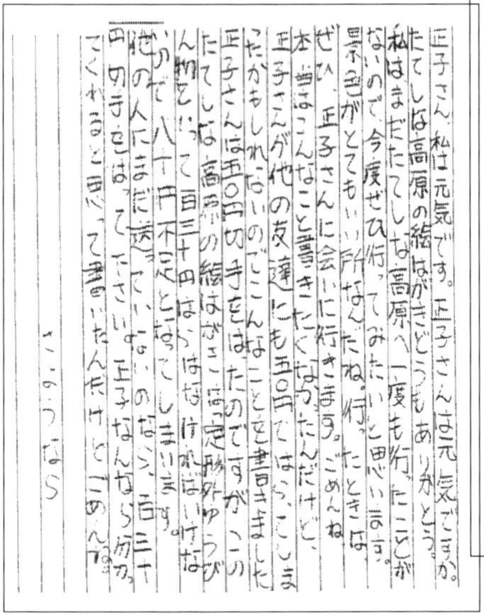

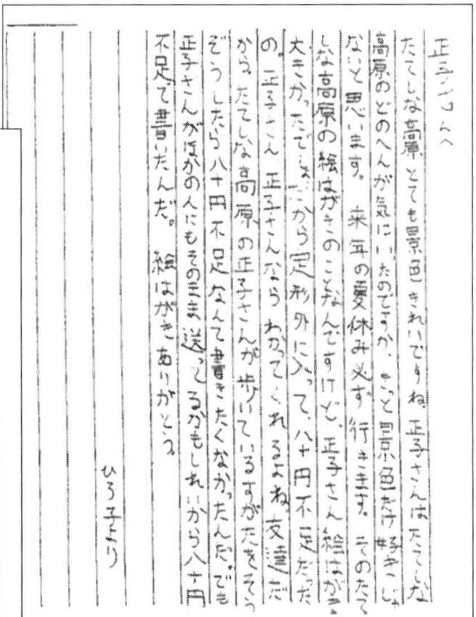

図5-3 正子さんへの手紙例

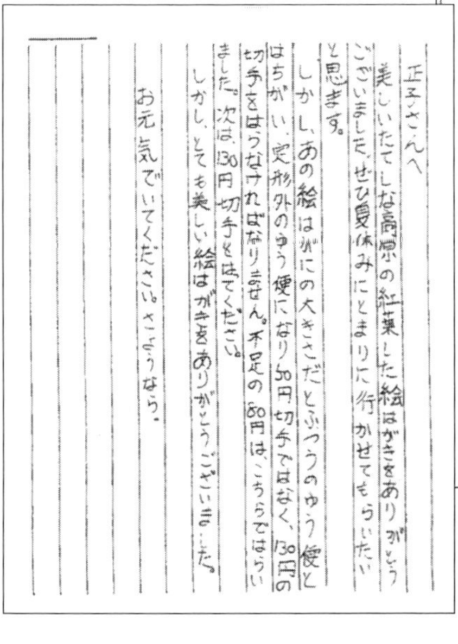

第2部　実践編

# 4節　実践 道徳学習指導案―小学校高学年

> 主題名　「自由・自律ある心」
> 内容項目1－(3) 自由・自律
> ねらいと資料
> 　　ねらい：自由には責任がともなうことに気づき，自律的で責任ある
> 　　　　　　行動をしようとする心情を育てる。
> 　　資　料：わたしの携帯電話（『小五教育技術』増刊）

## 1. 主題設定の理由

### (1) ねらいとする価値

　「自由・自律」の精神は「自己の責任」と結びつけられ，自分の責任で判断することが求められる。世間・他者の目を意識することが，人間の内なる善的決断の契機となること，人間の葛藤が他律的意識と自律的意識との狭間で起こり，それが他者を媒介として自律的に決断される。自由・自律が人間の弱さやそれを克服する強い意志，あるいは生きる希望によって表出されるという側面を提示するとともに，また人間は他者からの温かい言葉やまなざし，庇護感によって自由・自律を重んじ生きることができる存在であることを示している。

　情報化社会・時代の急速な進展において，このような人間個人の「自由・自律」の問題が顕在化している。多機能携帯電話やインターネット，タブレット型コンピュータ等の普及により，情報の収集や表現・発信等が容易になり，日常生活が大変便利なものである一方で，安易に人を傷つけたり犯罪に巻き込んだりする危険性・事件も増加している。

　そこで，本資料では，携帯電話を使うという自由には，責任が伴うことを考えさせたい。友だちに流されず，自らの意志で学んだり判断したりする力を身につけなければならないという心構えを持つことの必要性に迫りたい。

### (2) 児童の実態

　小学校高学年になると，家庭での習い事や塾通いはもとより，学校の登下校

第5章　モラルの教育—発達年齢に応じたモラルの教育にはどのようなものがあるか

の防犯上の安全対策（学校の許可）に配慮し，個人で携帯電話を持参する児童も少なくない。そして，ゲーム機や音楽再生プレーヤーで通信するなど，子どもが大人の目の届かない遊びのなかで携帯電話の多機能を，気軽に楽しむ環境になっていることから，知らず知らずのうちに有害サイトへのアクセス，違法ダウンロード等に至ってしまうケースもみられる。このように，子どもが被害者になることもそうであるが，逆に加害者になったりすることも懸念される。したがって，情報モラルについてはさまざまな機会を設けて早い時期に学習させたい。

　情報モラルへの意識を高めるためにも，本学習では，自由のよさや難しさを考えさせることを中心に，個人の「自主・自律」について学びたい。

## (3) 資料について

　　転校してきたゆかは，初めてできた友だち三人と遊ぶこととなった。その三人の友だちは，全員が携帯電話を持っており，遊ぶ要因が携帯電話であり，自分の携帯電話を所持していたことが共通の遊ぶ話題・関心事であった。携帯電話を持っていなかったゆかに，その三人は親から携帯電話を買ってもらうように投げかけ，ますます友だちとの親密さ（遊ぶ約束メール，おそろいのシールで携帯を飾る）が深まることを提案した。ゆかは，毎日両親に携帯電話を買って欲しいと頼み，自分だけが携帯電話を持たず，友だちの話についていけないとなげく。お父さん，お母さんも携帯電話のトラブル・怖さを懸念し許そうとしなかったが，ゆかの懸命な説得（わからないときの相談，心配することはしない，使用上の約束を守ること）を受け入れ，ゆかに携帯電話を買ってあげた。メールで遊ぶことを約束したゆかは，友だち三人が音楽をダウンロードしたり，無料ゲームをしたりするなかで，いつの間にか親との約束を破り，友だちに流され，あるアドレス（応募「音楽ギフト券が当たる」）に無断でメールを送信した。その送信したメールをきっかけに迷惑メールが届き，ゆかは親との約束を破ってしまったことを話し，携帯電話の誤った扱いの怖さを知るとともに深く反省することとなった。

参考：文化庁HP「違法ダウンロード刑事罰化についてのQ＆A」「違法ダウンロードが刑事の対象となることについて知っておきたいこと（子ども用）」

　情報化の影の部分が深刻な社会問題になっている。本資料は，子どもの発達の段階や特性等を考慮し，子どもたちを取り囲む日常の身近な問題として話題

第2部　実践編

を提供している。学校教育としても適宜，情報モラルを高める指導を行うことが求められるが，道徳の時間においては，その特性を生かしながら関連する価値内容として，ここでは「携帯電話を使うという自由」を提示する。主人公ゆかや友だちのように携帯電話の使用においては，遊び道具のように安易な考えで使おうとすることではなく，責任が伴うことを考えさせたい。また，友だちに流されず，自らの意志で学んだり判断したりする力を身につけなければならないという心構えをもつことの大切さをおさえたい。

## 2. 本時の展開

### (1) ねらい

　自由には責任が伴うことに気づき，自律的で責任ある行動をしようとする心情を育てる。

### (2) 展開

| 過程 | 学習活動<br>（おもな発問と予想される子どもの反応） | 教師の指導上の工夫 |
|---|---|---|
| 導入 | 1. 日常の携帯電話の扱いについて，実態調査（アンケート）をとる。<br>・携帯電話を持っているか<br>・所持理由（いつから，きっかけ）<br>・携帯電話でどんなことができるか<br>・どんなことをしたことがあるか | ○身近なテーマであることに気づかせ，子どもたちの資料への関心を高める。<br>○事前に学級・学年の実態に合わせて項目を考え，携帯電話に関するアンケートをとる。<br>○実態を共有させる。 |
| 展開前段 | 2. 資料「わたしの携帯電話」を読んで話し合う。<br>①ゆかは，どんな思いで毎日，両親に携帯電話を買ってと頼み続けたのでしょうか。<br>・せっかくできた友だちの話についていけなかったらどうしよう。<br>・ほかの家の親はわかってくれるのに（優しい）。<br>・危ないことは絶対しないから，私を信じて。<br>②少し大人になったような気がしているゆかは，どんな気持ちだったでしょうか。<br>・携帯は楽しいことばかり。<br>・友だちともずっと仲良しでいられる（よかった）。<br>・これからももっといろいろ遊びたい。 | ○資料を範読する。<br>○ゆかの気持ちを話し合うことを通して，ゆかが携帯電話を欲しがる気持ちを考えさせる。<br>○携帯電話で遊んで，気持ちが大きくなっているゆかに気づかせる。<br>○安易な考えで携帯電話を使っている友だち，ゆかに気づかせる。 |

| | | |
|---|---|---|
| | ③「じっと画面を見つめている」ゆかは，何を思っていたのでしょうか。<br>・どうしたらいいのだろう。<br>・お父さん，お母さんと約束したときの気持ちをすっかりと忘れていた。<br>・携帯電話を持つという自覚が足りなかった。<br>・きちんと携帯電話の扱いを学んで使えばよかった。 | ○友だちに流されて自分の判断ができなかったゆかの弱さ，自分のしたことへの後悔・反省を考えさせる。 |
| 展開後段 | 3. 今までの自分をふり返る。<br>・今までに自由の大切さを感じたことはありますか。 | ○自由のよさとともに，自由を行使することの難しさを考えさせる。 |
| 終末 | 4. 学習の感想を書く。 | ○情報モラルについてもふれるようにうながす。 |

### (3) 評価

ゆかの立場になり自由の大切さ考え，自由には責任がともなうことに気づき，自律的で責任ある行動をしようとする心情を持つことができたか。

# 5節　実践 道徳学習指導案―中学校（キャリア教育とのかかわり）

> 主題名　「勤労の尊さ」
> 内容項目4－(5) 勤労・奉仕・公共の福祉
> ねらいと資料
> 　　ねらい：勤労の尊さや意義を理解し，自ら進んでそれを実践しようとする態度を育てる。
> 　　資　料：あめ細工職人―吉原孝洋（『中学校道徳自作資料集―生徒が思わず語り合いたくなる24の話』　明治図書出版）

## 1. 主題設定の理由

### (1) ねらいとする価値について

　勤労は，人間生活を成立させる基本的な要件であり，一人ひとりがその尊さやその意義を理解し，公共の福祉と社会生活の発展・向上に貢献することが

求められている。勤労や奉仕を通して社会に貢献するということを自覚し，充実した生き方を追求し実現することが，一人ひとりの真の幸福につながっていくことにもなる。

中学生になり，自分の進路や職業について関心が高くなってくるこの時期に，勤労の尊さや意義について考えること，働くことについての理解を通して職業についての正しい考え方や公共の福祉に努めようとする態度を育てることは大切であると考え，本主題を設定した。

### (2) 生徒の実態について

中学生は，自分の目的を実現するためや，気の合った仲間と一緒にする仕事には意欲的に取り組むが，共同で行う仕事や集団での仕事などについてはこれを厭う傾向も少なくない。自分の進路や職業について関心が高くなってくるこの時期に，勤労の尊さや意義について考えさせたい。

### (3) 資料について

本資料は，現在では稀になったあめ細工職人の吉原孝洋さんについて書いた資料である。吉原さんは現在，日本ではじめてアトリエ付きのあめ細工の店舗をつくったということで，テレビや雑誌で注目されている人物である。日本の伝統文化であるあめ細工の職人であることや，あめ細工を作ることで人に喜んでもらえることに誇りをもって働いているが，実際に今の立場になるまでには苦労を重ねてきた。

現在，吉原さんは生きがいを感じて仕事に励み，充実した毎日を送っている。資料のなかで，吉原さんが仕事を通して「生きがい」を得られるまでにどういう過程を歩んできたのかということが内容の中心である。自らの目的を実現するために働くという面と，勤労を通して社会に貢献し，充実した生き方を実現している

**図 5-1 授業の様子**

第5章 モラルの教育―発達年齢に応じたモラルの教育にはどのようなものがあるか

吉原さんの姿を通して，勤労の尊さやなぜ吉原さんは生きがいを感じることができるのかということを考えさせたい。

## 2．本時の展開
### (1) ねらい
勤労の尊さを理解し，自ら進んでそれを実践しようとする態度を育てる。

### (2) 展開

| 過程 | 学習活動<br>○発問　◎中心発問 | 教師の指導上の留意点 |
|---|---|---|
| 導入 | ・仕事について考える。<br>　○仕事を選ぶときの大切にしたい条件はなんですか。<br>　・お給料。<br>　・自分のやりたいこと。<br>　・社会の役に立つこと。<br>　・テレビで見たことがある。<br>・あめ細工という仕事を知る。<br>　○あめ細工を知っていますか。 | ・事前にアンケートを実施し，結果を提示してもよい。<br>・あめ細工の写真や実物を用意する。 |
| 展開 | ・資料を読んで話し合う。<br>○吉原さんの技に見入ってしまった筆者はどんなことを思っただろう。<br>　・まるで魔法のようにあっという間に作ってしまう。すごい技だ。<br>○吉原さんはどういう気持ちであめ細工を作る仕事をしているのだろうか。<br>　・子どもの笑顔が見たいから，辛い仕事も頑張れる。<br>◎吉原さんはどういう気持ちでアトリエ付きのあめ細工の店を作ったのだろうか。あなたは将来仕事に就くにあたって，どのような気持ちを大切にしたいと思うか。<br>　・アトリエ付きなら，あめ細工を作るところを見てもらえて，喜ばれる。<br>　・自分も生きがいを感じられて皆に喜んでもらえる仕事に就きたい。 | ・あめ細工を実際に作っている映像を見せられると効果的である。<br>・吉原さんがあめ細工職人になるまでの道のりを整理してから考えさせるとよい。 |
| 終末 | ・教師の説話を聞く。<br>　・先生は教師の仕事に誇りを持っているんだ。 | ・教師の仕事についての思いを語る。 |

第 2 部　実践編

## (3) 評価
- 勤労の尊さや意義について理解することができたか。
- 自分とのかかわりで勤労の尊さや意義をとらえられたか。
- 勤労の尊さを重んじる生き方をもとに，自ら進んでそれを実践しようとする態度が培われたか。

● 授業記録 （中心発問を抜粋，番号は授業全体を通しての発言の回数順）

①中心発問
T10：吉原さんがどういう気持ちであめ細工を作る仕事をしているのか皆さんに考えてもらいました。子どもの喜ぶ顔が見たいからとか，自分の得意なあめ細工を見てもらいたいからなどいろいろな意見が出ました。さて，吉原さんは日本ではじめてアトリエ付きのあめ細工のお店を作ったということですが，吉原さんはどういう気持ちでアトリエ付きのあめ細工の店を作ったのでしょう。
C20：体験できるアトリエ付きということは，あめ細工を体験してもらって，あめ細工を次の世代に残していきたいという気持ちがあるのだと思います。
C21：お店があれば，いつでもあめ細工を作って販売できるので，仕事に集中できると思ったのではないかと思います。
T11：あめ細工を次の世代に残したい，仕事に集中したいという意見が出ました。他に，吉原さんはどんなことを考えたのだと思いますか。
C22：今まではお祭りや催し物の会場などで営業するのがスタイルだったと思うのですが，お店にすることによって，お客さんがいつでも買いにこられるように考えたんだと思います。
T12：なるほど。お店を作れば，お客さんにとってもお店に行けばあめ細工が買える状態になりますね。実は，先ほど皆さんに見せたあめ細工も吉原さんのあめ細工のお店に行って購入しました。作るところを見て買ってきました。お店を作ったことで，吉原さんの生活はどのように変わったでしょうね。
C23：売れないと，収入がないので厳しいと思いますが，お店があれば，お祭りやイベントなどがなくても仕事ができるので，前よりは生活が安定したのではないかと思います。
T13：たくさんの人があめ細工を買いに来ていました。吉原さんにお店の様子を聞いたところ，実際に売り上げは伸びているそうです。なんと，弟子もいるそうです。そして，吉原さんに続いてあめ細工のお店を作った人も出てきたそうです。あめ細工を作りながらそのあめ細工を売っている吉原さんは輝いて見えましたよ。

②自分とのかかわりで考える
T14：今までは吉原さんの気持ちになって考えてきました。吉原さんは最初からあめ細工職人をめざしていたわけではなかったんですよね。何をめざしていたんですか。
C24：イタリア料理人。

第5章　モラルの教育―発達年齢に応じたモラルの教育にはどのようなものがあるか

T15：そうですね。イタリア料理人をめざして一生懸命取り組んでいたわけです。でも，現実はあまくなかったんですね。あめ細工職人という生きがいを見つけるまでには紆余曲折ありました。あめ細工職人をやるにあたってイタリア料理人になるための修行は役立っていると言っていましたね。吉原さんの生き方を振り返って，いろいろ感じたことがあると思いますが，自分が将来仕事に就くにあたって大切にしたいことを考えて，ワークシートに書いてみましょう。

③**書く活動**

T16：では，どんなことを考えたのか教えてください。

C25：最初，仕事は収入がよければいいと思っていました。でも，吉原さんの話を読んで考えていくうちに，収入も大事だけれど，自分に合っているか，楽しいと思えるか，やりがいなどのことも大切だと思いました。自分が仕事を選ぶときに参考にしたいと思います。働くことについて，いろいろ考えさせられてよかったです。

C26：僕は好きなことが仕事になればいいなと思いました。楽な仕事はないとよく言われるけれど，この授業で，仕事が楽でないことがわかりました。好きで仕事をしていると，気がつくと仕事が楽しくなって，大変でも続けていこうと思えるようになるのかなと思いました。自分も好きで続けていける仕事に就けたらいいと思いました。

C27：私にとってはやりがいを大事にしたいと思いました。あめ細工は熱くて辛い仕事だけど，それを吉原さんは楽しいと思っている。楽な楽しさではなくて，「子どもに喜んでもらいたい」「日本の伝統を伝えていきたい」「これをきわめたい」みたいな楽しさだと思います。

C28：私も似たような意見なのですが，「自分に合っていて，楽しめる職業に就きたい」ということは前から考えていました。でも，今日，授業を受けて，その「楽しい」は，楽とか簡単とかじゃなくて，「大変だけど生きがいを感じられるような楽しい」なんだなぁと思いました。将来はその「楽しい」という気持ちを，仕事を通して感じたいと思いました。

T17：好きなことややりがいを大事にしたいという意見がありますが，全員がやりたい仕事に就けるわけではないと思います。そういうときはどう考えますか。

C29：好きなことが仕事になるのは難しいと思います。就いた仕事にやりがいを見つけていければいいけれど，そうじゃない場合もあると思います。その場合は，最初は嫌な仕事だと思ったとしても，そのなかに何かやりがいをみつけられたらいいなと思いました。

T18：嫌な仕事と思ったのに，どうやってやりがいを見つけるのかな。

C30：吉原さんが「人を喜ばせる仕事をすると自分にも喜びが返ってくるような気がするんです」と言っていました。たとえば，会社の人，周りの人が喜ぶような仕事をすれば，自分に返ってくると考えたり，お店だったら，お客様を喜ばせるにはどうすればいいのか考えたりすることで自分にも喜びが返ってきて，やりがいを感じるのではないかと思います。

T19：「好きなこと」や「やりがい」を大事にしたいという意見が多いのですが，それ以

*171*

第 2 部　実践編

　　　外の意見の人はいますか。
　C31：僕はやりたい仕事がまだ決まっていません。だから，仕事について考えたことはありませんでした。でも，吉原さんが子どもの頃，体育と美術が得意で，今の仕事に役立っていると知って驚きました。得意教科が自分の仕事に結びつくと思いませんでした。あと，吉原さんの言葉が心に残りました。「一生懸命やったことは必ず次のステップにつながる。だから，いろんなことにチャレンジしてほしい。必ず自分の将来や進む道についてのヒントが見つかります……。」この言葉が胸に響きました。今，やりたい仕事や将来の夢が見つからなくても，そのときできることを一生懸命やっていれば道がひらけるというメッセージは漠然とした将来への不安が消えていくような気がしました。将来仕事に就くにあたって大事にしたいことは，まだよくわからないけれど，今の自分にとっては目の前のことを一生懸命やっていくことをまず実行したいです。
　T20：みんな自分の将来について真剣に考えていますね。吉原さんがアトリエ付きのお店を作ったことに関して自分の将来の仕事と重ね合わせて考えた人はいますか。
　C32：はい。日本ではじめてアトリエ付きのお店を作ったというところがかっこいいと思いました。先生が吉原さんのお店を知ったのはインターネットだったと言っていました。ホームページで情報を発信してお客さんを集め，アトリエ付きのお店で日本の伝統を伝え，収入もアップして，すごいと思います。自分も得意分野を生かして，誰も成し遂げていないような仕事をして，成功したいと思います。
　T21：吉原さんの仕事に対する取り組みは素敵ですね。でも，吉原さんは仕事を始めてすぐに成功したわけではないんですよね。現実と向き合って，夢をかなえていったんですね。一つひとつ目の前のことに一生懸命取り組んで，今の仕事にたどり着いたのです。
　　　　私も教師という仕事にたどり着くまでに紆余曲折ありました。吉原さんと同じで，最初から教師になろうと思ったわけではありませんでした。目の前のことに一生懸命取り組み，自分のさまざまな経験から教師の仕事に就くことになりました。今は，仕事をしていて，生徒の皆さんの幸せを考えて仕事をするのが自分の生きがいになっています。
　＊授業時間内に全員の意見発表の時間はとれませんでしたが，クラス全員，一人ひとりがワークシートに「自分が将来仕事に就くにあたって大切にしたいこと」を前向きな言葉で書いていました。

## 3. 授業のポイント

　「中学校キャリア教育の手引き」（文部科学省，2011）によると，中央教育審議会はキャリア教育を「一人一人の社会的・職業的自立に向け，必要な基盤となる能力や態度を育てることを通して，キャリア発達を促す教育」と定義している。キャリア教育で育成すべき力とは，平成 23 年 1 月にとりまとめられた「今後の学校におけるキャリア教育・職業教育の在り方について（答申）」に示された「基礎的・汎用的能力」である。

第5章　モラルの教育―発達年齢に応じたモラルの教育にはどのようなものがあるか

「基礎的・汎用的能力」は,「人間関係形成・社会形成能力」「自己理解・自己管理能力」「課題対応能力」「キャリアプランニング能力」の4つの能力によって構成される。道徳の時間におけるキャリア教育にかかわる内容項目の1つとして考えられるのが内容項目4-(5)で,「勤労の尊さや意義を理解し,奉仕の精神をもって公共の福祉と社会の発展に努める」であり,勤労の意義を理解し,内面的な道徳的実践力を育成することが求められている。

特に,本事例においては,キャリア発達にかかわる4つの能力のなかで,「キャリアプランニング能力」を育成できると考える。「キャリアプランニング能力」は,「働くこと」の意義を理解し,自らが果たすべきさまざまな立場や役割との関連をふまえて「働くこと」を位置づけ,多様な生き方に関するさまざまな情報を適切に取捨選択・活用しながら,自ら主体的に判断してキャリアを形成していく力である。この能力は,社会人・職業人として生活していくために生涯にわたって必要となる能力である。具体的な要素としては,たとえば,学ぶこと・働くことの意義や役割の理解,多様性の理解,将来設計,選択,行動と改善等があげられる。

## 6節　ジャスト・コミュニティ・アプローチ

### 1. 子どもの参加と道徳教育

「今,普段の生活のなかでも自分の意見を持ち,その意見を言えるようにもなった。みんなも意見を言うことの楽しさに気づいてくれたら,超HAPPY!」

「みんなが納得する規則を作り決定するべきだと思う。大人などの一言で終わってもよいのか!?」

「私は,少し前まで,意見を言うことが怖いと思っていました。否定されるのが怖かったのです。でもこの子どもまちづくりクラブでは,誰のどんな意見も否定されることがなく,その意見のよいところをきちんと認め,足りない部分を補い合っています。まさに"みんなの意見が育つ場所"なのです。みんなのアイデアのよい部分が1つになっていくことで,アイデアはより深く,よいものへと変わっていきます。そして,それを外部に発信することは,今のまちによい影響を与えると思います。」

第 2 部　実践編

　以上の声は，セーブ・ザ・チルドレン・ジャパンが 2011 年 5 月より東北被災地で取り組む「Speaking Out From Tohoku 〜子どもの参加でより良いまちに！〜」に参加した子どもたちの声である（セーブ・ザ・チルドレン・ジャパン，2012，2013）。周知のように，子どもの参加は「子どもの権利条約」第 12 条で掲げられており，当条約は子どもに関するあらゆる事項において，子どもには自らの意思や意見を表明する権利があることを定めている。

　上述の取り組みは，被災地域に住む子どもたちが当該地域のまちづくりに参加していく比較的長期のプロジェクトであるが，では学校という組織に視線を移した場合，学校への子どもたちの参加は保障されているといえるであろうか。実際のところ，「指導」と「支援」が複雑に移り変わる学校という舞台において，子どもの権利，特に意見を表明するという参加の権利を子どもに認めることは，「わがまま」を助長するととらえられる傾向がある。たとえば産経新聞においては，「子どもの権利：甘やかさない教育が必要だ」と題する記事のなかで，「子どもの顔色を見るばかりで，厳しい指導ができないというようでは困る。（中略）わがままを正せない親や教師の教育こそ見直してもらいたい。だめなことはだめとしっかり教えたい」（産経新聞，2014 年 1 月 26 日）と主張されている。日本が子どもの権利条約を批准してすでに 20 年が経過したが，その理念とは裏腹に一般的には子どもの意見表明や参加について大人側の首肯しがたい状況があるといえる。

　しかしながら，学校へ子どもたちが参加することを通じて，子どもの道徳性発達と学校の雰囲気を道徳的なものに変えていくアプローチが存在する。それが本章で扱うコールバーグのジャスト・コミュニティ・アプローチ（Just Community Approach）である。ジャスト・コミュニティとは，端的に言えば，生徒と教師がともに平等な一票を持ったメンバーとして，学校運営や学校で生じるさまざまな問題に対して民主的に解決を図る活動を通じて，個人の道徳性発達や他者に対するケアや集団形成をねらう教育プログラムである。コールバーグの認知的発達理論についてはすでに第 1 章において論じられているのでここでは詳述は避けるが，彼はジレンマ資料に基づいた道徳討論によって子どもたちに認知的不均衡を生じさせることで，道徳性の発達をねらった。

　コールバーグは以下のように述べる。「道徳討論の授業には限界がある。そ

第5章　モラルの教育―発達年齢に応じたモラルの教育にはどのようなものがあるか

れは道徳的行為について焦点を当てていないからという理由ではなく，学校や子どもの『現実生活』（real life）との関係が制限されているからである。正義への教育は学校をより正義なものにしていく必要があり，学校がより正義の存在になっていくために生徒に積極的な役割を担えるようにうながしていく必要がある。（中略）究極的には道徳教育への完全なアプローチは，正義が生きている学校へすべての生徒が参加することを意味している」(Kohlberg, 1971)。つまり，ジレンマ討論によって個人の道徳性の発達をうながすというコールバーグの道徳心理学は，ジャスト・コミュニティによって道徳教育論に変化したといえよう。

　コールバーグが実践に直接かかわったジャスト・コミュニティについては，モッシャーによる著作（Mosher, 1980），およびパワーとヒギンズ（Higgins, A.）とコールバーグによる共著（Power et al., 1989）において，非常に詳しく論じられている。海外での実践，特にヨーロッパにおけるジャスト・コミュニティ実践については，リンドとアルトホフなどが論じている（Lind & Althof, 1992）。また荒木がジャスト・コミュニティで展開される対話とコミュニティ形成について論じている（荒木, 2013）。現在でも，アメリカ・ニューヨークのスカースデール・オルタナティブ・スクール（Scarsdale Alternative School）やドイツ，スイスなどで実践されている。

　本節では，ジャスト・コミュニティが誕生してきた背景，そこにおける教育目標や教育システムなどについて概観したうえで，ジャスト・コミュニティにおける対話と参加の概念について述べる。そして最終的に，教師はどのように参加をうながしていく存在となるのかについてもあわせて論じたい。

## 2. ジャスト・コミュニティ・アプローチとは―正義とケアのダイナミズム

　コールバーグによるジャスト・コミュニティは，1971年の女子刑務所での実践をベースに，1974年マサチューセッツ州ケンブリッジ高校内のクラスタースクール（Cluster School）で60人の生徒と6人の教師によって始められた（Kohlberg et al., 1974）。ジャスト・コミュニティとは，「『正義』(justice) と『コミュニティ』(community)との調和……すなわち個々の生徒の権利を保障

175

し，その道徳的成長をうながすとともに，強力な集団の影響力をも導入しようとする」(A. ヒギンズ，1987) ものである。パワーやヒギンズはジャスト・コミュニティの目的を「第1に，生徒の道徳性発達をうながすこと，第2に，学校の道徳的雰囲気を道徳的コミュニティへと変えていくこと」とまとめている (Power & Higgins-D'Alessandro, 2008)。

これはつまり，学校の組織構造そのものを正義に基づいた構造に変えることによって，個人の道徳性発達をめざすだけでなく，他者に対する共感的な態度や責任感，およびコミュニティにおける公共善 (common good) の確立をめざすものである。

当初コールバーグは，"democratic or just community" という用い方をしており，ライマーやパワーも「コールバーグの関心事は，正義を『生きたもの』(a living matter) にすることであった。彼の計画は，道徳的な事柄を論じ公正な社会へ到達するために，正義（つまり民主主義）の手続きを用いることを必要としている」(Reimer & Power, 1980) という表現をしている。

ここからわかるように，ジャスト・コミュニティの大きな特徴は，教師と生徒がそれぞれ一票を持つ直接参加型民主主義によってさまざまな事柄を話し合い，重要事項を決定するところにある。つまり教師と生徒は学校運営に関して平等な権利を持っており，教師－生徒間，生徒－生徒間の対話や議論によって学校における現実問題を解決するのである。この問題を解決していく過程において，生徒は正義に関する判断を発達させると同時に，他者に対する思いやりを深めていく。また，それと同時に道徳的な学校の土壌が形成されていくのである。

このように，ジャスト・コミュニティ・アプローチにおいて重要な概念となるのは，正義とケア，そしてコミュニティである。しかし，哲学的に正義とケアは統合できない概念である。正義が，公平さ平等さという観点から「いつどこにおいても」普遍化可能な倫理原則を導き出すのに対して，ケアは関係性を重視し，コミュニティのメンバーが共有すべき価値（共通善）によって統治されるコミュニティを理想とするからである。

つまり，正義が多様な人々の価値判断を調停し，合意を形成するという規範的原理であるのに対して，ケアは常に自己と具体的な他者とのかかわり合いと

いう関係性における価値判断に重点を置く。逆に言えば，正義は具体的な人間関係における価値判断，つまりはその人にとっての「よさ」については言及しないし，またケアは複数の判断が矛盾するときに，それらを調停するような平等で公平な判断基準を求めることはない。

　しかしながら，私たちは日常生活のさまざまな場面に応じて，正義とケアを考慮に入れて道徳的判断を行っていることは確かである。また，国家や社会の政策レベルでは正義，家庭や個人的な関係ではケアといった領域分けをすることはほとんど意味がない。法や政策の問題に関してもケア的な処方が必要な場合もあるし（むしろさまざまな政策決定の発端には社会的弱者に対するケア的な視点が大いにある），逆に個人的な関係においても，法的な解決が必要とされる場合がある（たとえば家庭内におけるDVや虐待などは法的な介入が必要である）からである。

　必要なことは，理論上は矛盾する正義とケアが，ダイナミックな現実世界において調和していくために，関与するメンバーが常に意識的に両者にアプローチしていく状況を作り出していくことである。それこそが，対話である。

## 3．ジレンマ討論とジャスト・コミュニティ─その大きな違い

　コールバーグは，認知発達という観点から，子どもの道徳性は認知能力の発達に従って発達していくものとした。このとらえ方は，それまでは道徳教育を品性の陶冶，つまり徳目を教え込む以外に方法を知らない道徳教育界に，新しい視座をもたらした。コールバーグにとって道徳性とは，「礼儀正しくすること」といった徳目内容を知っていることではなく，正義，すなわち公正さと公平さに関する思考判断の様式であり，それは認知的葛藤を通じて発達していくとした。

　彼はこの際の教育方法として，道徳的ジレンマ課題による道徳討論を用いた。このアプローチは子どもたちに2つの価値が並立するような仮説の物語を提示し，彼らに価値葛藤を生じさせることで道徳性発達をうながすアプローチである。教師は子どもの考えが一方向に偏らないように，クラスでの討論を通じて，さまざまな考え方をそれぞれ個人の道徳的発達段階に応じて示す。この討論は一般的にはオープンエンドで，最終的な「望ましい答え」は決まっていない。

このプロセスを経ることで，子どもは価値に対する考え方を拡げ深めていくのである。とりわけコールバーグは，ブラットとの共同研究において，一段階高い道徳推論を子どもに提示することによって子どもの道徳性発達が最も促進されることを見出した（Blatt & Kohlberg, 1975）。

この授業では具体的な道徳的価値内容の獲得をねらっているのではなく，道徳的判断をする際の理由づけが発達することをねらいとしている。そのため，クラス討論において，教師は生徒に認知的葛藤を生じさせるためにさまざまな立場の役割を取ることを積極的に行う。

一方，ジャスト・コミュニティではどうであろうか。ジャスト・コミュニティも当然個人の道徳性発達をねらっているゆえに，認知的葛藤は重要な手段となる。しかし，生徒が話し合う議題は，「仮説」の物語ではなく，学校における現実生活において問題となった事柄である。たとえばそれは，黒人と白人の人種間の軋轢の問題，あるいはマリファナなど薬物の使用に関する問題，学校への参加の問題，窃盗という問題であった（Mosher, 1980；Power et al., 1989）。生徒にとってまさに目の前で起きている問題を，学校の問題として解決をめざすところがジレンマ討論との大きな違いである。

また解決をめざすということは，参加者全員で何らかの方向性を決定するということを意味する。ということは，ジレンマ討論のように，最終的な判断を個人に任せたままオープンで終わることはできず，そのコミュニティで生きる一員としてどうすべきかという決定を下さなければならない。

そして，最も大きな違いが発言に対する責任の有無である。ジレンマ討論において用いられる物語は，そもそも自分の生活現実とは違う脈絡で作成された物語であり，自分の発言に対して責任を負う必要は必ずしもない。しかし，ジャスト・コミュニティでは，自分の身の回りで生じている現実問題を扱うために，他人事のまま話を続けることは困難であり，また自らの発言については当然責任が伴ってくる。留意すべきは，いくら現実問題を扱ったからといって，必ずしも生徒が自分の（あるいは自分たちの）問題として認識するわけではないということである。たとえば，クラスタースクールで実践1年目に盗難が生じた際，生徒たちはコミュニティの問題として扱おうとせず，個人の管理問題，つまり「盗まれるほうが悪い」として片づけていた。実践2年目にして，いく

第5章 モラルの教育—発達年齢に応じたモラルの教育にはどのようなものがあるか

**表 5-1 モラルディスカッションとジャスト・コミュニティの違い**
（Power et al., 1989 などを参考に荒木作成）

|  | モラルディスカッション | ジャスト・コミュニティ |
| --- | --- | --- |
| 目的 | 道徳性の発達 | 道徳性の発達とコミュニティの構築 |
| 議題 | あらかじめ教師が決定 | 学校の現実問題 |
| 最終的に | オープンエンド | オープンエンドであるが，一定の解決策を決定 |
| 形態 | 自分の意見に従って2組に分かれる | 2つの立場である必要はない |
| 意見の変更 | 途中で立場を変えてもよい | 途中で立場を変えてもよい |
| 制約 | 比較的自由に発言できる | 比較的自由に発言でき，1つの議題について数週間以上かけて論議される場合もある |
| 役割取得 | 役割取得が必要 | 役割取得が必要 |
| 他者 | 自己の道徳性を高めるための他者 | 協働して解決を図るための他者 |
| 授業の主体 | 生徒 | 生徒と教師（コミュニティメンバー全員） |
| 責任 | 発言に対する直接的責任はない | 発言に対して責任が伴う |

ら規則を厳しくしても窃盗がなくならない現実を生徒たちが理解し，はじめて窃盗をコミュニティの問題として扱いはじめたのである（Power et al., 1989）。

以上のことをまとめると表 5-1 のようになる。

## 4. ジャスト・コミュニティのプログラム

ここで，ジャスト・コミュニティがどのように運営されているか簡単にみていこう。ジャスト・コミュニティには，コア・グループ・ミーティング（core group meeting, あるいは相談グループ・ミーティング adviser group meeting），議題委員会（agenda committee），コミュニティ・ミーティング（community meeting），規律委員会（discipline committee）などがある。

まずコア・グループ・ミーティングが行われる。これは 10 名程度の生徒と 1〜2 名の教師で週に 1 度，コミュニティ・ミーティングの前日に開かれる。前日に開かれることによって，生徒は（コミュニティ・ミーティングで取り上げられる）問題を理解し，コミュニティ・ミーティングにおいて，コミュニティ全体に対して自らの考えを表したり，提案を持ち出すためにはどうすればい

いか理解するための基盤になる（Higgins, 1995）。またそれだけでなく，ここでは生徒の個人的な悩みなどに対するアドバイスが行われ，教師－生徒，生徒－生徒が信頼関係を築きあげることが目的とされている。

　ジャスト・コミュニティにおいて中心的な役割を果たしているのが，コミュニティ・ミーティングである。このミーティングは，毎週開かれ，生徒と教師全員が参加し，議題委員会で決められた論題を論じ，問題の解決，規則の制定などが行われる。ミーティングの進行は2名の生徒に任されており，この役割は全員の持ち回りとなっている。

　「コミュニティ・ミーティングの最も重要な機能は，コントロールされた葛藤（あらかじめ道徳的な問題として焦点化されているという意味）を促進することであり，意見の交換を開かれたものにすること」（括弧内筆者）であるとされる（Kohlberg et al., 1974）。教師は「問題について両サイドの推論を聞き，何らかの意見の一致，ないしは何らかの妥協が示されるまで，投票を先送りにした」（Reimer et al., 1989）ということからもわかるように，数の論理が正義ではなく両者の歩み寄りを重要視した。最終的な多数決による決定が民主主義を意味するのではなく，あくまで総意としての意思決定にこそジャスト・コミュニティにおける民主主義の強調点が置かれなければならない。そのために，このミーティングでは1つの問題に対して，かなりの時間が費やされて論じられる。

　議題委員会は，コミュニティ・ミーティングで論じられる事柄を決定する役割を担っている。とりわけこの委員会が担う重要な役割は，「問題を道徳的な諸問題（moral issues）として取り上げる」（Power et al., 1989）ことである。たとえば盗難の問題は，学校の警備上の問題として扱うことが可能であるし，学校への参加の問題も，単に学校行政管理上の問題として教師が扱うことも可能である。また薬物問題についても，生徒の現実問題というよりも，警察や立法上の問題として扱うことが可能である。しかしワッサーマンも指摘するように，「学校の民主主義は，行政上の事柄というよりむしろ，道徳性や公平さに焦点を当てた」（Wasserman, 1976）自治を意味する。コールバーグやパワーが「正義を生きたものにする」（justice "a living matter"）というのは，まさに生徒の生活現実そのものが正義とともにあるようにすることを意味し

ている。

　ここで，コア・グループ・ミーティングが重要な役割を担っていることを示す必要がある。そもそも対話は，相手への信頼や共感がなければ成立しない。そしてこれは大人数が参加するコミュニティ・ミーティングよりも，少人数で構成されるコア・グループ・ミーティングのほうが促進しやすい。このミーティングにおける教師－生徒，生徒－生徒の関係をより信頼できるものにすることによって，コミュニティ・ミーティングでの対話活動はより円滑に進む。

　人々が話し合う形式を，対話と議論に分けるならば，対話は「人間関係の構築とビジョンの共有」を主としており，議論は「今後のアクションプランを形成すること」に主を置いている（中野・堀，2009年）。ジャスト・コミュニティでは，関係をつくるための対話と，その後の合意形成をするための対話（議論）が行われていることが明らかであろう。ジャスト・コミュニティで行われている最終的な合意形成を求めるための議論は，「対話に基づいた議論」（dialogue-based discussion）なのである。以下，ジャスト・コミュニティにおける対話についてみていこう。

## 5．ジャスト・コミュニティにおける対話

　対話とは，語源的には"dia"（between, through：間で，通じた）"logos"（word：言葉，話）の合成語であり，本来的には意思の疎通が図られることを意味するため，必ずしも二者でやり取りされるものとは限らない。たとえばボルノーは，単に話すことと対話の違いを次のように述べる。「一方だけが話者であり，他方は聴いて理解するという役割を与えられるような話し方を，この語（モノローグ）の厳密な意味において独話的と称するのである。それに応じて，対話的というのは，多数の人が交互的な役割において同等の権利を割り当てられているような話しかたのことである」（括弧内引用者）（Bollnow, 1966／森田（訳），1969）。つまり，ある命題について話し手と聞き手が固定されることではなく，相互に役割が交代するのが対話なのである。またボームは，「議論する」（discuss）のcussには，「脳しんとう」（concussion）や「パーカッション」（percussion）と同様，「たたく」という意味が含まれており，意見を出し合いぶつけ合いながら1つの終着点をめざすものであるとしている。一方，対

第2部　実践編

話とは目的を持たず，言葉の「意味の流れ」を共有することであるとする（Bohm, 2004／金井（訳），2007）。

　これに対して，コールバーグは対話を次のようにとらえる。すなわち「相互に問題を解決しようと努力するなかで，各人が自己の最善の選択理由を示し，かつ人が示す理由に耳を傾ける過程」であり，それによって「互いの承認しうる合意に到達することをめざす」（1987）。つまり，彼が意味する対話とは，①自分の主張を行う発話行為を中心とした対話，②相手の話を聞くという傾聴中心の対話，そして③合意をめざす対話，という3点にまとめることができる。コールバーグの対話概念は，ボームの主張する「議論」と「対話」の双方の特徴が含意されているように思えるが，ここでは紙幅の関係上，②と③に焦点を当てて説明していきたい。

　荒木はコールバーグの傾聴概念を，ロジャースを参考にしながら補完している（荒木，2013）。一般的に傾聴とは，相手の話を注意深く真剣に聴くということを意味する。しかし，ロジャースの「人間中心アプローチ」との関係から論じられると，それは「見せかけのないこと」，つまり自己の存在をありのままに顕示するという自己開示，「無条件の積極的関心」，つまり相手を全面的に受容すること，そして「共感的理解」すなわち，相手の立場に立って相手の内面世界を理解することという3つの点からとらえられる（Rogers, 1980／畠瀬（訳），1984）。

　これを踏まえると，傾聴とは単に耳を傾けること以上のことを意味する。傾聴とは相手の内面世界を理解し，全面的に享受するということからも，究極的には，相手の歴史を感じるということにつながる。なぜその人はそのような考え方をするのか，その発言をした理由が必ずある。発言の背後に意識を巡らせること，それはすなわち，相手の発した言葉に隠れる歴史を感じることなのである。

　しかし一方において，傾聴そのものには意見の対立を調停する役割は存在しない。各人の諸要求の対立は，正義というフィルターを通じて公平な決断へと至るプロセスを必ず踏まえなければならない。コールバーグの対話が，各人が納得する公平な決断という目的を持ってなされるゆえんである。

　ジャスト・コミュニティにおいては，現実の問題を扱うゆえに，集団として

何かを決定する作業が含まれ、その際には、他者とのコミュニケーションは避けて通れない。このようなアプローチが展開されるジャスト・コミュニティは、まさに人々の間に合意をもたらすための対話の契機を与えるのである。そのためには、まず他者を受け入れるという相互尊重の態度に基づいた土壌が必要とされる。そしてそれを基盤とした発話行為によって、互いの要求を修正しながら、最終的に真理部分を共有するところにジャスト・コミュニティの対話の特質が見出せる。

コールバーグの対話とは、共感的な人間理解という態度に基づき、諸要求の対立を正義によって方向づけることであると描くことが可能である。さらにそれは、他者から孤立した認知操作で行われるのではなく、他者との対話という相互交渉を通じて、普遍的真理へと接近していくことであるといえる。さらにいうならば、対話によって得られるのは、普遍的な正義の状態ではなく、真理へと近づいていくプロセスであるといえよう。他者との弁証法的共存をはかるために、対話は最も重要な手段となる。

## 6. 学校への参加と教師の役割

ここまでジャスト・コミュニティの大枠について述べてきた。そこでは、構成するメンバーすべての参加が非常に重要視されており、参加することが大前提となった学校組織づくりとなっている。コールバーグらは「一人一票を持つ直接参加型の民主主義」という表現でジャスト・コミュニティを表しているが、では一人一票を持たせればそれが参加を保障したことになるのか、また全員が平等な一票を持つことは、教師の「指導」を空洞化することにつながりはしないのかという疑問も生じる。後者の疑問は特に「1. 子どもの参加と道徳教育」で述べた「子どもの参加」と「子どものわがまま」に通底する問題である。そこで本節では、ジャスト・コミュニティにおける教師の役割と学校への参加を複合的にとらえることで、ジャスト・コミュニティという学校組織への参加が持つ教育的意味を浮き彫りにしていきたい。

荒木（2013）はジャスト・コミュニティにおける教師の役割として、発達をうながす「促進者（facilitator）」、コミュニティの進むべき道を教える「提唱者（advocator）」、そして対話の促進者としての「カウンセラー（counselor）」

の役割をあげている。ジャスト・コミュニティでは「対話に基づいた議論」がなされるため，対話ができることがコミュニティにとって重要な要素となる。それゆえに，教師は「発達をうながすこと」や，あるいは「コミュニティの進むべき道を示す」といった役割を遂行する以前に，対話の土壌をつくり出すというカウンセラーとしての役割があるのである。

　ジャスト・コミュニティでは，最終的にコミュニティが進むべき道を構成員が決議しなければならない。この際教師は単なる一構成員ではなくコミュニティとして最善の道を示すことが求められ，これこそが提唱者としての役割である。ゆえに促進者と提唱者では，発言の形式にも違いがみられる。促進者としての発問は，その多くが疑問（〜ですか？）の形で発せられるのに対して，提唱としての発言はその形をとらない。提唱発言の多くは「〜すべき」という指令性を帯びた発言の形式になっているのが特徴としてあげられる。

　ここで問題となってくるのが，指令性を帯びた教師の発言が「教え込み」（indoctrination）にならないかということである。これについてコールバーグは次のように述べる。「教師の提唱が教え込みになるのを防ぐものは，教室や学校に誰もが参加する民主主義を確立することである……要するに，教師はそれぞれの人が一票を持つ民主的なコミュニティの一員でなければならない」（Kohlberg, 1985a）。参加型民主主義を取り入れることによって，教師の提唱は批判され吟味されるという可能性を常に有している。教師はコミュニティとは何か，正義とは何かということについて不断の問い直しを行う参加者でなければならないのである。

　しかしこれは同時に，教師の提唱が生徒の一票によって覆され，指導性を持たないことにつながる問題であるかもしれない。ではここで一人一票を持つ意味を考えてみたい。

　ジャスト・コミュニティにおいて，一人一票というのは多数決と直結するのではなく，一人ひとりが権利を持っているということを意味している。まさにdemocracy の語源である demos（民衆の）kratein（力）が表すとおり，生徒一人ひとりに教師と同様の力を与えていることにほかならない。ゆえに，ジャスト・コミュニティでは多数決は最終的な手段であり，総意が得られるまで時間をかけて話し合うことが推奨されているのである。コールバーグらは以下の

第5章　モラルの教育―発達年齢に応じたモラルの教育にはどのようなものがあるか

ように述べる。「民主主義とはすべての人に投票が与えられるということ以上の意味を持つ。それは"道徳的コミュニケーション"のプロセスである。すなわち自身の関心やニーズを判断し，他者を理解するために聴き，他者を理解しようと試みることであり，公平で協力的な方法を伴う観点から葛藤のバランスを取るということを含んでいる」(Power et al., 1989)。

　対話という道徳的なコミュニケーションによって，ジャスト・コミュニティのメンバーはメンバーにとっての「最適解」をめざす。それは具体的な人間関係において諸要求のバランスをとるという，まさにコールバーグ理論における認知的な役割取得を実際にやってみるということであり，それによって道徳性の発達をねらうのである。

　コールバーグ理論，そしてジャスト・コミュニティにおいてめざされる人間像は，他律的な自己から「自律した自己」(autonomous self) への発達であり，それは「他の自律した自己との対話を通じてつくられ，支えられる感覚である」(Power et al., 1989)。換言すれば，これは教師など他者の導きが絶対的に必要な局面から，生徒が他者と協力しながら自らの力で生きていけるようになっていくことにほかならない。

　他律的な自己から自律した自己へという連続したプロセスにおいて，教師のかかわり方も当然変わってくる。そもそもジャスト・コミュニティが，大多数の生徒の道徳性発達段階が2程度で非常に荒れた地域や場において「治療的な道徳教育」(remedial moral education) として開始したことを鑑みれば (Kohlberg, 1985a)，初年度から実践を続けていくなかで対応の仕方が変わるのが当たり前である。先にも示したとおり，盗難の問題があった場合でも初年度はコミュニティの問題とする生徒はいなかったのに対して（ゆえに，コールバーグをはじめとする大人や教師の提唱発言が非常に多い），実践3年目になると学校をともにするコミュニティの一員としてどのように責任を共有するかという視点が生まれている（ゆえに，教師も一構成員としての発言が目立つ）(Power et al., 1989)。

　すなわち，自律した自己という目的に向かってのジャスト・コミュニティ・アプローチにおける教師の役割は，提唱というある種指導性の強い局面から，提唱の意味も含ませつつ生徒の思考を揺さぶるような「提案型」の局面，そし

第 2 部　実践編

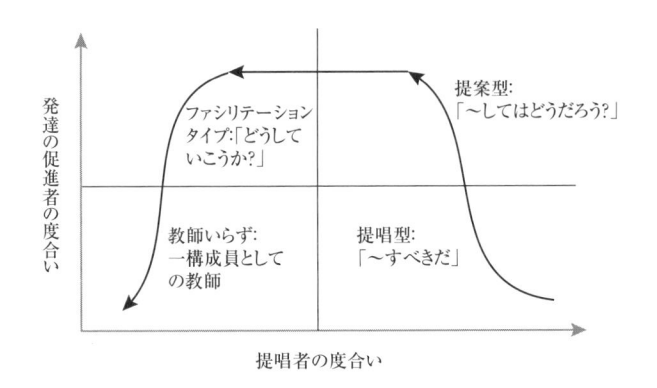

**図 5-2　ジャスト・コミュニティにおける教師の役割の局面**
注）「状況対応リーダーシップモデル」（Harsey et al., 1996／山本・山本（訳），2000）と山寺（2013）を参考に荒木作成。

て提唱性が低くなり発達の促進者としての役割が強い局面を経て，究極的には教師に依存しない局面へと変わっていく（図 5-2 参照）。

　ここまでの話から，一人一票を持つという子どもの参加や意見表明が指導の空洞化を招き，子どもの甘えやわがままを助長するというのは，杞憂であることが明らかである。また，「1. 子どもの参加と道徳教育」で述べた「指導」と「支援」の関係は二元的にとらえられるものではなく，自律した自己へ到達するための一連のプロセスとしてとらえられるべきである。

## 7. おわりに—市民の育成をめざしたジャスト・コミュニティの展開

　アメリカにおけるジャスト・コミュニティは高校のみで実践された。しかしながら，現在ヨーロッパでは，小・中学生も含めて実践が行われている（Oser et al., 2008）。またヨーロッパでは，ジャスト・コミュニティはシチズンシップ教育の文脈で実践されていることも報告されている（Althof & Berkowitz, 2006；Oser, 2014）。

　ジャスト・コミュニティも，直接民主主義を用いて教育を展開している点においては，民主主義を理解し，社会の一員であるコンピテンシーを育成するシチズンシップ教育と非常に似ている。しかしながら，ジャスト・コミュニティはあくまで道徳性発達を目標として設定していることは強調しなければならな

いだろう。対話を用いること，民主主義を用いることは道徳性を発達させる手段であって，目的ではない。しかし同時に，民主的な社会の一員になるということは，対話を通じて他者と協働するコンピテンシーを学んでいくことにほかならず，それこそが道徳教育が真にめざすところであるともいえる。ジャスト・コミュニティとシチズンシップ教育との関連性については，今後探っていく必要があろう。

　また図5-2で示したことは，対象年齢を小中学生に広げていく可能性を表している。つまり，実践開始時におけるそれぞれの年齢や特質に応じた教師の対応，またゴールの設定において，有効な示唆を与えてくれる。今後日本の小中高での実践において，「道徳的雰囲気」（moral atmosphere）や集団の発達段階のスコアと教師の役割の局面がどのようなつながりを持つのか，示していきたい。

## 7節　高校生・大学生は討議経験により何を身につけるか

### 1. 討議とは

　価値の多元化や生活様式の多様化が進む現代社会において，互いの意見や考えが異なったり，その調整をしたりすることが困難なことがある。このような場面での共通理解の1つの方法として討論があげられる（Habermas, 1983）。しかし，一言で討論と言っても，討論には実にさまざまなタイプが存在する。たとえば，プラヌーンクスツェレ（Dienel, 2009／篠原（訳），2012），討議（篠原，2012），ジレンマ討論（荒木，1988，1997；Power et al., 1989），リンデル教授の授業（Sandel, 2009／鬼澤（訳），2011）（2010a, b／小林・杉田（訳），2012），ディベート（瀧本，2011）などいくつもあげることができる。そして，それぞれの討論タイプはそれぞれが異なる討論の教育的有効性（たとえば，論理的思考力，批判的態度，道徳性など）について述べている。そこで，本節ではさまざまにある討論のなかから，合意形成に到達することを目標とした討論手続きである「討議（Diskurs／deliberative）」（Habermas, 1983, 1992）を取り上げ，道徳性における討議の教育的有効性について検討した実践的研究を紹介する。

　討議とは合意形成を目標とする討論手続きであり，その過程において互いに

第2部　実践編

異なる意見を調整する（統合）というステップを何度も積み重ねていく。この過程では，討議参加者が共通の目標に向かって，相手の意見を尊重したり，自分の意見を相手に伝えたり，お互いの異なる点をすり合わせたりすることを繰り返す。これらの特徴を持つ発話は，道徳心理学では操作的トランザクションといわれており（Berkowitz & Gibbs, 1983），討議参加者の思考に影響を及ぼすと考えられる。しかし，日本の道徳研究においてこの種の発話を活用した研究はあまりみられない。そのようななかで，藤澤（2013）は操作的トランザクションの特徴を生かした討議トレーニングを提案し，討議を経験することはコールバーグの道徳的発達段階（第1章2節参照）と対応のある対人交渉方略や道徳発達を下支えする下位能力（他者視点や共感）が高まると述べている。

## 2. 他者視点取得能力・対人交渉方略とは

先の章で述べられているコールバーグの道徳的発達段階と対応して発達する社会的能力として他者視点取得能力，対人交渉方略（Selman, 2003）がある（表5-2）。他者視点取得能力とは他者の視点や立場に立って物事を見たり考えたりする能力のことであり，道徳発達に深くかかわる。他者視点取得能力は自己焦点的な発達段階から具体的な他者の視点に立つことのできる発達段階，自己と他者の視点を調整可能な発達段階，社会的な視点を取得する段階へと発達していくと理論化される。

対人交渉方略とは他者とのかかわり方のことであり，自分の意見に合うように他者の意見を変容させようとする他者変容志向と相手に合わせて自己の意見を変容しようとする自己変容志向の2つがある。おのおのには異なる発達段階があるが，いずれの対人交渉方略を志向していても，自己と他者の両者の意見を調整しようとする協調段階（協調）に到達する。他者変容志向は，自己の目標到達のために非反省的・衝動的な力を使う（他者変容志向0段階：他者0），一方的に他者を統制する（他者変容志向1段階：他者1），相手の意見を変容させようとして心理的影響力を使用する（他者変容志向2段階：他者2）という順序で発達する。自己変容志向は，自己を守るために非反省的・衝動的に従う（自己変容志向0段階：自己0），意思なく相手の願望に従う（自己変容志

第5章　モラルの教育—発達年齢に応じたモラルの教育にはどのようなものがあるか

表 5-2　コールバーグの道徳的発達段階，セルマンの他者視点取得能力，対人交渉方略の対応表（内藤，1987 と Selman, 2003 を参照して筆者が作成）

| コールバーグ<br>道徳的発達段階 | セルマン<br>他者視点取得能力 | 対人交渉方略<br>他者変容志向／自己変容志向 |
|---|---|---|
| 1 | 未分化，自己焦点的 | 0 段階 |
| 2 | 分化，主観的 | 1 段階 |
| 3 | 互恵的，自己内省的 | 2 段階 |
| 4 | 相互的，第三者的 | 協調 |
| 5 | 社会的 |  |
| 6 |  |  |

向1段階：自己1），自己の願望と相手を調整するために心理的影響力を使用する（自己変容志向2段階：自己2）という順序で発達する（表5-2）。

それでは，異なる意見を調整するという手続きを繰り返す討議を経験することは道徳発達とかかわる他者視点取得能力や対人交渉方略を変容させるのか。これを明らかとするために，3つの実験を行った。

## 3. 高校生・大学生を対象とした討議トレーニングの開発

### (1) 実験1：討議トレーニング短縮版は他者視点取得能力，対人交渉方略を変容するのか

女子学生を対象とした実験協力者がペアで募集され，ペア別に討議トレーニング短縮版を実施した。討議トレーニング短縮版は事前テスト，道徳的ジレンマ課題を用いた討議（2課題），事後テストの順で構成される（表5-3参照）。事前テストと事後テストでは対人交渉方略尺度（山岸，1998），多次元共感性（Davis, 1983；桜井，1988）の2つの尺度が個別に実施された。対人交渉方略尺度とは対人交渉方略の発達段階に対応する7種類の方略（他者0，他者1，他者2，自己0，自己1，自己2，協調）と日本人に多いとされる権威，じゃんけん方略の計9方略についてどの程度行うか回答が求められた。多次元共感性は4つの下位尺度（視点取得，想像，共感，苦痛）を測定することができ，道徳発達を下支えする他者視点，共感などを測定することができる。これらのすべての手続きに要したペア別の平均時間は 86.3 分，討議における発話の平均

回数はジレンマ①では105.6回，ジレンマ②では63.3回であった。道徳的ジレンマ課題を用いた討議（2課題）のおのおのには以下の4つの手続き（①自分の意見の明確化，②自分の意見を伝える，③相手の意見を聞く，④両者の意見を調整する）が含まれていた（実験室の様子は図5-3参照）。

図5-3　討議の実験の様子

討議トレーニング短縮版を実施した結果，事後テストにおいて，対人交渉方略の低い発達段階が低下し，他者と協調してふるまうという協調方略が高まっていた。他者の立場を考える他者視点も高まっていた。

それでは，実験1の結果より，討議トレーニング短縮版は教育的効果があるといえるのか。確かに，いくつかの社会的能力が高まっているが，この結果は

表5-3　討議トレーニング1か月版／短縮版の手続き[注1]

| 討議トレーニング短縮版の手続き |
| --- |
| (1) 事前テスト：個別に，対人交渉方略，多次元共感性について質問紙に回答。 |
| (2) 討議①：事前テストの終了後に，個別に「ハインツのジレンマ」の質問紙（永野，1985）に回答し，「主人公はどうすればよかったか（①自分の意見の明確化）」について個別に自由記述を行う。ペアの双方が質問紙と自由記述を終えた後に，ペアで「主人公がどうすればよかったか」について討議を行う。その際，質問紙に回答した自分の意見をペアに伝える（②自分の意見の伝達）と同時に，ペアの意見を聞く（③相手の意見を聞く）。その後，両者の意見を考慮し，まとめる（④両者の意見調整）という4つのステップを含む。 |
| (3) 討議②：討議①と同様の手続き。課題は「ハインツのジレンマ続き」を使用。 |
| (4) 事後テスト：事前テスト（対人交渉方略，多次元共感性）と同様。 |
| 討議トレーニング1か月版の手続き |
| 討議トレーニング短縮版の(1)～(4)の手続きを1か月の間に，毎週1回計4回繰り返す。ただし，毎回の討議の材料は異なる。1週目は「ハインツのジレンマ」，2週目は「ハインツのジレンマの続き」，3週目は「ホーリー」，4週目は「2人の兄弟」というジレンマ課題を使用した。各回の討議手続きは討議トレーニング短縮版と同様である。1週目の討議トレーニング前に事前テスト（対人交渉方略，多次元共感性），4週目の討議トレーニング実施後に事後テスト（対人交渉方略，多次元共感性）を実施する。 |

注1) 討議トレーニングの詳しい内容および実験手続きについては藤澤（2013）に書かれている。

80分程度の討議トレーニング短縮版を1回実施することにより得られたものである。1回の実施で討議の教育的効果がみられることは有意義だが，討議トレーニングを継続すればより異なる変化がみられる可能性も残される。そこで，討議トレーニングを1回ではなく，1か月継続する2群を比較する実験2を行った。

## (2) 実験2：討議トレーニング短縮版（実験1）と討議トレーニング1か月版では討議の教育的効果は異なるのか

今度の実験協力者の女子学生は，短縮版群と1か月版群に分けられた。短縮版群はペア討議を1回（80分）経験し（実験1と同じ），討議トレーニング1か月群はペア討議を1か月の間に1週間おきに合計4回経験した。研究の流れは，事前テスト，1か月版群（4回/4週）／短縮版群（1回），事後テストという順序で実施された。その結果，対人交渉方略の低い段階に関して短縮版群の得点が低かった。協調方略の得点は両群ともに高まっていた。多次元共感性は両群ともに共感が高まり，苦痛が減少していた。

これらの結果より，討議トレーニングは短縮版も1か月版もおおむね同様の効果がある（協調方略や共感を伸ばす）が，それぞれに固有な特長もあることが明らかとなった。よって，それを認識したうえで，確保できる授業時間に合わせて柔軟に討議トレーニングを使用することができそうである。しかし，これらの実験で得られた結果は大学生を対象とした結果である。発達段階の異なる高校生においても教育的効果がみられるのか。仮に，高校生においても教育的効果がみられた場合，それは大学生における教育的効果と同様であるのか。

## (3) 実験3：高校生も大学生と同様に，討議の教育的効果があるのか

今回の実験協力者は女子高校生と女子大学生であり，実験1と同様の手続きで，全員が討議トレーニング短縮版を実施した。その結果，対人交渉方略の低い発達段階は大学生では改善がみられたが，高校生では変化してはいなかった。また，高校生，大学生ともに協調得点，他者視点の得点が高まっていた。

これらの結果より，討議トレーニング短縮版の教育的効果に関して，高校生も大学生も本研究で取り上げたすべての社会的能力に関して同様に討議の教育

第 2 部　実践編

的効果があるのではなく，発達年齢やターゲットとする学習課題によってその教育的効果が異なることが部分的にも明らかとなった。討議を含め，討論力は汎用的能力の 1 つに含まれているため（溝上，2009），今後も教育場面においてより効果的に討議を用いていくことの検討が待たれると思われる。

謝辞：この研究は平成 24 年度上廣倫理財団研究助成により実施された。

## 8 節　成人のモラル教育—ジレンマを解く思考を教えるケース・メソッド（経営倫理教育の一手法として）

### 1．ケース・メソッドとは

**（1）創作ケース—ミナミヤマ製麺のヤマザト君**

次のようなケースを考えることから，始めることにしたい。

> 　ミナミヤマ製麺は，東海三県を中心にラーメンを製造・販売する会社である。ヤマザト君は，3 年ほど前にこの会社で働きはじめ，これまでずっと営業を任されてきた。毎朝，自社工場で製造する打ちたての生麺（なまめん）を軽トラックに積み込み，ラーメン店やスーパーに配達するのが彼の仕事だ。ヤマザト君のモットーは親切丁寧。得意先からの評判は上々で，社内の信頼も厚い。
> 　ミナミヤマ製麺では，ラーメンの配達とともに廃棄食品の回収サービスも行っている。売れ残ったり，パックが破れたりして小売りできなくなった自社製品を，配達の際に無料で引き取る。小売店や飲食店はゴミ処理の経費がかからないといって，みなこのサービスを喜んでいる。ラーメンを得意先に届け，廃棄分を受け取り，自社工場のごみ置き場まで運ぶことまでが，ヤマザト君の日課である。あとは会社が契約する業者がやってきて，どこかにゴミを運んでゆく。社内の誰かがゴミの量や保管状況をチェックすることはない。
> 　農林水産省の資料によると，毎年大量の食品が捨てられている（農林水産省，2014a）。たとえば平成 23 年には，規格外，返品，売れ残り，食べ残しで 300-400 万トンが廃棄されたそうだ。まだ食べられるのに，焼却される食品たち。そのうち一定割合で，飼料や肥料，あるいはエネルギーの原料として再利用される。だが統計資料の数字があまりにも大きすぎて，どれだけ食品ロスがあるのか，見当もつかない。

第5章　モラルの教育―発達年齢に応じたモラルの教育にはどのようなものがあるか

　ヤマザト君は先日，「フードバンク」に関する記事を読んだ（農林水産省，2014b）。賞味期限が近づいたり，規格外だったりする食品を，メーカーから譲り受け，生活に困っている人たちに無償で配布する活動だ。アメリカではおよそ40年の歴史があるそうだが，日本で始まったのは10年ほど前らしい。まだ食べられるはずの食品を，必要とする人たちに手渡す。ヤマザト君はそうしたニュースを読みながら，毎日たくさんラーメンを捨てるのはもったいないなと思った。毎朝，社員やパートさんが一生懸命作ったラーメンだ。もちろん会社の経費も掛かっている。

　ヤマザト君は，今日も元気にラーメンを配達に出かけた。いつものように配達を終えた帰り道，信号待ちで，ふと，友人のオースさんを思い出した。彼女は大学在学中から，アマチュア歌手としてほそぼそと活動していた。大学を卒業してから，売れないのを承知のうえで，プロの世界に飛び込んだ。芸名はカノン・オース。「1000年に1人の美人すぎる演歌歌手」が彼女のキャッチ・フレーズだ。けれども現実は厳しく，案の定，さっぱり売れていない。夜の駅前でライブ公演を行っても，足を止める通行人はまばらだ。いま，彼女は極貧の生活状況にある。生活費を切り詰めながら，なんとか活動を続けている状況だ。きっとラーメンなどという「高級品」を，めったに口にはしていないだろう（食べることができないだろう）。たしか，彼女はこの近くの下宿に住んでいるはずだ。廃棄処分をただ待つだけのラーメンを営業車で運びながら，ヤマザト君は信号が青に変わるのを待っていた。

　あなたはこのケースを読んで，何を考えただろうか。
問1　あなたがヤマザト君だったとしたら，どうすることがよいと思いますか。またそれはなぜですか。
問2　あなたは，ヤマザト君をどのような人物だと思いますか。また，オースさんがラーメンを受け取ったとしたらどのように感じると思いますか。
問3　このあと，どのようなことが起こりそうですか。本文にはっきりと書いていないことがらでかまいません。あなたの想像力をはたらかせてください。

## (2) 本節のねらい

　ケース・メソッドとは，授業の大半を討論のために使う教育法である。受講者はある出来事を描いた事例（ケース）を予習したうえで授業に参加する。ケースには，

取材やインタビューを重ねた「史料」もあれば，創作もある。討論のねらいによってケースの書きかたや使いかたに違いはあるものの，共通するのは，教員が授業中に自身の考えを述べないことにある。口を開くのは受講者であり，その自発的な発言なしに授業が成り立たないのがケース・メソッドの特徴である。

　教員の役割は，受講者が積極的に発言する場をつくることにある。授業中の沈黙は困りものだが，放言や独演会のような雰囲気も避けなければならない。討論を円滑に進めるには，教員が必要に応じて質問を投げかけ，関連情報を提供する。活発な討論と規律ある授業環境を整えることが，教員の役目である。教材を作り，授業計画を練り，司会をするなど，座学式の講義スタイルとは異なる技量や経験が教員の側に求められる。

　本節のねらいは，ケース・メソッドの討論に期待できる教育効果を考えることにある。とりわけ経営倫理を教える手法として，ケースを使った討論に期待できる役割に光を当てる。主として倫理教育は，家族や友人関係など日常生活のなかで，大人が「子ども」に教えるものだと考えられがちである。また，小中学校の道徳には，「みんな仲良く」「嘘をつかない」などのように，はじめから特定の正解を教える意図もある。そして高校公民科では，古典をひも解いて倫理思想を学ぶことが基本だと考えられている。

　こうした教育方法を思い浮かべるならば，本節で扱う倫理教育は一風変わっているだろう。1つは，倫理教育の対象は，成人である。すでにある価値観を備え，合理的な判断ができる大人を対象として，何をどのように教えるのか。もう1つは，経営実務を想定した倫理教育である。ケースを使った討論では，その情景に描かれる場面において，最善の行為とは何かを受講者が能動的に考える。

　こうした特色を踏まえたうえで，ケース・メソッドが経営倫理教育に果たす役割を探ることが，本節のねらいである。

### (3) 教育法の特徴

　ケース・メソッドの起源は，裁判の判例(ケース)を教材に使った法学教育にまでさかのぼる（本節では，法学教育におけるケース・メソッドの歴史や利用法については割愛するが，井上（1956a, 1956b）が詳しく述べている）。1870年，ハー

第 5 章　モラルの教育─発達年齢に応じたモラルの教育にはどのようなものがあるか

バード・ロー・スクール教員のラングディル（Langdell, C. C.）が，ケース・システムを授業に取り入れた。彼は，実際の判決を取り上げて，その結論への理由を受講者に答えさせた。彼自身が法理を講じるのではなく，受講者の考えを発言させる指導は，従来の法学教育では画期的であった。

　1920 年代に入ると，ハーバード・ビジネス・スクールが，学校をあげて取り組み始める（Copeland, 1954 ／慶應義塾大学ビジネススクール（訳），1977）。ただし，裁判の数だけ判例が存在するのに対し，経営教育用教材はどこかから提供されるものではない。教員が独自に用意する必要があった。そのため同校は，専任教員と経営研究センターに協力を仰ぎ，企業調査と教材開発を支援する体制づくりに尽力した。その後，修了生の活躍や，ケース教材の学外への出版販売により，ハーバード流のケース・メソッドは，アメリカの産業界と経営教育で知名度を高めた。

　日本にはじめてケース・メソッドが紹介された記録には，1950 年ごろのものがある（加藤, 1960；村本, 1982）。その来歴はすでに詳しく論じられているのだが，ケース・メソッドは，法学，経営学，教育学など複数の分野で注目されてきた（佐藤, 1964；平野ら, 1967；関口, 1962）。だが，それから半世紀を経た今日においても，大学での教育方法の主流を占めるのは，座学式の講義である。その意味でケース・メソッドは，古くも新しい教育法であり続けている。

　ケース・メソッドには，教員の講義に静かに耳を傾ける授業とは異なる教育観と運営法がある。

　冒頭の創作は，ビジネス・スクールなどで用いられる討論用ケースとしてはごく短い部類である。大学院レベルの授業では，1 本につき 20 ～ 30 ページほどのケースの分量がある。さらにケースごとに会計や法律に関する資料が付け加わることも珍しくなく，受講者は，ある程度の分量のある教材を予習しなければならない。

　個々の受講者がケースを読んで自由に発言する場が全体討論である。ただ，その理解を深めるために，事前に少人数グループごとに話し合う機会を設ける場合もある。またケースの内容をより深く理解するためには，経営の基礎知識や相応の読解力も必要になる。そして何より，実務家と学生の「二足のわらじ」

を履く受講者は，予習と授業に参加する時間を確保しなければならない。

　こうした予習を課すのは，高い教育効果を期待するためであるが，負担を軽減するために，いくつか代替案が示されてきた。具体的には，ケースの分量を短くする方法，文章の代わりに視聴覚資料を教材として用いる方法，教室に当事者を招いて，じかに聞いた話をもとにその場で討論する方法などもある。また，討論での発言を全面的に受講者に委ねるのではなく，ある程度論点を絞り，あらかじめ質問を設定し，議論の方向を標準化した手順ですすめるなど，ハーバードとは異なる手法のケース・メソッドも複数提案されてきた。たとえば，インシデント・プロセスは，ピゴーズ（Pigors, P.）が開発したケース・メソッド教育法である（坂井・吉田，1997）。英文で100words程度の短文をもとに，受講者がディスカッション・リーダーとの質疑応答から，インシデント（出来事）の本質を見きわめようとする授業運営法である。またこの教育法の特徴は，ケース討論の手順を5つの段階に標準化することにより受講者の予習負担を軽減できることにもある。ただ，ピゴーズによる提唱以降，インシデント・プロセスには数多くの代替案が提案されたため，彼の手法をあえてピゴーズ・インシデント・プロセスと呼び，他の授業運営法と区別することもある。

　また，フェイファーとフォーズバーグが提案するREOLVEDD戦略は，ケースを分析する新たな提案である（Pfeiffer & Forsberg, 2013／高田（訳），2014）。ケースの争点を8つの段階（確認，倫理，結果，人生，価値，評価，決断，弁護）に分け，最終的に倫理に適った経営判断を導くことを目的とする。この分析方法の特徴は，あえて2つ以上の選択肢を想定したうえで，その帰結や望ましさの観点からそれらの選択肢に優劣をつけさせる。直観や感情に基づく結論を避け，他者への説明責任を果たす思考が期待されている。

　ただし，次のような教育観は等しく共有されている。それは，受講者が自発的に参加する授業環境を教員が意識的に用意するという着想である。バーンズとクリステンセンが掲げる4原則は，ケース討論の効果を高める不文律を明文化したものである（Barnes & Christensen, 1997／高木（監訳），2010）。

　①討論授業は教師と学生の協働作業（コラボレーション）であり，双方がともに，教える責任と力，および学ぶ喜びを共有する。

　②討論授業の教室は，単なる個々人の集まりから，価値と目的を共有する"学

第5章　モラルの教育―発達年齢に応じたモラルの教育にはどのようなものがあるか

びの共同体"に進化しなければならない。
③学生と盟友になることによって，教師は，学生自らの手で授業内容を学んでいく力を与えられる。
④ディスカッション・リーダーシップでは，討論する内容およびそのプロセスの双方をつかさどる能力が必要である。

　では，受講者はケースを使った討論によってどのような能力を修得できるのか。これまでの研究を参照しつつ，その期待を質問の形式で表現したのが，冒頭のケースに付した3つの問いである。結論を先取りするならば，ケース・メソッドには，意思決定能力の向上，感受性訓練，課題発見能力の開発が期待されてきた。以下の項では，順を追って説明する。

## 2．ケース・メソッドの教育効果
### (1) 意思決定能力の向上―あなたはどうするべきなのか

　冒頭のケースを読んで，あなたはヤマザト君にどれほど親近感を覚えただろうか。石田らが期待するのは，あなたがケースの主人公に成り代わって，何をすべきなのかを語り始めることにある（石田ら，2007）。つまり，受講者がケースの主人公に自己を投影させる役割をケース教材と討論に期待する。あなたがヤマザト君の立場を代弁するとともに，他の受講者もまたヤマザト君にとっての最善の行動を論じる。

　討論で重視されるのは，ケースの状況を深く理解したうえで，あなたの思考と経験から最終決断を導くことにある。次の授業では，また別のケースを使って，別の主人公の立場で考える。異なる状況，異なる立場，異なる利害のもとで自己投影を重ねる思考が，経営者や管理職としての意思決定能力を高めると期待されてきた。

　石田ら（2007）は，ケース討論が実務の疑似体験になると述べている。もちろん教室は実際の職場ではない。だがあなたはケースの場面を深く考えるほど，ミナミヤマ製麺で働くのに準じた体験を頭の中で積むことになる。そして，その積み重ねが，実際の仕事に役に立つとみなされてきた。

　あなたがケースに共通するような経験や属性を持つ場合，ヤマザト君に親しみを覚えるかもしれない。たとえばアルバイト先で大量の食品ロスを目にし，

ルート販売を担当する知人から仕事の苦労話を聴いたとしよう。あるいは，10年経っても芽の出ない極貧の歌手が親戚に1人いるだけでも，ケースを読んで受ける印象には違いがあるだろう。もちろんミナミヤマ製麺は架空の会社である。だが受講者の属性や経験によって，ケースとの距離は遠のいたり，縮まったりする。もちろん，受講者とケースの距離感が近いほうが，討論からより多くのことを学ぶと考えられる。

　そうした指摘がなされてきた。たとえば佐野は，アメリカの成人教育理論を手がかりに，実務経験が受講者に深い内省をうながすと論じる（佐野，2005）。また髙木らは，自身が「修羅場」と名づける，のっぴきならない実務上の失敗や苦労が，討論の際に仕事上の見落としに気づかせると述べている（髙木，2004；髙木・加藤，2003）。

　専門職養成の大学院や企業研修では，実務経験の程度によって受講対象者を区別する。たとえば実務経験2年以上の受験資格，課長職，販売職対象の研修などがそれに当たる。その含意には，授業や研修で学んだ知識を職場で活用するというねらいのほかに，受講者がすでに備える知識や経験を基礎として学ぶことで，より深い理解が得られるという期待があるのだろう。

　教室や研修室では，どのような討論も疑似的な体験にとどまる。だがケース・メソッドが「実践的」な教育法だと期待される1つの理由は，類比（アナロジー）の力によるものである。受講者が，ケースの状況や登場人物から類似点や相同性を見つけ出し，自身の知識や経験と結びつけることにより，高い教育効果が現れると考えられてきた。討論による仮想体験がそのまま実務に生きるのではなく，教室内の思索を職場の情景に重ね合わせるアナロジーをケース・メソッドは提供できるのである。

### (2) 感受性の訓練―ヤマザト君はどのような人物なのか

　毎朝，ヤマザト君はどんな気持ちで営業車を走らせてきたのか。食品ロスやフードバンクへの関心は，彼のどのような性格によるものなのか。ヤマザト君は，オースさんをどのように思っているか。また仮に，オースさんにラーメンを手渡したとしたら，彼女はどのように思うだろうか。

　教室で話し合うのは，あなたがどうするべきかではなく，ケースの描写に表

される人間の関係性をより深く理解することにある。ケース・メソッドによって学びうるのは，人間関係の機微である。

佐藤が期待するのは，感受性の訓練だった（佐藤，1964，1969）。ロー・スクールでは法曹職の判断を，ビジネス・スクールでは経営者の立場や管理職の目線をそれぞれ強く意識した教育が行われてきた。ただし，教室内で行う全体討論のねらいを意思決定能力の向上に見出すのなら，全員を一堂に集めて対面式で討論する場を設ける必然性は乏しい。大切なのは，受講者個々の関心や分析能力だからである。他の意見は，参考程度に文章やデータで受け取るほうが手間や時間を省略できる。つまりケース・メソッドは独学で学ぶことも可能な教育法であり，個々の意思決定に傾注すれば全体討論の重要性は薄れる。

そもそも佐藤の議論は，医療職や学校教諭の養成を想定している。彼は，職場で問題を抱える人たちへの対処法を同僚が集まって話し合うために，互いがケースを持ち寄って話し合うことにケース・メソッドの可能性を見出した。そしてこうした提案は，今日「学校ケース・メソッド」として結実している。佐藤が期待したのは，あなたがヤマザト君の代理人となることではなく，ヤマザト君の心情や境遇を他者の観点から推察し，それを他の受講者と話し合う機会にあったのである。

佐藤は文章教材とは別に，教室内の人間関係もまた教材であると考える。ケースを用いた対話を通じ，形成される関係性を「生の事例」と呼び，そこから感情や表情を学ぶ。教室に集まるのは意思決定を討論するためではなく，さまざまな性格を備える受講者と出会い，その人たちの意見に耳を傾けるためである。佐藤は，他の受講者の表情や性格を読み取ることに大きな期待を寄せた。

経営教育の文脈では感受性訓練を中心とする議論は少ない。だが「生の事例」という佐藤の視座を踏まえると，専門職大学院や企業研修は，むしろ感受性訓練の宝庫だといってよいのかもしれない。多様な職歴と経験を重ねる実務家どうしが会話を交わす1つの意味は，その後の仕事に有益な人脈を形成することがある。ビジネスのための関係構築には，相手の表情や態度をよく読み，立場や利害を深く考慮した態度をとらなければならない。ケース・メソッドはそうした関心や態度形成の訓練となるとも考えられる。

中村（2005）は，ケース討論における説得の重要性を論じる。中村によれば

第 2 部　実践編

経営者として不可欠な技能は，説得であるという。意思決定能力は経営者にとってたしかに大切だが，話し合いや商談の場で問われるのは，相手の感情や立場に配慮し，場合によっては駆け引きする才覚である。相手を打ち負かし，自身の言い分を通すことにはないと，中村は考える。

　佐藤が「生の事例」を重視するのは，受講者の間に，あえて動揺と対立の機会を作ることにある。文章教材を読んで意見を述べるよりも，教室で真剣に話し合い，意見の対立から感情を高ぶらせる「生の事例」に出会うほうが，より深い人間観察ができると考えた。そのため佐藤は，討論の場で受講者に一律に決断や回答を迫る指導を避け，たとえ発言しなくとも，あの人はどのようなことを思っているのかと考えをめぐらすことに期待を寄せたのである。

　ケースの主人公に成り代わるのではなく，寄り添うための感情移入をうながす。「目の前にいるこの人はなぜそんなふうに発言するのか？（why）」と考えさせることに感受性訓練の真骨頂がある。「ヤマザト君はどうしてそんなことを考えたのか」というケースの問いは，相手の感情への関心を引き出すきっかけにすぎないのである。

(3)　課題の早期発見──このあとに何が起きそうか

　坂井らがケース討論に期待したのは，大きな危機や困難に直面する前に，課題に早く気づくことだった。彼は「順風時に経営者は何をするか」（坂井・吉田，1997）を問う姿勢を保ち続けることが，経営者にとって大切な能力だと考える。坂井らにとってケースを用いる討論は，先験的な想像力とそれに応じた計画的な対応能力を鍛える機会となる。

　冒頭ケースの先に何が起きるのだろうか。信号が青に変わり，ヤマザト君はそのまま工場に営業車を走らせたのかもしれないし，方向転換してオースさんに廃棄予定のラーメンを届けたのかもしれない。あるいは「フードバンク」に向かうかもしれないし，会社に戻って上司にNPOとの提携を相談するかもしれない。多方面に想像を膨らませることができるだろう。

　課題の早期発見で大切なのは，いくつかの課題を設定し，それぞれに起きる出来事と，その対応策を先回りして考える思考のプロセスにある。たとえば，売り上げへの影響，職務規定違反，転職リスクなど，ヤマザト君の取りうる複

数の行動とそれによって生じる出来事との因果関係を理解したうえで，最善の行動を導くのである。意思決定能力は，顕在化した問題への即時即興の対応を問うのに対し，課題の早期発見は，ケースのその先に想像を巡らせる。重要なことはケースの本文には書いておらず，行間を読み解いて，経営者として適切な対応を取ることに，教育のねらいの違いがある。

坂井らを中心とする研究グループが作成したケース教材に，こうした関心を見て取ることができる。坂井らが多く手がけたのは，3〜5ページ程度の比較的短いケースだった。大学院レベルではなく，主として学部授業での使用を想定し，受講者への予習負担を配慮したためかもしれない。ただ討論の際の話題や争点をケースに書き込むのではなく，議論の口火を切るきっかけとして用いるねらいを垣間見ることができる。

また，教材の史実性にも強いこだわりはなかったようだ。取材や調査に基づく場合でも，ケースの登場人物を実名で呼ぶことを避け，実際には別個の会社で起きた出来事を組み合わせて1本のケースを作成した。こうした執筆方針により人物の特定や史実としての事件への遡及はできなくなる。それは坂井らが，ケースの登場人物に自己投影や感情移入を求めず，ストーリー展開を深読みさせることに関心を集中させようとしたためだと考えられる。

坂井らが論考のなかで例示する「病気」のアナロジーは，この教育法のねらいを明確に打ち出している（坂井・吉田，1997）。危機に瀕した企業（病に侵される患者）を経営者（医師）が救う（治す）ための最善を尽くすのが「治療」だとすれば，企業（患者）が危機（病）に陥らないように予防に最善を尽くすのが「病理体系」の確立である。意思決定能力は，すでに起きた問題の解決を図る思考を要するのに対し，課題の早期発見は，問題が起きる図式を理解したうえで，それを回避するための防止策を練る思考にある。坂井らがケース・メソッドに期待したのは後者であった。

## 3. ケース・メソッドの実践性

ここまでに，ケース・メソッドへの期待を3通りに整理した。いずれも「実践的」な教育効果を期待するものであるが，そこには賛否がある。紙幅の都合から詳細を別稿に譲るが，おもな争点は，教室で行うケース討論をすぐに実務

第2部　実践編

に役立つと期待できるかどうかにあった。

　教室が職場と異なる場であることは，受講者自身がよく知っている。ケース・メソッドが仕事にすぐに役に立つという期待はいささか過剰で的外れでもある。というのも，ケース教材がどれほど史実性を高めて作成されたものだとしても，受講者がその内容とまったく同じ場面に立ち会う確率は限りなくゼロに近いためである。ケース教材は，討論のための教材であり，予言ではない。

　ケース・メソッドは，Off the Job Training（OFF-JT）型の教育研修方法である。職場から切り離された場所と時間で行われるにもかかわらず，「実践的」でありうるのは，次の2つ理由による。1つに職場の利害から離れたところで，「統合する知」を鍛えることができる。もう1つに，経営の理想を受講者に語らせることで，教員は倫理を教える機会を提供するのである。以下ではこの2点について述べる。

　これまでOFF-JT型の講義には，専門的な知を体系的に学ぶことが期待されてきた。たとえば語学，法律，業界動向，接客，マナーなどの講義を受けることで，テーマごとの知識を過不足なく修得できる。経営に関していえば，ファイナンス，人的資源管理，マーケティング，会計，経営情報など，専門的な分野と分析ごとの学知の体系がある。学校教育には教科や科目があり，研修でも受講別にコースが設けられている。それぞれは経営のケースを深く読み解き，専門的な知からその問題を分析することに有用である。

　ただしOFF-JTで学んだ知見を実務で活用する裁量は，すべて本人に任されている。それに対してケース・メソッドは，「結局，あなたはどうすることが最善なのか」を問う。その答えを能動的に見つけ出さなければならないのは，受講者自身である。

　ケース・メソッドは，教室という，職場の利害から少し距離を置いた時間と空間を使って，実務の現場を想起しやすい教材を扱う。そのため教室や研修室で行うOFF-JTのアプローチを取りつつも，OJTに似た思考の機会を提供することができる。

　だが，ケース・メソッドが，明日からすぐに仕事で役立つという期待は，勇み足ではなかろうか。というのも，この教育法の隠れた効果は，教室内で語る経営の理想と，実務での現実的な行動との「乖離」を否応なく意識させること

にあると筆者は考えるためである。どれほど素晴らしいアイディアがひらめき，それを自らの言葉で熱く語るとしても，それが実務の現場で行動に反映されないのなら，絵に描いた餅である。

とはいえケース・メソッドは，絶望しながら理想と現実のギャップを教える方法ではない。経済的な支障や，戦略の乏しさ，あるいは人間関係構築の難しさだけではなく，自ら歩を前に進め，その困難を主体的に克服しようとしなければ，現実を理想に近づけることはできないことを自らの思考によって学ばせるのである。ケース・メソッドは，OFF-JTのアプローチでOJTに似た思考を働かせて，理想と現実の接点を経験的に学ぶことができる。

ケース・メソッドは「実践的」な教育法である。だがそれはすぐに役立つ知識や技術を身につけるという意味ではない。教員が正解を教えるのではなく，受講者に経営の理想を語らせることで，理想に近づくための思考と態度を形成する可能性を秘めているのである。

## 4. ジレンマに向き合う思考と態度への準備

本節では，ケース・メソッドに期待されてきた教育効果について3通りに分けて紹介した。以上を踏まえ，経営倫理教育においてケース・メソッドはどのような役割を与えうるのか。その答えを素描して本節の結びに代えたい。

これまで倫理教育の関心は，倫理とは何か（What）を教えることに向けられてきた。偉人の伝記や先哲の思想を教材として使うこともあれば，身近な人間関係を例にとり善悪を教示することもある。倫理観を培うためには，まずなによりも何が倫理に適うのかを熟知する必要がある。そうした着想は，人間社会を長く支配してきた主知主義という，教義（ドグマ）である。

ケース・メソッドが教えるのは，それと対照をなすもう1つの教義である。倫理に適う行為を，あらかじめ提示するのではなくその場で考えさせ，講じるのではなく口を開かせる。この教義が問うのは，倫理に関する博覧強記ぶりではない。場面に応じた判断の適切さ，そして周囲を納得させる説得力である。受講者に積極的に語らせる非・指示的な教育法を採る。どちらの教義が優れているというのではなく，倫理教育への着想と方法論に大きな違いがある。

人々が生きる世界には，複数の複雑な価値観や規範が併存している。そこに

特定の倫理原則や学説が正しいという思考から正解を導く態度には，ある種の決めつけや押しつけをともなうだろう。個別の一度きりの場面において，複数の価値観が相反し，規範が対立する。そこには人命に直結する深刻な事態から新入社員の採用基準まで，選択の内容はさまざまだが，ごく日常的に二律背反や三律背反は生じている。

　法曹倫理教育は，しばしばジレンマを教材としてきた。ロー・スクールでは，法曹職の志望者を対象に裁判例・事件例を用いた，倫理教育を行う。たとえば「ロバート・ギャロウ裁判」は，受講者を弁護士の義務を個人（市民）の良識に対置させる場面に立たせるケースである（Zitrin & Langford, 1999／村岡（訳），2012）。その概略は次のようなものである。身勝手な動機と残忍な手口で複数の殺人を犯した容疑者ギャロウは，アルマーニとベルジという2人の弁護士だけに被害者を遺棄した場所を供述する。弁護士らはその証言から遺体を確認するものの，職業倫理上の守秘義務を貫いて当局への通報を控える。結果的には警察が遺体を発見し，裁判の結果，ギャロウは死刑判決を受ける。その後，世論は弁護士の（人間としての）不実と不正を厳しく問い，ベルジは廃業，アルマーニは不遇な法律家人生を送る。

　このケースでは，市民としての通報義務と，依頼人の最善の利益を図る弁護士の義務が天秤に掛けられている。また，いくらか分量のあるケースのなかのどの段階での判断や行為を尋ねるのかによって，受講者が考える最善への考え方には違いが現れるかもしれない。このケースが示すのは，「究極の選択」である。

　多くの人々は毎日，こうした究極の選択に迫られているわけではない。だが日常の出来事には，ごく些細なことから，人の生き方にかかわることまで，さまざまなレベルで価値の対立が生じている。ケース・メソッドが倫理教育に寄与しうるとすれば，自身が経験する出来事にいかなる価値観や規範の問題があり，自らの立場で複数の候補のなかから順序をつけて，1つの行為を倫理に適うものとして導く思考のプロセスを鍛えることにある。

　社会という，人が他者と接する文脈の複雑さの前に，原理原則をかざして複雑な状況を一刀両断すること，また，過去の栄光と挫折から半ば自動的に正解を導こうとする態度で，人が幸せな生き方を全うすることは難しいように思われる。自らが正しいと信じる倫理にたどり着くまでの思考と態度を鍛える手法

第5章　モラルの教育──発達年齢に応じたモラルの教育にはどのようなものがあるか

として，ケース・メソッドは倫理教育に寄与すると期待できる。

　倫理とは何か（What）ではなく，あなたが倫理をどのように（How）実現するのか。いささか大風呂敷を広げることが許されるのなら，幸せな生き方に向かう思考と態度を形成する教育の機会をケース・メソッドは提供しうるのだろう。

　食品ロスとしてラーメンを回収したヤマザト君にとっての幸いは，はたしてどのような行動によって実現されるのだろうか。

　　謝辞：本節は，公益財団法人日東学術振興財団の助成（平成26年度，第31回）による研究成果の一部である。

# 第6章　発達の多様性とモラル教育

　徳の高い人，倫理観の高い人と呼ばれる人がいる一方で，不道徳な人と呼ばれる人もいる。同じ教育を受けても，点数が取れると取れない人がいるように，倫理観が高い人と低い人が生まれてくる。学校で引き起こされる問題，たとえばいじめや傷害事件の背景には，その児童生徒の道徳性の未発達がある。道徳性の発達には，さまざまな要因があり，一概に教育方法が原因とはいえない。しかし，学校教育はあきらめるわけにはいかない。児童生徒がその後の人生をよりよく生きるために道徳性は必要なのである。

　特に道徳教育の工夫が必要とされる児童生徒の特徴として，発達症がある。発達症は，脳機能の障害であり，一般的な道徳教育方法では十分な発達が望めない可能性がある。自閉スペクトラム症児は，他者に関心がない，相手の気持ちがわかりにくい，といった特徴を持ち，対人関係で問題を起こしやすい。相手の気持ちがわからないばかりに，相手を傷つけたり，逆に自分が傷ついたりする。自閉スペクトラム症の児童生徒は，「相手の気持ちを思いやる」という徳目の習得が苦手だといえる。また，注意欠陥多動症の児童生徒も，思わず傷つけることを言ったり，したりして，周囲から嫌われたり，いじめられることがある。学校現場では，発達症の児童生徒をどのように教育するのかが重要な課題であり，とりわけ問題の中核である「思いやりの心」をどのように育むかについて，道徳教育の役割は大きいといえる。そのため，通常の学級以外の通級指導でも指導が行われている。

　本章では，発達症の特徴を脳機能の観点から理解し，発達症の道徳教育の実際として，通級指導教室や特別支援の事例からどのような支援があるのかを紹介する。

# 1節　脳機能および脳機能障害と道徳

　この数年，自閉スペクトラム症を中心とする発達症と脳活動という2つのテーマがテレビの教育番組で取り上げられる機会が増えている。本節では，小児の脳の発達と道徳獲得を中心に，自閉スペクトラム症という視点を絡めて話を進める。

## 1．子どもの脳とその発達

　ここでは脳に関する話題が多くなるので，最初に脳部位とその機能について簡単に説明する。図6-1に示したものは，ブロードマンの脳地図と呼ばれるもので，ヒトの大脳新皮質における細胞組織構造の違いにより52の領域（ブロードマンエリア：BA）に区分したものである（Brodmann, 1909）。この領域区分と情報処理特性に関係があるとされており，この考え方を脳機能局在論という。脳機能局在論で代表的なものとしては，1つの機能が1つの領域に対応しているものとして運動産出に関連する一次運動野（BA1），感覚の受容に関連する一次感覚野（BA2），1つの機能が複数の領域に対応しているものとして，言語算出に関連する運動性言語野（ブロカ野：BA44/45）や，他者の言語理解に関連する知覚性言語野（ウェルニッケ野：BA39/40）などがある。

　次に，脳の発達について概観する。

図6-1　大脳左半球外側を左から見た図（Brodmann, 1909）

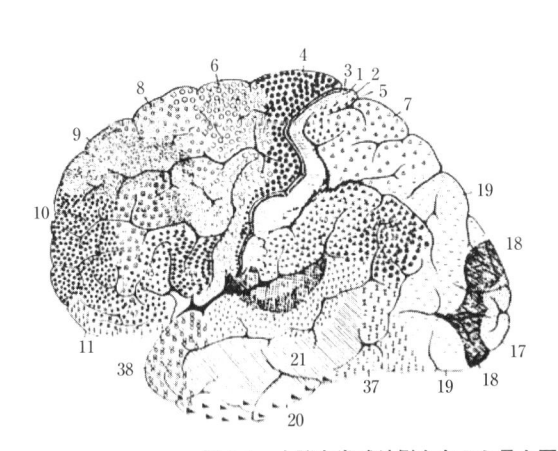

後頭葉（BA17/18/19），頭頂葉（BA5/7）など場所を表す名前のつけ方のほか，運動性言語野（ブロカ野：BA44/45），知覚性言語野（ウェルニッケ野：BA39/40）など機能に応じた名前のつけ方がある。

第 2 部　実践編

　デカバンとサドゥスキー (Dekaban & Sadowsky, 1978) によると，脳の発達に関する指標を重量とした場合，男女で若干違いがあるものの，最大になるのは 10 代半ば，そして，脳と体重の比率に関しては 16 〜 18 歳程度で成人とほぼ同じ比率になる。さらに，ライスら (Reiss et al., 1996) は，知能指数 (IQ) と性別を発達による脳の容積変化と関連づけた研究で，①女児よりも男児のほうが 10% 大脳皮質の容積が大きいが，5 歳以降はどちらもほとんど変化しないこと，②男児で脳容積がより大きいのは，灰白質の増加が主要因であること，そして，③男女ともに右半球の大脳皮質及び皮質下の灰白質の増加と，左半球の脳脊髄液の増加がみられただけでなく，IQ が大脳皮質容量，特に，前頭領域の灰白質の容量と正の相関がみられたことを報告している。また，脳部位間で発達速度にも違いがある。たとえば，チュガニ (Chugani, 1998) が PET (陽電子撮像法) という手法によって脳の神経細胞のエネルギー源となる糖の一種，グルコースの代謝を計測したところ，新生児期では一次感覚野と運動野，帯状回，視床，脳間，小脳虫部，海馬領域，2 〜 3 か月では頭頂葉，側頭葉，そして，一次視覚野，大脳基底核，小脳，6 〜 12 か月では前頭葉での消費が増えた。そして，大脳皮質の代謝が成人と同じレベルに達するのは，16 〜 18 歳のときである。

　これ以外にも，脳神経の発達のもう 1 つの指標に髄鞘化という現象がある。髄鞘化を簡単にいうと，長く伸びたむき出しの神経細胞 (軸索) の表面を少し間隔 (ランビエ絞輪) を空けながら，絶縁体である鞘のようなもの (髄鞘) で覆っていくものである。このランビエ絞輪の部分を電気信号が通ること (跳躍伝導) により，神経細胞間の情報伝達速度が格段に向上する。これは，結果的

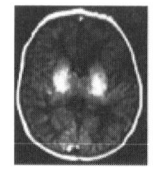

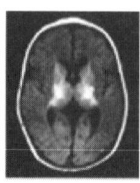

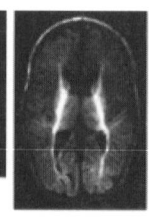

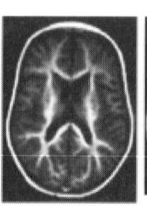

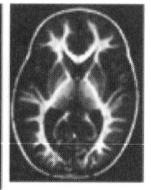

(a) 1 か月齢　(b) 2 か月齢　(c) 3 〜 6 か月齢　(d) 7 〜 9 か月齢　(e) 9 か月齢以上

白い部分が髄鞘化が起こっている領域を示す。

図 6-2　生後 1 年程度までに髄鞘化が起こる脳領域の変化 (van der Knaap & Valk, 1990)

に情報処理速度が上がることを意味している。ヴァンデルクナップとヴァルク（van der Knaap & Valk, 1990）が示す通り，この髄鞘化は，新生児期から成長するに従い，中心から外へと広がっていく（図6-2）。そして，この髄鞘化を含む前頭前野の発達と認知機能の向上が相関していると，ケイシーら（Casey et al., 2000）は報告している。以上のように，子どもの脳および認知機能は，18歳程度をめやすに成長していくのである。

## 2. 道徳的判断に関連する脳機能およびその部位

　脳に関する情報もある程度説明したので，道徳的判断と脳の関係について話を進める。聞いたことがあるかもしれないが，20世紀後半になってfMRI（functional Magnetic Resonance Imaging：機能的磁気共鳴画像法）やEEG（Electric Encephalo Graphy: 脳波計）といった手法による脳機能画像研究が盛んになってきた。これまでの章でも登場しているピアジェ（Piaget, 1932/1965）に始まり，コールバーグ（Kohlberg, 1969）やチュリエル（Turiel, 1983）が改良を加えた道徳発達段階説は，子どもの行動観察や行動実験を基にした認知発達に関連づけて提唱されている。そして，モルら（Moll et al., 2001），グリーンら（Greene et al., 2001）の報告に触発されるかのように，認知機能を反映するような実験心理学的手法を用いて，道徳的判断に関連する脳機能・部位を明らかにする脳機能画像研究が，21世紀に入って増えてきた。グリーンとハイト（Greene & Haidt, 2002）による報告では，道徳的判断に関連する脳部位として，①中前頭回（BA9/10），②後部帯状回，楔前部，脳梁膨大後部皮質（BA31/7），③上側頭溝，下頭頂小葉（BA39），④前頭眼窩皮質，前頭前野腹内側皮質（BA10/11），⑤側頭葉（BA38），⑥扁桃体，⑦前頭前野背外側部（BA9/10/46），⑧頭頂葉（BA7/40）があげられている（図6-3）。行動実験の結果と合わせて考えると，これらのなかでも，ケイスビーア（Casebeer, 2003）が指摘しているように，前頭前野背外側部は心の理論，前頭眼窩皮質は推論，中前頭回から前頭前野腹内側皮質にかけての部位は感情と関連する脳部位であることから，道徳的判断にはこの3つが強くかかわっていると考えられる。なお，心の理論（Theory of Mind: ToM）とは，プレマックとウッドルフ（Premack & Woodruff, 1978）がチンパンジーの行動を観察して，同種他個体

第 2 部　実践編

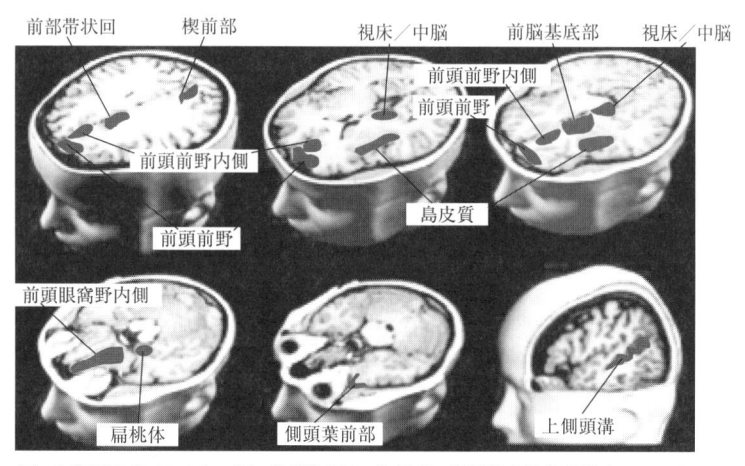

(1) 中前頭回 (BA9/10), (2) 後部帯状回, 楔前部, 脳梁膨大後部皮質 (BA31/7), (3) 上側頭溝, 下頭頂小葉 (BA39), (4) 前頭眼窩皮質, 前頭前野腹内側皮質 (BA10/11), (5) 側頭葉 (BA38), (6) 扁桃体, (7) 前頭前野背外側部 (BA9/10/46), (8) 頭頂葉 (BA7/40)

**図 6-3　道徳的判断にかかわるおもな脳領域名とブロードマンエリアの対応**（Moll et al., 2003）

の心を読んだような行動をとることから「心の理論」という機能があるのではないかと指摘したことに始まり，しだいに拡張され，現在では，他者への心の帰属，他者の心的状態の理解，他者の行動予測などができるには「心の理論」が備わっている必要があるとされている。

　前述したように，これまではそれぞれの脳機能部位でどのような内容の情報が処理されているか，というところに主眼が置かれていたが，この数年，それらの脳機能部位を結んだネットワークとしての情報処理過程をとらえる研究も増えてきた。道徳的判断の脳内ネットワーク研究としては，デセティとカチオッポ（Decety & Cacioppo, 2012）による成人を対象とした脳波実験があげられる。彼らは，他者に危害を加える行動が意図的かどうかの判断は 62 ミリ秒後には右半球の上側頭溝後部で行われ，扁桃体と側頭極（122 ミリ秒後），前頭前野腹内側部（182 ミリ秒後）で危害を加える行動に対する処理を行っているという，道徳的判断にかかわる脳内ネットワークとその処理時間をはじめて報告した（図 6-4）。

　これまでみてきたように，脳の発達と認知機能の発達が関連していることと，

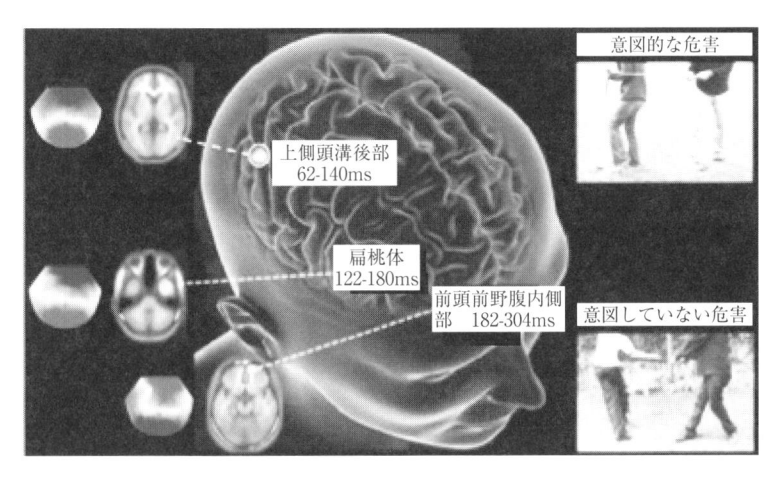

意図性に関しては，上側頭溝後部で早期に処理され（62ミリ秒後），その後，扁桃体と側頭極（122ミリ秒後），前頭前野腹内側部（182ミリ秒後）で危害を加える行動に対する処理が行われた。

**図 6-4　道徳的判断にかかわる脳内ネットワークと処理時間**（Decety & Caccioppo, 2012）

認知的発達と道徳の発達が関連することから，道徳的判断に必要とされる脳活動は，幼児期から成人期にかけてさまざまな変化をしていると推測できる。たとえば，林（Hayashi, 2007, 2010）は子どもの道徳的判断と心の理論を関連させた行動実験を行った。林（Hayashi, 2007）では，7歳，9歳，11歳の子どもを対象として道徳的判断を行わせた結果，7歳では一次の心的状態（「本人が〜を知っている」という状態）のみを考えて反応していたが，9歳以上では二次の心的状態（「他者が〜を知っている」と本人が思っている状態）を利用していた。これは，だいたい9歳ごろから二次の心的状態を理解して，対象の行動が作為的かそうでないかにかかわらず，道徳的判断をできることを明らかにした。さらに，林（Hayashi, 2010）では，さらに年齢を下げて，4歳〜5歳の群と5歳〜6歳の群を対象とした実験を行った。ここでは，どちらの年齢群も対象の行動が作為的かそうでないかにかかわらず道徳的判断ができたが，道徳的判断をする際に相手が知っているか知らないかについての理解を使えるのは5歳〜6歳群であることを明らかにしている。このように，道徳的判断では同じ結果を表出しても，それを導き出すのに使うシステムは道徳の発達段階ごと

第 2 部　実践編

に異なる可能性がある。

## 3.　発達症と道徳獲得
### (1)　発達症（自閉スペクトラム症）

　アメリカ精神医学会策定の「精神障害の診断と統計マニュアル」第 4 版(1994)（DSM-IV: Diagnostic and Statistical Manual of Mental disorders）で決められたカテゴリー名として「広汎性発達障害」（PDD: Pervasive Developmental Disorder）というものが定義されている。そして，そのサブカテゴリーとして，自閉性障害，小児期崩壊性障害，レット障害，アスペルガー障害，特定不能の広汎性発達障害が存在する。現在の日本では知的に遅れが無いという意味で軽度発達障害という言葉が学校で用いられ，そこには注意欠陥多動性障害（AD/HD）や学習障害（LD）も含まれるが，おもに自閉性障害とアスペルガー障害を一括りにして考えていることが多い。そして，2013 年 5 月に DSM-IV が DSM-5 に改訂され，診断基準が変更された。DSM-IV では，広汎性発達障害は，3 歳までに発症する「非言語性コミュニケーション障害」「言語性コミュニケーション障害」「限局した興味と反復行動」という 3 つの定義によって鑑別されていたが，DSM-5 では「社会性コミュニケーションおよび社会性相互作用の障害」と「行動，興味，活動の限局的かつ反復的なパターン」となり，メインカテゴリーの名称が「自閉スペクトラム症」（以下，ASD）と変更された。これにともない，コミュニケーション障害の色彩が濃くなったことから，X 染色体異常のレット障害はもちろんのこと，アスペルガー障害など，その他のサブカテゴリーもなくなった。

　ASD の疫学的なことをみていくと，①ニュースチャファーら（Newschaffer et al., 2007）によると，ASD の有病率は，世界的には約 0.1 ～ 0.2％であるが，女性よりも男性のほうが 4 ～ 5 倍ほどである。②ブルームバーグら（Blumberg et al., 2013）がアメリカの 6 ～ 17 歳の子どもにおける ASD の割合を調べたところ，2007 年には 1.16％だったものが，2011 ～ 2012 年には 2％と有意に増加していただけでなく，2007 年以前よりも，2008 年以降に診断がついた子どもは，重症度が軽減されていた。③オゾノフら（Ozonoff et al., 2011）と角ら（Sumi et al., 2006）によると，第一子が ASD の場合，第二子が ASD である確率は

第 6 章　発達の多様性とモラル教育

2 〜 18％である，といった特徴を有している．そして，上記の DSM-5 による ASD の定義からも，ASD の人にとって，多くの定型発達（以下，TD）児・者で形成される社会で「表情を読む」「空気を読む」「状況を察する」ことによって（特に非言語性の）コミュニケーションをとって円滑に生活していくことが難しいことや，杓子定規に規則を適応するなど，柔軟性に乏しいことが一般的に知られている．これは，カステッリら（Castelli et al., 2002）やバロンコーエンら（Baron-Cohen, 2002）による先行研究により，心の理論の獲得が不十分であることと関連している．また，オゾノフら（1990）やドーソンら（Dawson et al., 2004）は，ASD は感情の読み取りや理解がうまくできないと報告している．これらは，心の理論にも関連しており，側頭葉から側頭後頭連合野，感情面では前頭前野内側面の脳部位の活動が TD とは異なることが明らかになっている．

　また，脳の発達に関して目を向けると，TD 児において脳容積・重量が年齢に応じて変化していくことを示したが，当然ながら ASD 児においても，脳容積・重量が年齢に応じて変化していく．しかし，クーチェスンら（Courchesne et al., 2003）やエイルワードら（Aylward et al., 2002）が示したように，TD 児に比べた場合，ASD 児は発達初期段階で脳が大きくなる傾向がある．言い換えれば，脳の発達パターンが TD 児と ASD 児では異なるということである．たとえば，マンソンら（Munson et al., 2006）は，3 〜 4 歳の ASD 児において，右扁桃体の肥大化と臨床検査における社会性およびコミュニケーションの重症度の増加が相関し，6 歳でさらに悪くなっていたと報告した．扁桃体は，社会的情報や感情に関する情報の処理にかかわるところであり，扁桃体の成長が ASD における社会的な行動不全の予想に役立つとしている．そのうえ，菊知ら（Kikuchi et al., 2014）は，TD 児と比べると，ASD 児では脳の左前方領域と右後方領域という遠い脳部位間の機能的なつながりが有意に減少し，その度合いは自閉スペクトラム症度と相関すると報告した．このように TD に比べた場合の ASD での脳の形態・発達的な違いや機能的な違いが，ASD の認知機能の違いを反映していることが明らかになってきた．

213

## (2) 自閉スペクトラム症における道徳獲得

　道徳的判断の定義の1つに，ハイト（Haidt, 2001）の「文化に必須のものとして備わっている美徳によって形成される，ヒトの行動や性格を（良いか悪いか）評価するもの」がある。文化や社会は多数派の人たちによって形成され，その社会形態を維持し，日常生活を快適に送るために必要な暗黙のルールが道徳であると言い換えることができる。当然ながら，そのルールを作り出した多数派には，そのルールを守ることは難しくないが，多数派が占める社会で少数派の人たちが生活するには，多数派のルール，すなわち，道徳を適切に獲得・実行していくことが求められる。そしてASD児・者にはそれが難しいとの指摘がある。これは，道徳獲得が学習に依るものであることにも関連している。たとえばピアジェの道徳発達段階説における前慣習段階などでは，本人が道徳を逸脱した行動をした場合などに，親などが直接本人に注意をすることで，その行動に関する道徳を獲得していくが，少し大きくなると，自分だけでなく，他者が道徳を逸脱した行動をして，怒られた場面などを見て，道徳を獲得する場合も増える。しかし，ASD児・者は，他者の行動を見て自分のふるまいを変化させる，いわゆる，「空気を読む」という行為がほとんどできない。さらに，リーら（Li et al., 2014）が示すように，TD児・者は学んだルールを周囲の状況に合わせて柔軟に変化させることができるが，ASD児・者は学んだルールの汎化も苦手としている。近年，グァステラら（Guastella et al., 2010）が，ASD者がオキシトシンを鼻腔に噴霧投与した場合，社会性コミュニケーションと相互作用が改善すると報告したが，まだオキシトシンの社会性やASDに対する効果に関する研究は始まったばかりであり，今後さらなる検証が必要である。

　そして，現在のところ，ASDを対象とした道徳的判断時の脳機能研究は，ASD少年が道徳的に悪い場面を見た際に前頭眼窩面の活動低下することを指摘した平石ら（2007）の研究や，TDでは意図的に他者を傷つければ偶然の場合と比べて，他者の心を推し量る際に活動する右側頭頭頂連合野の活動がみられるが，ASDでは差がみられなかったとするコスターハレら（Koster-Hale et al., 2013）の研究など数例しかない。今後の研究が望まれる分野である。

## 4. 今後の道徳的判断に関する脳機能研究の展望

　前述のハイト（Haidt, 2001）では，「道徳は文化によって異なる」と定義されており，文化による道徳の違いを示唆している。殺人などの主要な道徳観念に関しては文化間の差はないと考えられるが，文化と切り分けが難しい宗教を考えた場合，ブルーム（Broom, 2006）によると，すべての宗教には中心となる道徳的規範があり，さらに，民族的な構成を含む周辺的側面に違いが存在する。このことから，宗教に根差した部分では文化間で差がみられる可能性が考えられる。しかし，そういった道徳的逸脱の文化差が，どのように脳活動に反映されるのか，まだ明らかになっていない。

　また，近年，道徳的判断と同じく「判断」に注目した課題遂行時の脳活動として，審美判断が注目を浴びている。そのなかで，道徳的判断と審美判断を扱った脳機能画像研究は，月浦とキャベザ（Tsukiura & Cabeza, 2011）やエイブラムら（Avram et al., 2013）以外にはほとんどない。このうち，エイブラムら（Avram et al., 2013）によれば，文章題による道徳的判断と詩に対する審美判断時の脳活動は，左右両側の前頭前野内側（BA8），前帯状皮質（BA32），運動前野（BA6），黒質，左半球の前頭眼窩野（BA47），下前頭回（BA 45），補足運動野（BA6），中側頭回（BA21），右半球の前頭眼窩野（BA47），島皮質（BA13），視覚野（BA18）が共通して賦活した。さらに，左右両半球の前頭前野内側（BA9），前部帯状回（BA10），後部帯状回（BA31），楔前部（BA 7），左半球の中前頭回（BA9），側頭後頭連合野（BA39），中側頭回（BA22），視覚皮質（BA17）では道徳的判断時のみ賦活がみられた。ケイム（Came, 2012）は，道徳的判断と審美判断はともに価値判断であり，それぞれ，ポジティブ・ネガティブ，美しい・醜い，そして，正しい・間違いという価値について判断していると考えることができるとしている。そのうえ，カプチックら（Cupchik et al., 2009）やグリーン（Greene, 2007）では認知的操作，報酬探索行動，動作の表象や感覚の想像といった，いくつかの認知的処理を共有しているとしているが，芸術内容に関して道徳的判断が求められたり，道徳的内容に関して審美判断が求められることもあり，依然，道徳的判断と審美判断の境界線は不明瞭なようである。

　さらに，道徳的判断と性差について考えたとき，道徳の発達段階についてコ

第 2 部　実践編

ールバーグは性差がないと述べているが，ギリガン（Gilligan, 1982）は，女性は友情や家族の結びつきなどに対する特殊な義務の問題を持ち出す傾向（思いやり志向）が強いが，男性は規範と権利との間の裁定問題を持ち出す傾向（権利志向・正義志向）があることから，道徳的判断には性差が存在すると指摘した。道徳的判断の性差について脳機能画像法を用いた研究報告として，シェーレら（Scheele et al., 2014）があげられる。シェーレらは，グループ内の親和性を高め，グループ外との競争性を高めることがわかっているオキシトシンというホルモンの投与前後での嫌悪に対する道徳的判断時の脳活動をfMRIにより計測・比較している。その結果，脳活動がオキシトシンによって強められること，さらに，男性の場合はより利己的な判断をし，女性の場合はより利他的な判断をするように変化したと報告している。

　このように近年，ASDに関して社会的な関心が高まる一方で，その道徳に関する脳機能画像研究は始まったばかりというのが現状なため，新しい技術を利用して解明すべきことはたくさんある。たとえば，林（Hayashi, 2007, 2010）が行動実験で示したような年齢による道徳的発達段階の違いが，脳内ではどのように反映されているのか，などである。

　最後に，今後見込まれる道徳とASDに関する研究の展望についてあげておく。まず，研究の観点からは，①道徳的判断の行動表象と脳内ネットワークが道徳発達に従ってどのように変化するのかの解明，②道徳に関する脳内ネットワークの文化間比較研究，③自閉スペクトラム症と定型発達の道徳に関する脳内ネットワークの比較研究，④他の判断との脳内ネットワークの比較研究が進むことが期待される。

　さらに，臨床の観点からは，道徳的判断にかかわる脳内機構が解明されれば，発達症児が道徳獲得のための療育を受けたり，犯罪者が更生プログラムを履修した後，その効果が表面上の反応だけでなく，脳活動の面からも検証できたり，より良い道徳獲得方法の開発にも応用されることが期待される。

## 2節　小学生の自閉スペクトラム症への道徳教育

### 1. 自閉スペクトラム症の児童のソーシャルスキル・トレーニング

　自閉スペクトラム症，注意欠陥多動症，学習症などの症状により学級への適応が困難な児童に対して，小学校，中学校において通級による指導が行われている。文部科学省（2014）によれば，通級指導に通う小学生は平成5（1993）年度には11,963名であったが，平成24（2012）年度には65,456名となり増加傾向にある。背後には，発達症を示す児童とそれを認識する教師や保護者が増加し，通級指導学級を増やしているという現状がある。通級による指導を受ける児童で最も多いのは，言語障害（32,390名）であるが，次いで自閉スペクトラム症（9,744名），注意欠陥多動症（7,596名），学習症（7,714名）となっており，発達上の問題で指導を受ける児童が多いことがわかる。

　自閉スペクトラム症，注意欠陥多動症の児童に対する通級指導では，少人数で学校場面を想定したソーシャルスキル・トレーニング（Social Skills Training: SST）が行われることがある。ソーシャルスキルとは，対人関係を円滑にするためのスキルであり，学校生活で必要なスキルとして挨拶，自己紹介，話の聴き方，仲間の誘い方，断り方などがあげられる。なかでも挨拶は人間関係をスタートさせるために必要な基本的なスキルであり，小学校では上手な挨拶を1学期の目標に掲げることが多い。挨拶をしないと，他の児童からは「イヤなやつ」などよい印象が持たれず，会話も開始されないため，孤立しがちになる。学級で友だちとうまくコミュニケーションができないと，孤独，不安，抑うつなどの2次的な症状につながるため，挨拶のような基本的なスキルから行っていくことが大切である。しかし，自閉スペクトラム症の児童の多くは，他者への関心が乏しく挨拶をすることが少なく，教師がうながすだけでは「目を見て，聞こえる声で，笑顔で挨拶する」というポイントを踏まえた上手な挨拶はできない。そのため，通級指導など学級以外での指導が重要となる。SSTでは，1度教えたことであっても繰り返し指導し，身につけさせる。通級指導では，挨拶のように直接友だちに働きかけるスキルだけでなく，1年生で学ぶような基本的なライフスキルである「よい姿勢で座る」「黒板に書いてあることを，ノートに書く」「ちょうどよい声の大きさ」「返事をする」「体を揺

らさずに並ぶ」「友だちが作業を終えるのを待つ」「負けても怒らない，相手をほめる」「宿題をやってくる」といったことも再学習する。こうしたスキルは，幼児期から小学1，2年生までに少しずつ獲得していくことが望ましいとされるが，発達症の児童は小学校に入学してから再学習が必要なことが多い。また，スキルの学習のなかで，「他者に迷惑をかけない」「他者をよい気持ちにさせる」など行動の理由を学ぶことで，道徳の学習も行われる。

　SSTは，まず児童のアセスメントを行い，目標とするソーシャルスキルを決定する。そして，目標のスキルの見本を見せて（モデリング），繰り返しリハーサルさせ，そのつどよかったところをほめて，悪かったところをどうしたらよいか教える（フィードバック）。最後に，ホームワークとして生活のなかでスキル使ってみる（般化）ことが課せられる。1回の授業で1つのスキルを行い，必要に応じて何度か実施する。たとえば，上手な話の聴き方であれば，教師やトレーナーが「目を見て，よい姿勢で，相手が話し終わるまで聞いて，返事をする」というポイントを押さえた見本を見せ，児童に何度かリハーサルをさせてスキルを定着させる。集団の場合は，それぞれの参加児の特徴を踏まえて，プログラムを作成する。SSTは学級単位でも効果が上がることが示されている（佐藤・佐藤，2006）。しかし，自閉スペクトラム症の児童は，顔と表情の認識能力，言語の流暢性，非言語的表出の解釈，対人的文脈の解釈，感情制御，対人関係における感情の洞察，視点取得能力，自己監視能力といった同学年の児童と比べて苦手な領域が多くあり，見本を見て学ぶということが困難なことがある。たとえば，上手に話を聴くスキルのトレーニングでは，話を聞いているうちに内容や心情の解釈が苦手なために意味がわからなくなり苦痛になりキョロキョロして，教師に注意されて，ますますやる気がなくなることがある。注意をされるというのは，教師にとっては大切な指導であっても，いつも注意されている児童にとっては無理難題を押し付けてくる苦言となり，うろうろし始めたりキレたり逃げたりしてトレーニングを回避し始める可能性がある。自閉スペクトラム症の児童に対しては，相手のほうを見てよい姿勢で聞いているときにすぐにほめる，キョロキョロしても注意せず内容を覚えていたらほめるなど，児童なりにできているところを常にほめ続けるという工夫が必要となる。また，他者と遊んだり話したりしても，怒られたり嫌われたりした

経験があるために，上記のスキルを学習しようとする動機づけが低いこともある。自閉スペクトラム症の児童にスキルの獲得と実行をうながすためには，教師，トレーナー，親が常に肯定的な評価を与えて，励ましていく必要がある。肯定的評価には，子どものよかった行動に注目してほめるほかにも，目標とする行動ができればスタンプを押したり，スタンプがたまればシールをあげたりというトークン・エコノミー法が有効である。通級指導学級での集団指導中では，黒板に目標を書いて，できていればそのつど児童の名前が書いてあるところにシールを貼っていくといったことが可能である。

　自閉スペクトラム症の児童を対象としたソーシャルスキルの介入には，ソーシャルストーリー，友人をモデルとした介入，ビデオモデリング，認知行動的介入，機軸反応訓練などがある。自閉スペクトラム症児童へのSSTのメタ分析（Wang & Spillane, 2009）では，ソーシャルストーリーや友人モデルよりもビデオモデリング，認知行動的介入のほうが高い効果を持っていることが明らかにされた。同様に，統制群を設けた研究計画による自閉スペクトラム症の児童への集団SSTも効果が認められている（Koenig et al., 2010）。わが国では，そうした効果研究は筆者の知る限り存在しないが，通級指導における集団SSTの事例報告はいくつか存在する（森村，2014；岡田ら，2014など）。

## 2. 自閉スペクトラム症の児童のソーシャルスキル指導例

> 　遊んでいるときに，思うようにいかないことがあると，お友だちをたたいたり，つねったりします。こちらが怒っても「やっていない」とか「相手からやってきた」といって，反省しません。問い詰めると逃げ出したり，暴れたりします。

　上の事例は，たたいたのに謝らずに暴れるという反道徳的行動を示した小学4年生児童の例である。先行条件，行動，結果と分けて行動を分析すると，図6-5の介入前のようになる。友だちと遊んでいるときに嫌なことを言われたり，やりたくないことをやらされるなどの状況でイライラして攻撃したときに，他者に注目され，悲鳴が聞こえて面白いという経験をすると攻撃行動が強化されていると考えられる。また，嫌なことをやり返したり，やりたくないことをや

第2部　実践編

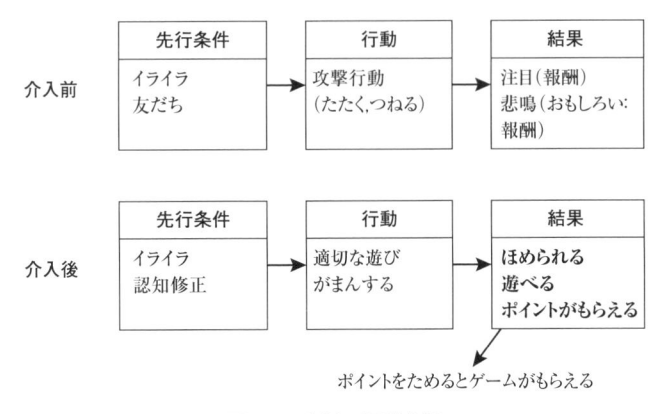

|  | 先行条件 | 行動 | 結果 |
|---|---|---|---|
| 介入前 | イライラ<br>友だち | 攻撃行動<br>(たたく,つねる) | 注目（報酬）<br>悲鳴（おもしろい：報酬） |

|  | 先行条件 | 行動 | 結果 |
|---|---|---|---|
| 介入後 | イライラ<br>認知修正 | 適切な遊び<br>がまんする | ほめられる<br>遊べる<br>ポイントがもらえる |

ポイントをためるとゲームがもらえる

図 6-5　事例の行動分析

らなくてもすめば，それも攻撃行動を強化する。自閉スペクトラム症の児童は，自分の感情に気づいたり，気持ちを伝えることが苦手なため，他者をたたくなど，年齢よりは幼稚な対処しかできないことがある。他者の気持ちがわかりにくいために，攻撃して悲鳴を聞いても「痛い思いをさせてしまった」とは思わず，反応してくれて楽しいし，遊びの延長で相手も楽しんでくれていると思って，さらに攻撃行動を行うこともある。「一緒に楽しんでいる」と思っている場合は謝罪することは当然なく，教師が「謝りなさい」といっても意味がわからず，問い詰めるようなことをすれば逃げ出すしかなくなり，教師や他の児童に取り囲まれて怖くなって暴れるという2次的な攻撃行動に至ってしまうのである。

　ソーシャルスキルの指導としては，図6-5の介入後の箇所のように，まずイライラしたときには，2人で楽しめる遊びをする，自分の気持ちを伝えるなど，適応的な行動を覚える必要がある。また，イライラしていることが自覚できずに先に手が出てしまうこともある。その場合，自分がイライラしていることに気づけるようになるため，自分がイライラするとき，そのときのイライラ度を思い出し，イライラする状況で適応的行動が取れるようにロールプレイをすることも効果的である。ロールプレイでは，授業中など我慢するしかない状況では，深呼吸などの感情を制御するスキルを練習して，我慢する練習をすることも可能である。こうしたトレーニングは児童にとって大変なストレスとなるの

第6章　発達の多様性とモラル教育

で，少しでもやろうとしたり，少しでもやれたらほめ，家族と連携して継続してトレーニングができたらゲームを買ってもらえるなど，本人が喜ぶご褒美を設定して，わかりやすい目標を立ててあげると継続して取り組める。

　小学3, 4年生になると，イライラする考え自体を修正することも可能となる。人は相手が悪い，自分は悪くないと考えると，自動的に怒りが喚起され，その程度が強ければ強いほど攻撃行動が抑制できなくなる。事例の場合は，「遊んでいるだけ」なのに自分だけを悪者扱いされるという認知によって，怒りが増幅されて暴れるという事態に及んだと考えられる。不安や怒りを低減するには認知行動療法が有効であり，自閉スペクトラム症の児童を対象としても効果がある（Sofronoff et al., 2007；White et al., 2010；Wood et al., 2009）。介入としては，落ち着いているときに，図6-6のように怒りのきっかけとなる考え（こころのセリフ）を書き出し，他の考えはないかを考えさせる。自閉スペクトラム症の児童は，自己中心的な見方をすることが多いため，他者がどう思っているか，友だちを傷つけたら何をしたらよいのか，これから他者と仲良くするにはどうしたらよいかなどを考えさせると新しい考えが得られやすい。「自分は遊びのつもり」であることを認めてあげて，その気持ちを言えたことをほめ，

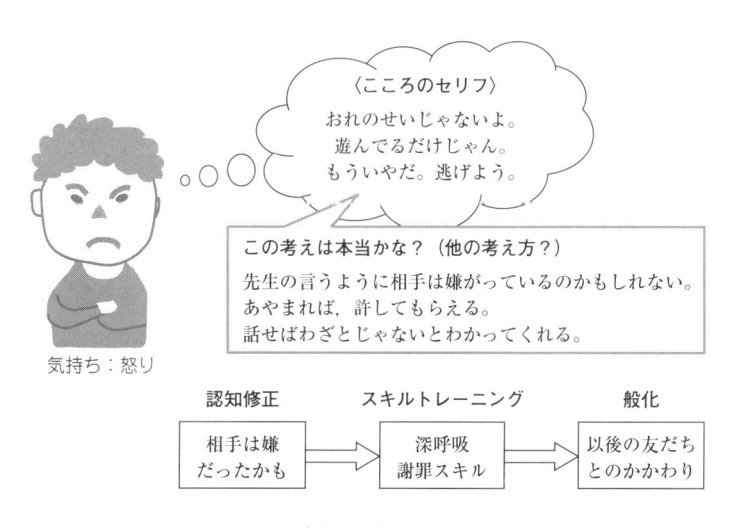

〈こころのセリフ〉
おれのせいじゃないよ。
遊んでるだけじゃん。
もういやだ。逃げよう。

この考えは本当かな？（他の考え方？）
先生の言うように相手は嫌がっているのかもしれない。
あやまれば，許してもらえる。
話せばわざとじゃないとわかってくれる。

気持ち：怒り

認知修正　　　　スキルトレーニング　　　　般化
相手は嫌　　　→　深呼吸　　　　→　以後の友だち
だったかも　　　　謝罪スキル　　　　とのかかわり

図6-6　事例の認知行動的介入

「では相手はどういうつもりだったのか」と問いかけ，「知らない，わからない」と答えても選択肢を与えるなどして，本人に考えさせることで，相手の気持ちを想像して，気持ちを理解することで怒りの程度が下がることを実体験させる。こうしたワークシートを何度もこなすことで，認知修正が実際の場面でもできるようになる。ワークシートは児童それぞれのイライラ体験を書いていく形で集団の指導も可能である。ただし，考えたり筆記するには，ある程度の知的水準が必要であり，そうしたことに苦手意識があれば，次にあげるような行動のみの指導となる。

　相手の気持ちが理解できれば，次は謝罪スキルの練習をする。たたく，大声を出すなどして，相手に嫌がられたときは，まず深呼吸をして，相手のほうを見て聞こえる声で「ごめんね」という練習をする。ホームワークでは相手が嫌がったときに，怒られたときに，自分にも非がないか考えて反応することができれば，ポイントがもらえるなど，日常生活で使うことをうながす。何週間か練習を続けるうちに，イライラしても相手を攻撃せずに遊べた，怒られても自分が悪いと思って謝れたという経験が生まれ，さらにほめて励ましていくことで，学校場面，家庭場面全般で怒りの頻度が低減することが期待できる。自閉スペクトラム症の児童の場合は，他者の気持ちの想像が苦手で感情制御も困難であることから，対人場面ではどうしても不安や怒りを経験し，反道徳的行動を取りがちである。しかし，通級指導や教育相談室で通常級で行われないような，認知の修正およびソーシャルスキルの練習をすることで，道徳を守る気持ちよさを実体験させてあげることが可能となる。

## 3節　中学生の学校不適応と発達症

　中学生という時期は心身の成長が著しい思春期前期にあたり，不登校やいじめ，非行，情緒障害，不安障害などさまざまな問題に直面し苦戦している生徒は少なくない（片桐，2002）。文部科学省初等中等教育局児童生徒課平成25年度「児童生徒の問題行動等生徒指導上の諸問題に関する調査」結果では，暴力問題の報告件数は，小学校10,896件，高等学校8,023件に対して中学校は40,246件と最も多い。いじめ認知件数も中1の件数が27,425件で，小学1年

生から高校3年生にかけての各学年のなかで最も多い。不登校についても小学校の総件数が 24,176 件に対して中学校では 95,442 件であり，特に中学1年生での増加が著しい。警察庁生活安全局少年課「平成 26 年上半期少年非行情勢」においても，中学生の刑法犯少年検挙数が高校生よりも多いなど，学校不適応や少年非行の問題が中学校で顕著である。

一方で，これら学校不適応と発達障害（発達症）に関連する検討が近年行われている（横谷ら，2010）。平成 19（2007）年 3 月以降，文部科学省は，「発達障害」という用語を，発達障害者支援法の定義「自閉症，アスペルガー症候群その他の広汎性発達障害（PDD），学習障害（LD），注意欠陥多動性障害（ADHD）その他これに類する脳機能の障害」に則って使用するとしている。

学校不適応のなかでも非行は，思春期にみられる逸脱行為であり社会的道徳に反する違法行為である。非行の治療については，子どもの示す問題行動のみに目を向けるのではなく，その背景と原因を探ることが不可欠である。非行は，環境と資質の双方の要因が複雑に絡み合って生じる。その資質側の重要な因子の1つが発達症である。ADHD 傾向は非行事例で最もみられやすい発達特性であり，障害特性が周囲に正しく理解されていない場合には，周囲からの叱責と反抗的態度といった悪循環的なやり取りが高じていく。PDD では，認知や行動の偏りといった障害特性から突如非行をおかしてしまったり，適応的でないスキルを間違って身につけたまま成長し，周囲との軋轢や不適応が高じることで逸脱行為に及んでしまうことがある（定本，2008）。

## 1. 注意欠陥多動症（ADHD）

ADHD のある子どものうち，衝動性が高い場合には，暴力行為や社会的なルールの無視に結びつくことが少なくない。刺激に反応しやすく，先のことを見通して今の自己の欲求や行動を抑制する力が弱く，悪意はなくとも，短絡的に問題行動や非行を起こすことがある。その一方で彼らは，社会的ルールについて一定の知識や理解力を身につけていることが多く，叱られたときには物事の是非は理解できる。しかし，その後も同様の失敗を繰り返してしまうため，周囲はいっそう厳しく叱責したり，非難したりしがちとなる。その結果，養育者や教師との関係がこじれて不信感や反発心が強まっていく。さらには，LD

第 2 部　実践編

の併発による学業不振から自尊心が低下する場合も少なくない。ADHD のある子どもたちは，これらの状況が重なると，自暴自棄や居場所のなさから似た境遇の仲間と交友を深めて反社会的行為を重ねてしまうような，いわば二次障害をきたしてしまう少年たちだといえる（野村ら，2001；吉永，2008）。

　心理社会的支援としては，学習や行動理論等に基づくプログラムが効果的で，対人関係スキルや社会的能力に焦点を当てたソーシャルスキル・トレーニング（SST），学習方略に焦点を当てた教育等があげられる。加えて，教室等の環境を整えるプログラム，保護者への訓練プログラムがある（向井，2004）。また，ADHD にかかわらず，非行予防のプログラムとして，感情教育やアンガー・マネジメント・プログラムが近年わが国でも用いられ，効果が認められている（本田，2010）。

　太田と齊藤（2008）は，万引きや家出を繰り返し，児童自立支援施設に入所した ADHD のある女子の，「怒りのコントロール」に焦点を当てた取り組みを報告している。入所後もルール違反や暴言，器物破損などが目立ったため，以下の 2 点を目標とした介入が行われた。加えて，「努力を継続させる」を目標に，課題従事行動の周囲からの肯定的な見守りと継続的な賞賛が行われた。

①「イライラの周辺にある気持ちに気づく」

　　怒りが生じるきっかけとなる感情を言葉で表現できるようになることをめざして，職員が，きっかけとなる感情に名前をつけて彼女の気持ちを繰り返し代弁した。次に，それぞれの怒り場面で彼女がよく発する台詞を表に書いて視覚化し，それを見ながら職員とともに怒りのきっかけと感情について確認する取り組みが行われた。やがて彼女は，自分のイライラのきっかけに気づき，攻撃行動をセルフコントロールできたことを報告できるようになっていった。

②「イライラしたときの対処法を身につける」

　　イライラしたときに彼女が用いることができそうな対処行動をいくつか提示し，職員とともに選択した。なかでも，怒りをコントロールできそうにないときに「クールダウン（実際の命名はタイムアウト）カード」を職員に提示し，クールダウン部屋に行く対処法が有効であった。退園後も，母親の小言に暴言を吐かずに「聞き流し」たり，いらだちが高じた時には

トイレに閉じこもって自らクールダウンできるようになった。

本事例では，本人の不適応行動にのみ着目して叱責を繰り返すような対応を用いるのではなく，適応的な行動をほめる（正の強化）ことで増やしていく，および，怒りをコントロールするための対処スキルが本人に身につくことで結果的に不適応行動が減ることがめざされた。このような介入は，応用行動分析のアプローチにおける近年の中軸理念である積極的行動支援（Positive Behavioral Support: PBS）の考え方に合致したものであると考えられる。積極的行動支援はさまざまな不適応行動への介入効果が認められ国内外で用いられている（平澤，2003）。

筆者も，通級指導教室に通うADHDの中学2年女子のケースのコンサルテーションを行った。彼女は家庭での問題や非行が原因で寄宿舎付きの学校に処遇されたが，そこでの指導が合わずに地元校へ戻ってきていた。視覚的教材を用いた感情教育と，不適応行動のきっかけとなる状況と行動の明確化，および性教育を行い，学校における対人関係上のトラブルが減少し，不適切な異性行為の機会を回避できるようになった。加えて，学力不振による自尊感情の低下がみられたため，学習方略に関する支援を行った結果，学力と自己効力感に向上がみられた。卒業後は高校に進学し，今も小さなトラブルはあるものの何とか安定した高校生活を送れている。発達症児の学校不適応の背景には，学力不振による自己不全感が存在することが少なくない。

## 2. 自閉スペクトラム症（ASD）

十一（2008）によれば，少年非行を理解するには，少年を取り巻く環境や生育史といった心理社会的要因に加えて，生得的（先天的）な資質・素因といった生物学的要因の理解が不可欠であるが，DSM-IVにおける広汎性発達障害，特にアスペルガー障害や特定不能のPDD（PDD-NOS）では見過ごされたままになりやすい。これまでに，おもに司法にかかわる分野で，これら広汎性発達障害のある少年にみられる非行事例の紹介や分類が行われている。十一（2008）の分類に基づいた事例と，本人らの抱える教育や支援ニーズだと思われる内容を表6-1に示す。

表中の「従来型」とは，十一（2008）が，以前よりPDDの臨床特性が関与

第 2 部　実践編

**表 6-1　広汎性発達障害の触法事例の分類と支援ニーズ**(熊上, 2010; 十一, 2008 を参考に筆者が作成)

| 分類 | | | 触法事例 | ニーズ |
|---|---|---|---|---|
| 従来型 | 基本症状に関連するもの（対人相互性の障害と強迫的傾向） | 対人接近型 | ・関心対象（異性など）へ執拗にアクセスを繰り返した結果のストーカー行為<br>・年少の子どもと遊ぶ習慣ができ、その子の家を離れたために誘拐と誤解<br>・仲間関係を維持したいために盲目的に指示に従う機械的追従非行 | ・適切な社会的常識、対人距離感、心情的配慮の乏しさ<br>・強迫傾向<br>・同年齢集団へのとけこめなさ<br>・周囲の自分への評価を感じ取る力の弱さ |
| | | 理科実験型 | ・爆発や化学反応への没頭の末の火遊びや放火、小動物虐待 | ・自然現象や自然科学への強い関心 + 社会的感覚の欠如 |
| | | 性的関心型 | ・成人向け性情報で高まる性的関心への没頭による模倣的な性的接触 | ・思春期を乗り越える難しさ<br>・成人向けビデオの内容を現実を現わした事実と信じ込む傾向 |
| | | マニア/フェティズム的逸脱行動 | ・南京錠やパンフレット、下着などの収集癖が高じた窃盗や建物侵入 | ・社会規範を顧みることの困難 |
| | 随伴特性が影響するもの | 偶発型 | ・たまたま相手が、自分の苦手な刺激を所持ないし発していたことへの反応としての他害行為<br>・相手が自分の予期せぬ行動をとったために、相手をいきなり殴打 | ・緊張や情緒制御の困難（パニック）<br>・感覚、知覚の特殊性 |
| | 二次災害型 | 生真面目型<br>トラウマ型 | ・周囲の大人の訓戒を文字通り通そうとした末のトラブルやパニック<br>・過去に自分へ被害を与えた（と本人が信じる）状況を連想させる刺激に遭遇した際の突然の回避、パニック、暴言 | ・生真面目、白黒思考、柔軟性の欠如<br>・引き金となったエピソードのなかで感じた恐怖や不快感と、そのとき目にした知覚的目印との連合学習 |
| 高次対人状況型 | （思春期以降の定型発達者の心情や行動の機微が理解できない状態で、密度の高い対人状況に置かれた場合に生じる混乱。それまでにどうにか認知してきた枠組みでは太刀打ちできない） | 疑問の解明・検証、予測の確認型 | ・相手の真意を突き止めるためのストーカー行為や盗聴<br>・火災時に人命が本当に尊重されるかを確認するための放火 | ・イマジネーションの障害<br>・被害者の苦悩への共感的理解の困難<br>・社会規範が優先されない |
| | | 独自の論理的帰結に基づく行動化型 | ・学校の警備の甘さに気づかせるための侵入、窃盗<br>・自分の正当性を気づかせるための中傷ビラまき<br>・隣人の早朝散歩をやめさせるための飼い犬殺し | ・自分の思いを実力行使する傾向（コミュニケーション能力の困難）<br>・社会規範の度外視 |
| | | 葛藤の短期的解消、問題の白紙回帰型 | ・目の前の課題から解放されるために意図的に事件を起こす<br>・葛藤の材料（原因）を消去するための放火 | ・解決すべき問題に上手く対処できなくなったときにリセットしようとする傾向 |
| | | その他 | ・従来型がエスカレートしたケース（性行為の脅迫等による強要）<br>・インターネットの情報や過激な内容のゲーム、猟奇的事件等に触発され、社会的問題行動を計画、実行 | ・かけひき、裏表を使い分ける人間関係、親しきゆえに許される気まぐれや乱暴さ、プライドや嫉妬が複雑に絡まったふるまいなどの理解が困難 |
| 合併症状によるもの | | 被害関係念慮型 | ・他人への暴言や攻撃行動<br>・警戒感に由来する銃刀類の所持 | ・いじめ、障害の見過ごしによる対人トラブルが契機<br>・疎外感やストレス |

されていると考えられてきた事例と背景であり，「高次対人状況型」は彼が近年明らかにしてきたパターン，「被害関係念慮型」は特に非行に影響を与えたと考えられる合併症である。発達症のある子どもや青年期の特別支援教育では，ここにあげられたような触法事例に巻き込まれたり足を踏み入れないような予防的介入が取り入れられなくてはならない。基本症状や随伴特性，二次災害，あるいは高次対人状況下で経験する困難や苦悩，合併症状への理解と配慮や環境調整がまず重要である。そのうえで，他者の心情理解を含めた対人関係スキル，結果予測や問題解決スキル，感情コントロールスキルを系統的に組み入れていく必要性が示唆された。表6-1に示した内容は，具体的にどのようなスキルや能力を介入のターゲットとするか，あるいは個々の子どものアセスメントの参考になると考えられる。

　さらに優先されるべきは，彼らの特性に基づく性教育とメディア教育，反社会的行動に至らないための社会的規範の遵守教育である。PDDのある人の司法事例では性犯罪の占める割合が最も多く，次いで放火である。性犯罪においては，ふつうならば暗黙の了解のうちに理解できるような性行動上のルールが理解されていない事例がほとんどである。このため，そのようなルールを"わざわざ"教えていくことが肝心とされる（藤川，2006）。

　また，思春期以降の高次対人状況を乗り切っていくことは，PDDのある人たちにとって並大抵のことではない。合併症状であげられた「被害関係念慮型」と関連して，生島と岩田（2009）は，子どもたちが，いじめ経験や高次対人状況のもとで繰り返し感じてきた「怨み」を聞くことが，特別支援教育の実践において重要であると指摘している。筆者は，不登校初期段階で適応指導教室に通う広汎性発達障害のある中学2年生男子の担当教員のコンサルテーションを行っている。

　彼は，不登校前から学校や家でいらつくことが多く，攻撃的な独り言や，床や机，壁などを強く蹴ったりする行動がみられ，適応指導教室でも同様の行動がみられた。休み時間に何か書いているので担当教員が見てみると，複数の級友の悪口を事細かにかつ大量に書き連ね，「○○，死ね，いつか殺す」などと書かれていた。見られても悪びれる様子もなかった。担当教員は，ネガティブなことはできるだけ書かず，楽しかったことを書くようにうながした。しかし，

第 2 部　実践編

楽しかったことはほとんど書かず，むしろムキになったかのように悪口を書き連ねる日々が続いた。背景として，いじめの経験から被害関係念慮を抱いていること，正義感が高く，級友のちょっとした悪ふざけや不真面目な授業態度，異性とのなれなれしい発言等が許せないことがあるようであった。ネガティブなことを書くことが，彼なりのいらだちの対処法ではないかと見立てた。

　介入方針としては，まず，ネガティブなことを書くのを否定しないこと，悪びれずに見せてくれることをむしろ活用していくこととした。書かれた内容は，言葉での表現が苦手な彼の唯一の適応的な表現手段だと担当教員に伝え，ニュートラルな態度で，「そうなんだね，○○が△△していたんだ」とフィードバックしてもらうようにした。また，「世の中は矛盾だらけだね」「腹立つことが多いね」を，合言葉のように伝えてもらった。自分の感情がほとんど書かれていなかったため，ネガティブなエピソードと「殺す」などの言葉を線で結び，そのときに抱いたであろう感情を表す言葉をネーミングしたり，書き入れてもらうようにした。

　次に，彼がよく書く状況や級友の行動を抽出し，あらかじめ筆者が機能的アセスメントで用いられる 3 項随伴性の図に書き入れたものをもとに，担当教員に彼と一緒に書き足す作業をしてもらった。いらつくきっかけや，机を蹴ったり「死ね」と書くことで気持ちが少し治まることの理解をうながした。また，「殺す」と書いても，実際にはいっさい相手に攻撃行動を行っていないことをほめてもらった。

　さらに，「世の中って矛盾だらけ」という言葉が出てくるようになった時点で，ソーシャル・ストーリーやコミック会話を用いて，他の生徒たちが起こす行動や，本人が被害念慮を感じやすいエピソード，さらに殺人などの絶対に許されない行為についての理解をうながしていった。本人がかなり落ち着いてきた時点で，適応指導教室に通う，似たような経験を持つ仲間と，ゲームや共同作業を通して適応的な対人行動の SST を始めた。最近では級友のネガティブなエピソードを書くことが減り，落ち着いて過ごせる日が増えている。いらついたときには，悪口を書くこと，見せることを引き続き認めている。

　現在彼は中学 3 年生で，発達症に理解のある専修学校や単位制高校への進学を模索中であるが，彼にとって思春期の混乱はまだまだ続き，このような支援

は長期的に必要だと感じられる。多くの思春期を迎えた子どもや青年は，同年代の友だちなどと愚痴をこぼし合い，情報交換しながら，疾風怒濤といわれる思春期を乗り越えていく。しかし，対人関係や社会的認知に困難を有するPDDの場合には，そのような対処や問題解決が困難である。

なお，これまでにあげた筆者のかかわった事例については，個人情報保護の観点から一定のデフォルメを行っている。

## 3. 最後に

規範意識の低下が言及される近年の社会状況では，発達症の有無にかかわらず，非行予防はどの子どもにとっても生徒指導や道徳教育等の重大な課題である。発達症のある子どもたちにみられるニーズを織り込んだ全生徒を対象とした予防プログラムと，特にニーズが高いと思われる子どもたちの小グループあるいは個別プログラムの併用が今後すべての学校で行われることが求められる。最後に，発達症を犯罪と安易に結びつけることだけは避けなければならないことを記しておく。

# 第 7 章　進化心理学からみたモラル

　モラル，つまり道徳的規範の帰結の一つに利他行動（利他的行動）がある。高度な利他行動はヒトという生物の大きな特徴であるが，なぜヒトにはこのような利他行動がみられるのだろうか。

　本章ではまず，行動について考えるうえでの至近要因，究極要因，発達要因，系統進化要因という 4 つの「なぜ」について解説する。次に利的行動にかかわる心のしくみと働きについて，おもに究極要因（自然淘汰による適応）と系統進化要因（進化史）という視点からなされてきた研究例を紹介する。ヒトには互恵的利他行動への適応と考えられるさまざまな心のしくみがあるが，それらはチンパンジーとの共通祖先から分岐して以降に進化してきたものだと考えられる。さらに，ヒトの利他行動には，このような心理的基盤に加えて道徳的規範がかかわっている。道徳的規範のなかには一見適応的な観点からは説明できないようにみえるものがあるが，それらはヒトが社会的環境に対応して臨機応変な行動が取れるよう，一般的な目的に従って行動するように適応してきた結果であると考えられる。

## 1 節　「なぜ」利他行動をするのか

　道徳的規範は心の働きであり，そういった心の働きの帰結としてたとえば利他行動がみられる。では，利他行動に限らず，そもそも動物は「なぜ」ある行動をするのだろうか。動物行動学の創設者の一人であるティンバーゲンは，動物の行動について考えるときには 4 つの異なる考え方がある，ということを

提唱した（Tinbergen, 1963）。それぞれ，①至近要因，②究極要因，③発達要因，④系統進化要因とされており，①は行動の起きるメカニズムについての問い，②は行動の機能についての問い，③は行動が個体の一生のうちにどのように発達してくるのかということについての問い，そして④は行動がどのような歴史的由来を持っているかということについての問いである。これらは，メカニズムとプロセス，時間軸が長いか短いか，という分け方もできる。至近要因と究極要因はどちらもメカニズムであり，発達要因と系統進化要因はプロセスである。では何が違うかというと，「しくみ」と「発達」は短い時間軸で行動を眺めたものであり，一方「機能」と「歴史」は長い時間軸で眺めたものである（表7-1）。心理学は人間の行動を扱う分野だが，基本的にその至近要因と発達要因の解明をおもに行ってきた。つまり，心理学において「なぜ，人間はある行動をするのか」という問いがなされるときには，ほとんどの場合至近的なメカニズムや発達しか問題にされてこなかったのである。近年盛んになってきた脳科学も，生物学的な色合いが増してはいるものの，至近的なメカニズムを追求しているという点においては従来の手法とさほど変わりはない。しかしながら，究極要因と系統進化要因もまた同等に重要な問いであり，「そのような心理にはどういう機能があるのか」あるいは「そのような心理が進化の歴史のなかでどういう過程を経て現在に至っているのか」ということについても解明していかなければ，真に人間行動を理解したことにはならないだろう。

　利他行動についても同様のことがいえる。心理学ではこれまで，このような行動について，動機づけや発達の観点から研究が進められてきた。一方，同じ行動について，進化生物学では異なる観点から研究が進められてきた。心理学

表7-1　ティンバーゲンの4つの問い（Tinbergen, 1963）

|  | 時間軸 短い | 時間軸 長い |
| --- | --- | --- |
| メカニズム | ①至近要因<br>（しくみ） | ②究極要因<br>（機能） |
| プロセス | ③発達要因<br>（発達） | ④系統進化要因<br>（歴史） |

では「愛他的行動」と訳されることが一般的な altruistic behavior は，進化生物学では「利他行動」と呼ばれており，その行動によって相手が得た利益の程度，あるいは行為者が払った損失の程度に焦点が当てられる。動機や意図の有無はあまり問題とはされず，向社会的行動と愛他的行動はどちらも利他行動として扱われる。なぜ利益や損失に注目するのかというと，進化生物学においては究極要因と系統進化要因がおもな問題とされるからである。

　生物の持つ機能は，おもに自然淘汰によって進化してきたと考えられている。そもそも進化とは DNA の塩基配列に起こる偶然の変化の積み重ねであり，基本点には方向性がない。しかしながら，そこに自然淘汰が働けば，進化に一定の方向性がみられるようになる。自然淘汰とは，形質に遺伝的な分散があった場合，他の形質よりも次世代に相対的に多く遺伝子を残せる形質が集団内に広がっていくことであり，その結果として適応が生じる。つまり，進化生物学における適応とは，ある環境のもとで生存や繁殖に有利な形質を持つことをいい，適応の度合いは，適応度という，次世代に残した遺伝子の相対頻度によって判断する。これは行動の進化にも適用可能であり，自然淘汰が働くと，結果として動物の行動はより環境に適応したものとなっていく。自然淘汰を理解するうえで重要なのは，その単位が遺伝子である，ということだ。つまり単純化すると，動物の行動は個体のためではなく，遺伝子をより多く残すために進化していくということがいえる。ドーキンスはこの考え方を「利己的な遺伝子（selfish gene）」というコピーによって言い表し，広めることに成功した（Dawkins, 1976）。では，利他行動はこのような観点からどう説明できるだろうか。利他行動はその行為者が自らの利益，つまりは適応度を下げて受益者の適応度を上げる行為であり，このような行動は普通に考えると自然淘汰において残っていかない，すなわち進化しないように思えるが，実際には自然界に広くみられている。これを説明する鍵は，やはり自然淘汰の単位が遺伝子であるということだ。ハミルトン（Hamilton, 1964）は，利他行動の受益者が行為者の血縁，つまり同祖遺伝子を高い確率で共有する相手であれば，利他行動によってその共有された遺伝子が選択されるため，一定の条件下でこのような行動は進化しうるということを明らかにした。これを血縁淘汰理論という（図7-1）。

　では，非血縁個体，つまり同祖遺伝子を共有する確率が集団全体と比較して

第 7 章　進化心理学からみたモラル

特に高くない相手に対する利他行動はどのように説明できるのだろうか。そこで提案されたのが，トリヴァース（Trivers, 1971）による互恵的利他主義の理論である。これは，ある個体が非血縁個体に対して利他行動をすると，そのときには適応度が下がるが，後で同じだけ相手から返してもらえば，差し引きがゼロになり，互いに困っているときに助けてもらえるので，このような行動は進化しうるだろう，という理論である（図7-2）。ただし，これが成り立つには相手からのお返しが確実になる条件が必要であり，たとえば閉鎖的な関係が長期間続く集団であること，相手の識別や過去のやり取りを記憶する能力があることなどが考えられている。ある程度長期間の安定した関係が続く間柄における利他行動はこの理論で説明できるが，ヒトの場合，血縁でもないし普段からつきあいもない赤の他人に対しても利他行動を行うことがよくみられる。このような利他行動は他の種においてはほとんどみられず，ヒトという種の大きな特徴であるといえるだろう。このような利他行動を説明するために考えられたのが，間接互恵性である。これはつまり，利他行動の相手から直接お返しがくるのではなく，代わりに第三者から利益がもたらされることによって互恵性が保たれることがある，という理論である。その重要な要因が「評判」である。

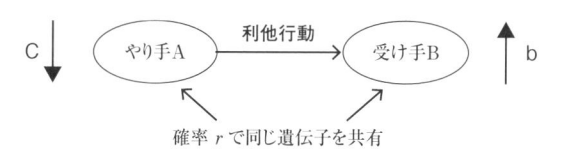

図 7-1　血縁個体に対する利他行動

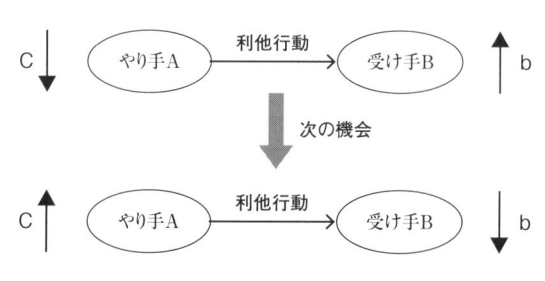

図 7-2　互恵的利他主義の理論

第 2 部　実践編

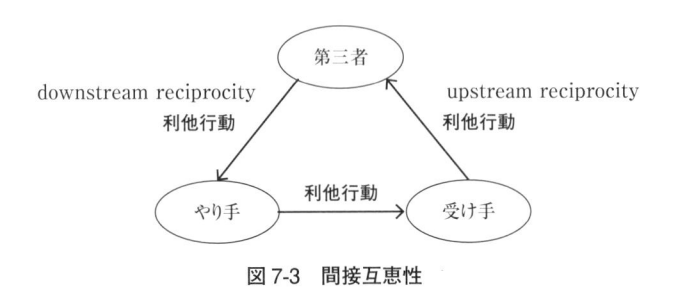

図 7-3　間接互恵性

　アレグザンダーは，たとえ相手にした利他行動に対して直接的なお返しがなくても，それを見ていた第三者によって，「あの人は親切な人だ」という評判がたてば，その後のやり取りで相手から利他的にふるまってもらえるだろう，ということを提唱した（Alexander, 1987）。その後，シミュレーションによる研究によって，集団のなかでやり取りをするが，その際に評判の高い相手に対してのみ協力する，という条件のもとで進化が進むと，最終的には協力的な個体ばかりになることが示されている（Nowak & Sigmund, 1998）。ノヴァクとシグムンド（Nowak & Sigmund, 1998）は，これを downstream reciprocity と呼んでいる。実際に，他者に対して利他行動をした人物が周囲から協力してもらえるという現象があることが，実験的状況（Wedekind, & Milinski, 2000）や幼児を対象としたフィールド観察（Kato-Shimizu et al., 2013）において検証されている。一方，人間社会においては，誰かから助けられた人が，助けてくれた相手ではなく第三者にお返しをするという場合もよくある。こちらのほうは upstream reciprocity と呼ばれている（図 7-3）。これについても，他者から助けてもらった人はその後に別の人に対して親切にするということが，実験的状況において検証されている（Bartlett & DeSteno, 2006）。これらが集団のなかで廻り廻ることによって，間接互恵性に基づく利他行動が成り立っていると考えられる。

## 2 節　利他行動に適応した心

　互恵性に基づく利他行動はヒトという種に特徴的なものであり，ヒト社会は高度な協力関係によって成り立っている。そこから予測できるのは，ヒトには

互恵的な利他行動に適応したさまざまな心のしくみがあるのではないかということだ。ある機能を備えるためには，それに応じたしくみが必要である。ということは，しくみを探ることによって，そこにどのように自然淘汰が作用したのかを考えることができる。このような考え方からヒトの心のしくみについて探ろうとするのが，進化心理学という分野である（小田，2013）。心の進化について考える際に基本となるのは，現代人の心は必ずしも現代の環境に適応しているわけではないという考えである。現在の文明社会は農耕牧畜のうえに築かれたものだが，農耕牧畜は約1万年前に始まっており，ヒトの約700万年の進化史のうえでは非常に最近のことであるといえる。おそらく，ヒトの持つ多くの特徴は，それ以前の，狩猟と採集によって食物を獲得し，定まった家や財産を持たず，家族を中心とした比較的少人数の集団を形成していた環境のなかでいかに生き延びて繁殖するかという課題に対応して進化してきたと考えられる。そのなかには，当然心のしくみも入るだろう。

　利他行動に適応した心のしくみと考えられるものを1つ紹介しよう。間接互恵性において downstream reciprocity をもたらす重要な要因が「評判」であった。ヘイリーとフェスラー（Haley & Fessler, 2005）は，目の絵を用いた実験により，ヒトがいかに利他性の評判に対して敏感であるかということを示した。赤の他人，つまり非血縁かつ普段からつきあいのない他者への利他性を実験室において測定する方法の1つに，独裁者ゲームがある。これは実験参加者が，実験者から与えられた一定の金額を見知らぬ他者と分け合うというものだ。このゲームにおいては，相手は誰だかわからないし，相手からも自分が分配者だとはわからない形になっている。ヘイリーとフェスラーは，参加者に独裁者ゲームを行ってもらう際に，パソコンのモニタ上に「ホスルの目」という抽象的に描かれた目の絵を提示した。すると，ホスルの目を分解して再構成した，顔に見えない刺激を提示したときに比べて分配額が有意に多くなったのである。つまり，ヒトは実際に他者に見られていなくても，目の絵や写真があるだけで利他性を発揮する傾向があるという。

　その後，目の刺激が独裁者ゲームにおける分配額のみならず，ゴミの片づけや寄付行為なども促進することが実験室内外における研究から明らかになっている（総説として Nettle et al., 2013 と Sparks & Barclay, 2013 を参照のこと）。

これらの実験において利他性が促進された理由として，より評判に敏感なほうが間接互恵性におけるdownstream reciprocityを引き出すことができるので，たとえ抽象的な刺激であっても目に反応するような認知メカニズムが進化したのだろうと考えられている。ただ，評判への期待にはポジティブなものとネガティブなものがある。ポジティブな期待は，独裁者ゲームにおいて気前のよいふるまいをすると，第三者から自分もそうしてもらえるのではないかというものであり，ネガティブな期待は，他者に対してけちなふるまいをすると第三者から罰を受けるのではないかというものである。どちらの期待が分配額を増やしているのか検証するため，小田ら（Oda et al., 2011）は，分配後の参加者に質問をし，分配時に何を考えていたのか，あるいは独裁者ゲームの状況をどのように解釈していたのかということを定量的に明らかにした。分析の結果，目の刺激は罰への恐れを高めるものではなく，また罰への恐れが高いからといって分配額が増えるということはなかった。一方，報酬への期待は目の刺激によって強まり，また報酬への期待の強さは分配額の高さと関係していた。つまり，報酬への期待は目の刺激の有無と分配額との間を媒介していたということになる。独裁者ゲームにおいては，いくら他者に多く分配したところで，自分にお返しがあるわけではない。しかし，そこに目の刺激があると，本来は一方的に分配する状況が，利他的なことをするとお返しがある状況のように「誤解」されるのではないかと考えられる。このような「誤解」は，ヒトにとって重要な適応課題であった集団内での相互協力関係の形成のために進化してきた認知機能なのではないだろうか。

　ヒトにみられる利他行動の究極要因については以上のようなことが考えられている。では，系統進化要因についてはどうなのだろうか。次に，他の霊長類種との比較を通じて，ヒトの利他性がどのような進化史をたどってきたのか考えていく。

## 3節　利他性はどこから来たのか

　形態的特徴とは異なり，行動は化石のような物的証拠として残らない。ゆえに，ヒトの祖先がどのような心を持ち，どのように行動していたのかを復元す

ることは非常に困難だが，1つの有効な方法として，比較的近い過去に共通祖先を持つ種との比較というものがある。もし近縁種とのあいだに共通した行動がみられれば，それは共通祖先から受け継がれたものである可能性が考えられる。一方，ヒトにみられる行動が近縁種にはみられないということがあれば，近縁種と分岐した後に，ヒトの系統において独自に進化した可能性がある。現生の霊長類でヒトに最も近縁なのはチンパンジーとボノボだ。これらの種には，ヒトが持つような利他性がみられるのだろうか。

野生チンパンジーについては，非血縁個体間において互恵性を示すような結果が野外観察から得られている（Mitani, 2009）。しかしながら，野外で観察できることには限りがある。たとえば互恵的利他行動が成立するには利益を得たほうが後でお返しをしなければならないが，本当にそれができているのかどうかを確かめるのは難しい。そこで，実験室での実験が重要になる。実験は野外における行動を忠実に再現できるものではないが，適切に計画された実験は，チンパンジーの心のしくみについてより細かな情報をもたらしてくれる。山本ら（Yamamoto et al., 2009）は，隣り合う2つの実験室にそれぞれチンパンジーを一個体ずつ入れ，利他行動が必要な条件を作り出すことで，どのようなやり取りが見られるのかを研究した。

実験室の壁はすべて透明になっている。両方の部屋を隔てる壁には手が通るくらいの穴が開けられており，チンパンジーはそこから腕を出せる。片方の部屋の外壁にはジュースの出る容器が取り付けられているが，ストローがないと飲めないようになっている。もう一方の部屋の外側には，少し離れたところにジュース入りの容器が置いてあるが，手を伸ばして取ることはできず，ステッキを使わなければならない。しかし，ストローもステッキも，それぞれもう一方の部屋に置かれている。つまり，ストローが必要な部屋にはステッキがあり，ステッキが必要な部屋にはストローがある。部屋の間には穴が開いているので，お互いに道具を交換すれば，両方がジュースを手に入れることができる。

2個体の組み合わせは，母子のペアが3組，血縁関係にない大人どうしのペアが3組だった。必要な道具が自分の部屋に置かれている対照条件と比較してみると，必要な道具が置かれていない条件のほうが，相手に道具を渡す行動がはるかに多くみられた。ただ，そのうちの70％強が，相手が壁の穴から腕を

伸ばしてきたり，声をあげたりといったような要求に応じてのものだった。自発的に道具を渡したのは15％程度しかなかった。また，母子のペアでは双方向的に，つまり互いに道具を渡すことがほとんどだったが，非血縁のペアでは，双方向のやり取りは30％程度しか起こらず，劣位個体が優位個体に渡すことが多かった。

　彼らはさらに，ペアのうち片方だけが道具を持つという条件でも実験を行ってみた。この場合，道具を渡すほうには何の利益もない。今回は母子ペアだけについて，渡す側と受け取る側の役割を交換してそれぞれ24回の実験を行ったが，役割をどちらにしても，相手に渡す行動が頻繁に見られた。やはり，この場合も自発的な手渡しはほとんどなく，相手の要求に応えて渡すことが多かった。この結果から，チンパンジーには互恵的に利益をやり取りする能力があることが明らかになった。興味深いのは，それが自発的なものではなく，相手の要求によってはじめて可能になるということである。一方，これまでみてきたように，人間の利他行動はかなり自発的なものである。私たちはもちろん相手の要求に応えて援助をすることもあるが，たとえ頼まれなくても相手を助けることはよくある。そこが，近縁種であるチンパンジーとの大きな違いだといえる。山本と田中（Yamamoto & Tanaka, 2009）は，このような要求に応えて利他行動をする能力は，チンパンジーとヒトの共通祖先が持っていたものだろうと推測している。ヒトの系統が分岐してから，要求にかかわらず利他行動を行うような行動パターンやその基盤となる心が進化してきたのだろう。つまり，ヒトはチンパンジーとの共通祖先から分かれてから，「おせっかいなサル」になっていったのである。

## 4節　規範の誕生

　「おせっかいなサル」であるヒトは，互恵的利他行動あるいは間接互恵性に適応したと考えられる心のしくみを進化させてきた。ただ，ヒトが利他行動への適応として備えているのはこれまでみてきたような認知特性だけではない。ヒトには，道徳的規範というものもある。人間集団には，そのなかで一般に受け入れられている「こうあるべき」という規範の集まりがあり，それらに

従うべきであるという行動指針が道徳的規範といえる。ヒトが大きな社会集団を形成できたことには，このような道徳的規範も貢献しているはずである。道徳的規範に限らず，規範の興味深いところは，それがしばしば生物学的な適応論とは相容れないようにみえるところである。たとえば，カツオドリなどの鳥類においては，きょうだい殺しという行動がみられる。先に孵化した雛が後から孵化した雛，つまり自分のきょうだいを巣の外に押し出し，死に至らしめるというものである。ヒトの道徳的規範から見ると異常な行為だが，ある雛から見るときょうだいと共有されている遺伝子は自分の2分の1でしかないので，親からの資源の供給が限られている場合は，たとえきょうだいでも犠牲にすることで自分自身の生存を確実にしたほうが適応的だと考えられるのである（Anderson, 1990）。道徳哲学のなかでも帰結主義は自然淘汰理論と非常に相性がよい。なぜなら，自然淘汰理論はどんな行動であれ結果的に適応度を高くするものが残っていく，という理論であり，帰結主義における帰結を遺伝子にとっての利益，つまりは適応度に読み替えることが可能だからである。もちろん，帰結として得られるのはベンサムがいう「最大多数の最大幸福」ではなく，「自らのコピーの適応度の最大化」であるのだが。一方，道徳哲学にはカントのような非帰結主義もある。カントの義務論においては，行為の目的は排除され，どのような場合でも無条件で結果を考慮せず普遍的な道徳規則に従うことが倫理の達成であるとしている。これは一見したところ，道徳的規範についても機能的な側面からとらえようとする進化生物学的な視点とは相容れないようにみえる。

クルツバンら（Kurzban et al., 2012）は，5人を助けるために1人を犠牲にするべきかどうか，というトロッコ問題（Foot, 1967）を用いてこの課題を検討した。彼らは，トロッコ問題の犠牲者1人と助ける対象の5人を回答者からみて赤の他人，きょうだい，友だちのそれぞれに設定した問題を作成し，のべ1,290人について場面想定における選択結果を調べた。その結果，より多くの回答者が，赤の他人のときよりもきょうだいや友だちのときに1人を犠牲にして5人を助けるという選択をしていた。さらに興味深いのは，犠牲者と助ける対象のそれぞれとの関係を変えた場合である。ある問題では，94人の回答者に，5人のきょうだいを助けるために1人の赤の他人を突き落とすかどうか選択さ

せた。すると，突き落とすと答えたのは 56.4% であった。つまり，半分弱の回答者は，たとえ 5 人のきょうだいを救うためでも 1 人の赤の他人を殺すことはしない，と答えたことになる。もしヒトの意思決定が血縁淘汰理論に従っているのなら，すべての回答者が突き落とすと答えるはずである。ただ，道徳的規範は文化の影響を受けることがある。そこで，小田（Oda, 2013）は，日本人大学生 115 人に同じ問題に対して回答してもらった。すると突き落とすと答えたのは 56.5% となり，クルツバンらの結果とほぼ一致していた。

なぜ，血縁を犠牲にしてまでカント的な道徳規則に従おうとする人がいるのだろうか。この事実は，ヒトの道徳的規範は進化生物学からは説明できないということを示唆しているのだろうか。道徳的規範に限らず，ヒトの行動を考える際に気をつけなければならないのは，ヒトの行動は他の種と比較して，「遺伝子の利益のため」よりも「個体の利益のため」になされることが多いということだ。スタノヴィッチ（Stanovich, 2004／椋田（訳），2008）は，人間の情報処理は処理スピードがきわめて高く，動作は通常意識されない TASS（The Autonomous Set of Systems）と，処理スピードは遅く，その目的は一般的で特定されていない分析的システム（Analytic Systems）から構成されていると主張している。TASS はヒトにかなり普遍的にみられるシステムで，遺伝子のコピーという目的のために進化してきたと考えられる。一方，分析的システムはこれに比べると個人差が大きく，どちらかというと個体の利益のため働いているシステムである。これらのシステムの特性について，スタノヴィッチは火星探査機を例にあげて説明している。たとえば遠隔操作で火星を探査するロボットを造ろうとすると，いちばん単純な方法は地球から電波を送ってリアルタイムで遠隔操作するというものである。スタノヴィッチはこれを，short-leash（短い引き綱）型の直接制御方式としている。しかしながら，火星は地球からかなり遠く，電波が届くには数分かかる。直接操作していると，何か不測の事態が起こってしまったときには対応できないこともあるだろう。そうなると，リアルタイムで操作するのではなく，探査機に自分で意思決定をさせて，ある程度自由にふるまわせたほうが合理的になる。こちらのほうは long-leash（長い引き綱）型の制御方式とされている。自然淘汰が働くと，生物はあたかも誰かが設計して造ったようになるので，この火星探査機の例は遺伝子と個体の関

係についても当てはまる。個体があまり変化のない環境に置かれるのであれば，遺伝子は個体の行動をある程度「造り込んで」おけばいい。これは short-leash 型の制御と対応している。しかし，もし環境の変化が激しく，予測できないことが多ければ，long-leash 型の制御にするべきだろう。しかし，目的があまり一般的になると，遺伝子にとっての利益と個体にとっての利益が一致しないという事態が生じることになる。スタノヴィッチはこれを，避妊手段を講じたうえでの性交という例をあげて説明している。性交は快楽を伴うので個体の利益にはなるが，遺伝子は次世代に伝わらないので遺伝子にとっての利益にはならない。

つまり，ヒトはより大きな社会集団を形成するために道徳的規範や制度を生み出したが，規範はときとして適応度を下げる，つまり遺伝子の利益には従わないような行動をとらせることがある。これは，ヒトが環境の変化に応じて臨機応変な行動が取れるよう，一般的な目的に従って行動するように適応してきた結果ではないかと考えられるのである。このような道徳的規範についての進化的考察はまだ始まったばかりであり，今後の発展が期待される分野であるといえるだろう。

# 引用文献

●●● 第 1 部

● 第 1 章

Barkow, J. H., Cosmides, L., & Tooby, J. (Eds.) (1992). *The adapted mind.* New York: Oxford University Press.
Bayley, C. (2011). Does the Defining Issues Test measure ethical judgment ability or political position? *Journal of Social Psychology,* **151**, 314-330.
Dewey, J., & Tufts, J. H. (1932). *Ethics.* New York: Henry Holt. 久野　収（訳）(1966). 社会倫理学　河出書房新社
Durkheim, E. (1893). *De la division du travail social.* Paris: Alcan. 田原音和（訳）(2005). 社会分業論　青木書店
Durkheim, E. (1912). *Les Formes élémentaires de la vie religieuse.* 山崎　亮（訳）(2014). 宗教生活の原初形態　上・下巻　ちくま学芸文庫
Durkheim, E.(1970). *La science sociale et l'action.* Presses Universitaires de France. 佐々木交賢・中嶋明勲（訳）(1988). 社会科学と行動　恒星社厚生閣
藤澤　文 (2009). 規範意識は変容するのか？　社会システムの変遷と個体内における変動　国立国会図書館調査及び立法考査局総合調査報告書　**2008-4**, 221-236.
藤澤　文 (2013). 青年の規範の理解における討議の役割　ナカニシヤ出版
藤澤　文 (2014). 高校生・大学生を対象とした討議プログラムの開発─役割取得能力・対人交渉方略を対象として　上廣倫理財団研究助成報告書（未刊）
Gilligan, C. (1982). *In a different voice.* Cambridge: Harvard University Press. 岩男寿美子（監訳）(1986). もうひとつの声　川島書店
Habermas, J. (1983). *Moralbewβtsein und kommunikativen Handeln.* Suhrkamp. 三島憲一・中野敏男・木前利秋（訳）(1991). 道徳意識とコミュニケーション行為　岩波書店
Haidt, J. (2006). *The happiness hypothesis.* London: Arrow Books. 藤澤隆史・藤澤玲子（訳）(2011). しあわせ仮説　新曜社
Haidt, J. (2007). The new synthesis in moral psychology. *Science,* **316**, 998-1002.
Haidt, J. (2012). *The Righteous Mind.* New York: Pantheon Books. 高橋　洋（訳）(2014). 社会はなぜ左と右にわかれるのか　紀伊國屋書店
Haidt, J., & Graham, J. (2009). Planet of the durkheimians: Where community, authority, and sacredness are foundations of morality. In J. Jost, A. C. Kay, & H. Thorisdottir (Eds.), *Social and psychological bases of ideology and system justification.* New York: Oxford University Press.
Hare, R. M. (1952)*The language of morals.* New York: Oxford University Press. 小泉　仰・大久保正健（訳）(1982). 道徳の言語　勁草書房
長谷川眞理子 (2002). 生き物をめぐる4つの「なぜ」　集英社
Hayashi, H. (2007). Children's moral judgments of commission and omission based on their understanding of second-order mental states. *Journal of Psychological Research,* **49**, 261-274.
Hayashi, H. (2010). Young children's moral judgments of commission and omission related to the understanding of knowledge or ignorance. *Infant and Child Development,* **19**, 187-203.
林　創 (2012). 人の行為の良い悪いのとらえ方　清水由紀・林　創（編）他者と関わる心の発達心

理学　子どもの社会性はどのように育つか　金子書房　pp.75-91.
平石博敏・橋本俊顕・森　健治・伊藤弘道・原田雅史（2007）．高機能自閉症児の画像課題を用いたモラル判断時の機能的 MRI による脳活動　脳と発達, **39**, 360-365.
Kohlberg, L.（1969）. Stage and sequence: The cognitive developmental approach to socialization. In D. A. Goslin（Ed.）, *Handbook of socialization: Theory and research*. Chicago: Rand McNally and Co.　永野重史（監訳）（1987）．道徳性の形成　新曜社
Kohlberg, L.（1971）. From is to ought: How to commit the naturalistic fallacy and get away with it in the study of moral development. In T. Mischel（Ed.）, *Cognitive development and epistemology*. New York: Academic Press.　永野重史（編）（1985）．道徳性の発達と教育　新曜社
Kohlberg, L.（1981）. *Essays on moral development Vol. I: The philosophy of moral development*. San Francisco: Harper & Row.
Kohlberg, L.（1984）. *Essays on moral development Vol. II: The psychology of moral development*. San Francisco: Harper & Row.
Kohlberg, L., & Gilligan, C.（1971）. The adolescent as a philosopher. *Daedalus,* **100**, 1051-1086.
Kohlberg, L., Levine, C., & Hewer, A.（1983）. *Moral stages.* Basel: Karger.　片瀬一男・高橋征仁（訳）（1992）．道徳性の発達段階　新曜社
Latane, B., & Darley, J.（1970）. *He unresponsive bystander: Why doesn't he help?* New York: Appleton-Century-Crofts.　竹村研一・杉崎和子（訳）（1997）．冷淡な傍観者―思いやりの心理学　ブレーン出版
Mead, G. H.（1934）. *Mind, self, and society.* Chicago: The University of Chicago Press.　河村　望（訳）（1995）．精神・自我・社会　人間の科学社
Milgram, S.（1974）. *Obedience to authority: An experimental view.* Harpercollins.　山形浩生（訳）（2012）．服従の心理　河出書房新社
Moll, J., & Oliveira-Souza, R.（2007）. Moral judgment, emotions, and the utilitarian brain. *Trends in Cognitive Sciences*, **11**, 319-321.
Moll, J., Oliveira-Souza, R., Eslinger, P. J., Bramati, I. E., Mourao-Miranda, J., Andreiuolo, P. A., & Pessoa, L.（2002）. The neural correlates of moral sensitivity: A functional magnetic resonance imaging investigation of basic and moral emotions. *The Journal of Neuroscience*, **22**, 2730-2736.
Narvaez, D.（2010）. The emotional foundations of high moral intelligence. In B. Latzko & T. Malti（Eds.）, Children's moral emotions and moral cognition: Developmental and educational perspectives. *New Directions for Child and Adolescent Development*, **129**, 77-94.
Narvaez, D.（2013）. The future of research in moral development and education. *Journal of Moral Education,* **42**, 1-11.
二宮克美（1984）．道徳的判断の発達　児童心理学の進歩 1984 年版　金子書房　pp.73-100.
Nucci, L. P.（2001）. *Education in the moral domain.* UK. Cambridge University Press.
Nucci, L., & Powers, D.（2014）. Social cognitive domain theory and moral education. In L. Nucci, D. Narvaez, & T. Krettenauer（Eds.）, *Handbook of moral and character education.* 2nd ed. New York and London: Routledge. pp.121-139.
Nucci, L., Smetana, J., Araki, N., Nakaue, M., & Comer, J.（2013）. Japanese adolescents' disclosure and information management with parents. *Child Development*, **85**（3）, 901-907.
Piaget, J.（1932）. *Le jugement moral chez l'enfant.*　大伴　茂（訳）（1954）．児童道徳判断の発達　臨床児童心理学Ⅲ　同文書院〈本書は Gabain, M.（Trans.）（1997）. *The moral judgment of the child*. NY: Free Press Paperbacks の訳〉
Pinker, S.（2002）. *The blank slate.* New York: Viking Adult.　山下篤子（訳）（2004）．人間の本性を考える　上・中・下巻　日本放送出版協会
Rawls, J.（1971）. *A theory of justice.* Cambridge: Harvard University Press.　矢島鈞次（監訳）（1979）．正義論　紀伊國屋書店

● 引用文献

Rest, J.（1979）. *Development in judging moral issues*. University of Minnesota Press.
櫻井育夫（2011）. Defining Issues Test を用いた道徳的判断の発達分析　教育心理学研究, **59**, 165-167.
Senland, A., & Higgins-D'Alessandro, A.（2013）. Moral reasoning and empathy in adolescents with autism spectrum disorder: Implications for moral education. *Journal of Moral Education*, **42**, 209-223.
Smetana, J. G.（1983）. Social-cognitive development: Domain distinctions and coordinations. *Developmental Review*, **3**, 131-147.
菅原健介・永房典之・佐々木　淳・藤澤　文・薊　理津子（2006）. 青少年の迷惑行為と羞恥心─公共場面における 5 つの行動基準との関連性　聖心女子大学論叢, **107**, 59-77.
首藤敏元（1992）. 領域特殊理論─チュリエル　日本道徳性心理学研究会（編）　道徳心理学─道徳教育のための心理学　北大路書房　pp.133-144.
高橋征仁（2007a）. ＜悪＞のグレースケール─道徳的社会化への類縁化アプローチ序説　犯罪心理学研究, **32**, 60-75.
高橋征仁（2007b）. 非行観の発達的生成と時代的変容─類縁化アプローチによる縦断的データの分析　山口大学文学会誌, **57**, 205-229.
高橋征仁（2010）. 社会病理学への領域固有アプローチの試み─喫煙規範の脱道徳化と再道徳化をめぐって　現代の社会病理／日本社会病理学会, **25**, 57-75.
Takeda, T., Kasai, K., & Kato, N.（2007）. Moral judgment in high-functioning pervasive developmental disorders. *Psychiatry and Clinical Neurosciences*, **61**, 407-414.
Tinbergen, N.（1963）. On aims and methods in ethology. *Zeitschrift für Tierpsychologie*, **20**, 410-433.
Turiel, E.（1998）. The development of morality. In N. Eisenberg（Ed.）, W. Damon（Series Ed.）, *Handbook of child psychology*. 5th ed. Vol.3. *Social, emotional, and personality development*. New York: Wiley. pp. 863-932.
Turiel, E.（2002）. *Culture of morality: Social development, context, conflict*. Cambridge, UK: Cambridge University Press.
Yamada, H.（2008）. Japanese children's reasoning about conflicts with parents. *Social Development*, 18, 962-977.
山田洋平・小泉令三・中山和彦・宮原紀子（2013）. 小中学生用規範行動自己評定尺度の開発と規範行動の発達的変化　教育心理学研究, **61**, 387-397.
山岸明子（1995）. 道徳性の発達に関する実証的・理論的研究　風間書房
山岸明子（2002）. 現代青年の規範意識の希薄性の発達的意味　順天堂大学医療短期大学紀要, **13**, 49-58.
Zimbardo, P.（2007）. *The lucifer effect: Understanding how good people turn evil*. Random House.

● 第 2 章

Algoe, S. B., Fredrickson, B. L., & Gable, S. L.（2013）. The social functions of the emotion of gratitude via expression. *Emotion*, **13**, 605-609.
安藤清志（2001）. 罪悪感と社会的行動（1）罪悪感による行動のコントロール　東洋大学社会学研究所年報, **34**, 23-39.
有光興記（2002）. 日本人青年の罪悪感喚起状況の構造　心理学研究, **73**, 148-156.
有光興記（2010）. ポジティブな自己意識の感情の発達　心理学評論, **53**, 124-139.
薊　理津子（2010）. 屈辱感, 羞恥感, 罪悪感の喚起要因としての他者の特徴　パーソナリティ研究, **18**, 85-95.
Barrett, K. C., Zahn-Waxler, C., & Cole, P. M.（1993）. Avoiders vs. amenders: Implications for the investigation of guilt and shame during toddlerhood? *Cognition and Emotion*, **7**, 481-505.
Bartlett, M. Y., & DeSteno, D.（2006）. Gratitude and prosocial behavior: Helping when it costs

● 引用文献

you. *Psychological Science*, **17**, 319-325.
Batson, C. D., Duncan, B. D., Ackerman, P., Buckley, T., & Birch, K. (1981). Is empathic emotion a source of altruistic motivation? *Journal of Personality and Social Psychology*, **40**, 290-302.
Baumeister, R. F., Stillwell, A. M., & Heatherton, T. F. (1994). Guilt: An interpersonal approach. *Psychological Bulletin*, **115**, 243-267.
Benedict, R. (1946). *The chrysanthemum and the sword*. Boston: Houghton Mifflin. 長谷川松治（訳）（2005）. 菊と刀―日本文化の型 講談社
Bennett, D. S., Bendersky, M., & Lewis, M. (2005). Does the organization of emotional expression change over time? Facial expressivity from 4 to 12 months. *Infancy*, **8**, 167-187.
Bridges, K. M. B. (1932). Emotional development in early infancy. *Child Development,* **3**, 324-341.
Cheng, S.-T. (2009). Generatibity in later life: Perceived respect from younger generations as a determinant of goal disengagement and psychological well-being. *Journal of Gerontology: Psychological Sciences*, **64B**, 45-54.
Davis, M. H. (1994). *Empathy: A social psychological approach*. Boulder, CO: Westview Press. 菊池章夫（訳）（1999）. 共感の社会心理学 川島書店
DeSteno, D., Bartlett, M. A., Baumann, J., Williams, L. A., & Dickens, L. (2010). Gratitude as moral sentiment: Emotion-guided cooperation in economic exchange. *Emotion*, **10**, 289-293.
Ferguson, T. J., & Stegge, H. (1995). Emotional states and traits in children: The case of guilt and shame. In J. P. Tangney & K. W. Fischer (Eds.), *Self-conscious emotions: The psychology of shame, guilt, embarrassment, and pride*. New York: Guilford Press. pp.174-197.
Frankel, S., & Sherick, I. (1977). Observations on the development of normal envy. *The Psychoanalytic Study of the Child*, **32**, 257-281.
Fredrickson, B. L., Tugade, M. M., Waugh, C. E., & Larkin, G. R. (2003). What good are positive emotions in crises? A prospective study of resilience and emotions following the terrorist attacks on the united states on September 11th, 2001. *Journal of Personality and Social Psychology*, **84**, 365-376.
福田正治（2008）. 共感と感情コミュニケーション（Ｉ）―共感の基礎 研究紀要（富山大学杉谷キャンパス一般教育），**36**, 45-58.
Goei, R., & Boster, F. J. (2005). The roles of obligation and gratitude in explaining the effect of favors on compliance. *Communication Monographs*, **72**, 284-300.
Grant, A. M., & Gino, F. (2010). A little thanks goes a long way: Explaining why gratitude expressions motivate prosocial behavior. *Journal of Personality and Social Psychology*, **98**, 946-955.
Haidt, J. (2003). The moral emotions. In R. J. Davidson, K. R. Scherer, & H. H. Goldsmith (Eds.), *Handbook of affective sciences*. Oxford, England: Oxford University Press. pp.852-870.
一言英文・新谷 優・松見淳子（2008）. 自己の利益と他者のコスト―心理的負債の日米間比較研究，**16**, 3-24.
Hodges, S. D., & Wegner, D. M. (1997). Automatic and controlled empathy. In W. Ickes (Ed.), *Empathic accuracy*. New York: Guilford Press. pp.311-339.
Hoffman, M. L. (2000). *Empathy and moral development: Inplication for caring and justice*. Cambridge: Cambridge University Press. 菊池章夫・二宮克美（訳）（2001）. 共感と道徳性の発達心理学 川島書店
Hutcherson, C. A., & Gross, J. J. (2011). The moral emotions: A social-functionalist account of anger, disgust, and contempt. *Journal of Personality and Social Psychology*, **100**, 719-737.
Izard, C. E. (1991). *The psychology of emotions*. New York, NY: Plenum.
加藤樹里・村田光二（2013）. 有限の顕現化と社会的価値の志向性が悲しみを伴った感動に及ぼす影響 心理学研究，**84**, 138-145.
Keltner, D., Oatley, K., & Jenkins, J. M. (2013). *Understanding emotions*. 3rd ed. Hoboken, NJ:

● 引用文献

Wiley.
Kochanska, G.(1991). Socialization and temperament in the development of guilt and conscience. *Child Development*, **62**, 1379-1392.
蔵永 瞳・樋口匡貴(2011a). 感謝の構造―生起状況と感情体験の多様性を考慮して 感情心理学研究, **18**, 111-119.
蔵永 瞳・樋口匡貴(2011b). 感謝生起状況における状況評価が感謝の感情体験に及ぼす影響 感情心理学研究, **19**, 19-27.
蔵永 瞳・樋口匡貴(2013). 感謝生起状況における状況評価と感情体験が対人行動に及ぼす影響 心理学研究, **84**, 376-385.
蔵永 瞳・樋口匡貴(2014). 尊敬の心理学的特徴に関する分析 感情心理学研究, **21**, 133-142.
蔵永 瞳・片山 香・樋口匡貴・深田博己(2008). いじめ場面における傍観者の役割取得と共感が自身のいじめ関連行動に及ぼす影響 広島大学心理学研究, **8**, 41-51.
Larson, R. W., Moneta, G., Richards, M. H., & Wilson, S.(2002). Continuity, stability, and change in daily emotional experience across adolescence. *Child Development*, **73**, 1151-1165.
Lewis, M., Sullivan, M. W., Stanger, C., & Weiss, M.(1989). Self-development and self-conscious emotions. *Child Development*, **60**, 146-156.
Li, J., & Fischer, K. W.(2007). Respect as a positive self-conscious emotion in European Americans and Chinese. In J. L. Tracy, R. W. Robins, & J. P. Tangney(Eds.), *The self-conscious emotions: Theory and research*. New York: Guilford, pp. 224-242.
Lyubomirsky, S.(2007). *The how of happiness*. London: Penguin Books.
McCullough, M., Kilpatrick, S., Emmons, R., & Larson, D.(2001). Is gratitude a moral affect? *Psychological Bulletin*, **127**, 249-266.
三宅和子(1994). 感謝の対照研究：日英対照研究―文化・社会を反映する言語行動 日本語学, **13**, 10-18.
文部科学省(2008a). 小学校学習指導要領解説 道徳編 東洋館出版社
文部科学省(2008b). 中学校学習指導要領解説 道徳編 日本文教出版
森田洋司・清永賢二(1999). 新訂版 いじめ 教室の病い 金子書房
武藤世良(2013). 尊敬関連感情の行為傾向―感情語知識に焦点を当てた検討 日本教育心理学会総会発表論文集, 437.
Naito, T., Wangwan, J., & Tani, M.(2005). Gratitude in university students in Japan and Thailand. *Journal of Cross Cultural Psychology*, **36**, 247-263.
佐久間勝彦(1983). 感謝と詫び 水谷 修(編) 講座日本語の表現3 話しことばの表現 筑摩書房 pp.54-66.
Sallquist, J. V., Eisenberg, N., Spinrad, T. L., Reiser, M., Hofer, C., Zhou, Q., Liew, J., & Eggum, N.(2009). Positive and negative emotionality: Trajectories across six years and relations with social competence. *Emotion*, **9**, 15-28.
澤田匡人(2005). 児童・生徒における妬み感情の構造と発達的変化―領域との関連および学年差・性差の検討 教育心理学研究, **53**, 185-195.
新村 出(編)(2008). 広辞苑 第六版 岩波書店
Stipek, D.(1995). The development of pride and shame in toddlers. In J. P. Tangney, & K. W. Fischer(Eds.), *Self-conscious emotions: The psychology of shame, guilt, embarrassment, and pride*. New York: Guilford Press. pp.237-252.
Tangney, J. P.(1995). Shame and guilt in interpersonal relationships. In J. P. Tangney, & K. W. Fischer(Eds.), *Self-conscious emotions: The psychology of shame, guilt, embarrassment, and pride*. New York: Guilford Press.
Tangney, J. P., Wagner, P., Fletcher, C., & Gramzow, R.(1992). Shamed into anger? The relation of shame and guilt to anger and self-reported aggression. *Journal of Personality and Social Psychology*, **62**, 669-675.

● 引用文献

Tsang, J.（2007）. Gratitude for small and large favors: A behavioral test. *The Journal of Positive Psychology,* **2**, 157-167.

Wangwan, J.（2005）. 日本とタイの大学生における感謝心の比較研究（2） 日本道徳性心理学研究, **19**, 1-12.

Warneken, F., & Tomasello, M.（2006）. Altruistic helping in human infants and young chimpanzees. *Science,* **311**, 1301-1303.

Widen, S. C., & Russell, J. A.（2010）. Differentiation in preschooler's categories of emotion. *Emotion,* **10**, 651-661.

Zahn-Waxler, C., Robinson, J. L., & Emde, R. N.（1992）. The development of empathy in twins. *Developmental Psychology,* **28**, 1038-1047.

● 第3章

Adolphs, R.（2002）. Neural systems for recognizing emotion. *Current Opinion in Neurobiology,* **12**, 169-177.

Ajzen, I.（1991）. The theory of planned behavior. *Organizational Behavior and Human Decision Processes,* **50**, 179-211.

Akbulut, Y., Şendag, S., Birinci, G., Kiliçer, K., Şahin, M. C., & Odabaşi, H. F.（2008）. Exploring the types and reasons of Internet-triggered academic dishonesty among Turkish undergraduate students: Development of Internet-Triggered Academic Dishonesty Scale（ITADS）. *Computers & Education,* **51**, 463-473.

Akbulut, Y., Uysal, O., Odabasi, H. F., & Kuzu, A.（2008）. Influence of gender, program of study and PC experience on unethical computer using behaviors of Turkish undergraduate students. *Computers & Education,* **51**, 485-492.

Allport, G. W.（1955）. *Becoming.* Yale University Press.　豊沢　登（訳）（1959）. 人間の形成――人格心理学のための基礎的考察　理想社

Allport, G. W.（1961）. *Pattern and growth in personality.* New York: Holt, Rinehart and Winston.　今田　恵（監訳）星野　命・入谷敏男・今田　寛（訳）（1968）. 人格心理学　全2巻　誠信書房

Araki, N.（2014）. An application of Kohlberg's theory of moral dilemma discussion to the Japanese classroom and its effect on moral development of Japanese students. In L. Nucci., D. Narvaez, & T. Krettenauer（Eds.）. *Handbook of moral and character education.* 2nd ed. New York, London: Routledge. pp.308-325.

Aronson, E.（1992）. *The social animal.* 6th ed. New York: W. H. Freeman and Company. 古畑和孝（監訳）（1994）. ザ・ソーシャル・アニマル　第6版――人間行動の社会心理学的研究　サイエンス社

Arsenio, W. F., & Lemerise, E. A.（2004）. Aggression and moral development: Integrating social information processing and moral domain models. *Child Development,* **75**, 987-1002.

Arsenio, W. F., & Lemerise, E. A.（2010）. *Emotions, aggression, and morality in children: Bridging development and psychopathology.* Washington, DC: APA Press.

浅井千秋（2013）. 組織特性，リーダーシップ行動および就業態度が自発的職務改善に与える影響　実験社会心理学研究, **52**, 79-90.

Bandura, A.（1965）. Vicarious processes: A case of no-trial learning. In L. Berkowitz（Ed.）, *Advances in experimental social psychology.* Vol. 2. New York: Academic Press. pp.1-55.

Bar-Tal, D.（1976）. *Prosocial behavior: Theory and research.* New York: John Wiley & Sons.

Bateman, C. R., Valentine, S., & Rittenburg, T.（2013）. Ethical decision making in a peer-to-peer file sharing situation: The role of moral absolutes and social consensus. *Journal of Business Ethics,* **115**, 229-240.

Batson, C. D.（1987）. Prosocial motivation: Is it ever truly altruistic? In L. Berkowitz（Ed.）, *Ad-

● 引用文献

vances in experimental social psychology. Vol. 20. New York: Academic Press. pp.65-122.
Batson, C. D.（1991）. The altruism question: Towards a social-psychological answer. Hilsdale, NJ: Erlbaum.
Batson, C. D.（1998）. Altruism and prosocial behavior. In D. T. Gilbert, S. T. Fiske, & G. Lindzey （Eds.）, The handbook of social psychology. 4th. ed. vol. 2. New York: Oxford University Press. pp.282-316.
Batson, C. D.（2011）. Altruism in humans. New York: Oxford University Press.　菊地章夫・二宮克美（共訳）（2012）．利他性の人間学―実験社会心理学からの回答　新曜社
Batson, C. D., Batson, J. G., Slingsby, K., Harrell, K. L., Peekna, H. M., & Todd, R. M. （1991）. Empathic joy and the empathy-altruism hypothesis. Journal of Personality and Social Psychology, **61**, 413-426.
Batson, C. D., Duncan, B. D., Ackerman, P., Buckley, T., & Birch, K.（1981）. Is empathic emotion a source of altruistic motivation? Journal of Personality and Social Psychology, **40**, 290-302.
Beck, A. T.（1976）. Cognitive therapy and the emotional disorders. New York: International Universities Press.
Beck, A. T., & Freeman, A.（1990）. Cognitive therapy of personality disorders. New York: Guilford Press.
Berkowitz, L.（1972）. Social norms, feelings, and other factors affecting helping and altruism. In L .Berkowitz（Ed.）, Advances in experimental social psychology. Vol. 6. New York: Academic Press. pp. 63-108.
Berkowitz, L.（1993）. Aggression: Its causes, consequences, and control. New York: McGraw-Hill.
Blackburn, R.（1998）. Psychopathy and personality disorder: Implications of interpersonal theory. In D. J. Cooke, A. E. Forth, & R. D. Hare （Eds.）, Psychopathy: Theory, research and implications for society. Dordrecht, The Netherlands: Kluwer. pp. 269-301.
Blair, R. J. R.（1995）. A cognitive developmental approach to morality: Investigating the psychopath. Cognition, **57**, 1-29.
Blair, R. J. R.（1997）. Moral reasoning and the child with psychopathic tendencies. Personality and Individual Differences, **22**, 731-739.
Blair, R. J. R.（2006）. The emergence of psychopathy: Implications for the neuropsychological approach to developmental disorders. Cognition, **101**, 414-442.
Blair, R. J. R., Colledge, E., Murray, L., & Mitchell, D. G. V.（2001）. A selective impairment in the processing of sad and fearful expressions in children with psychopathic tendencies. Journal of Abnormal Child Psychology, **29**, 491-498.
Blair, J., Mitchell, D., & Blair, K.（2005）. The psychopath: Emotion and the brain. Oxford, UK: Blackwell Publishing.　福井裕輝（訳）（2009）　サイコパス―冷淡な脳　星和書店
Blatt, M., & Kohlberg, L.（1975）. The effects of classroom moral discussion upon children's level of moral judgment. Journal of Moral Education, **4**（2）, 129-161.
Buss, D. M.（2012）. Evolutionary psychology: The new science and the mind. 4th.ed. Boston, MA: Peason/Allyn & Bacon.
Casas, J. A., Del Rey, R., & Ortega-Ruiz, R.（2013）. Bullying and cyberbullying: Convergent and divergent predictor variables. Computers in Human Behavior, **29**, 580-587.
Chiang, L., & Lee, B.（2011）. Ethical attitude and behaviors regarding computer use. Ethics & Behavior, **21**, 481-497.
Cialdini, R. B., Brown, S. L., Lewis, B. P., Luce, C., & Neuberg, S. L.（1997）. Reinterpreting the empathy-altruism relationship: When one into one equals oneness. Journal of Personality and Social Psychology, **73**, 481-494.
Cialdini, R. B., Schaller, M., Houlihan, D., Arps, K., Fultz, J., & Beaman, A. L.（1987）. Empathy-based helping: Is it selflessly or selfishly motivated? Journal of Personality and Social Psy-

● 引用文献

chology, **52**, 749-758.
Cleckley, H.（1976）. *The mask of sanity*. 5th ed. St. Louis, MO: Mosby.
Coie, J. D.（2004）. The impact of negative social experiences on the development of antisocial behavior. In J. B. Kupersmidt, & K. A. Dodge（Eds.）, *Children's peer relations: From development to intervention*. Washington, DC: American Psychological Association. pp.243-267.
Coie, J. D., & Kupersmidt, J. B.（1983）. A behavioral analysis of emerging social status in boys' groups. *Child Development*, **54**, 1400-1416.
Crick, N. R., & Dodge, K. A.（1994）. A review and reformulation of social information-processing mechanisms in children's social adjustment. *Psychological Bulletin*, **115**, 74-101.
Crick, N. R., & Dodge, K. A.（1996）. Social information-processing mechanisms in reactive and proactive aggression. *Child Development*, **67**, 993-1002.
大学ICT推進協議会（2005）. 情報倫理デジタルビデオ小品集3 日本データパシフィック株式会社（http://axies.previx.jp/）
DeGeorge, R.（1987）. The status of business ethics: Past and future. *Journal of Business Ethics*, **6**, 201-211.
Dewey, J., & Tufts, J. H.（1910）. *Ethics*. New York: Henry Holt and Company.
Dodge, K. A.（1983）. Behavioral antecedents of peer social status. *Child Development*, **54**, 1386-1399.
Dovidio, J. F., & Penner, L. A.（2001）. Helping and altruism. In G. J. O. Fletcher, & M. S. Clark（Eds.）, *Blackwell handbook of social psychology: Interpersonal processes*. Malden, MA: Blackwell Publishers. pp.162-195.
越中康治（2005）. 仮想場面における挑発，報復，制裁としての攻撃に対する幼児の道徳的判断　教育心理学研究, **53**, 479-490.
越中康治（2007）. 攻撃行動に対する幼児の善悪判断に及ぼす社会的文脈の影響―社会的領域理論の観点から　教育心理学研究, **55**, 219-230.
越中康治（2010）. 体罰に関する大学生の信念に及ぼす意見交換の影響　宮城教育大学紀要, **45**, 217-225.
越中康治（2012a）. 道徳性の発達　深田博己（監修）湯澤正通・杉村伸一郎・前田健一（編）　心理学研究の新世紀3 教育・発達心理学　ミネルヴァ書房　pp.222-237.
越中康治（2012b）. 幼児に対する体罰に関する高校生の信念に及ぼす意見交換の影響　幼年教育研究年報, **34**, 63-70.
越中康治（2014）. 幼児への体罰に関する保育者・教師の信念に及ぼす意見交換の影響　幼年教育研究年報, **36**, 13-21.
越中康治・江村理奈・新見直子・日久田純一・淡野将太・前田健一（2006）. 幼児の社会的適応と攻撃タイプ（3）　広島大学心理学研究, **6**, 131-139.
Flanagan, O.（1991）. *Varieties of moral personality: Ethics and psychological realism*. Cambridge, Massachusetts: Harvard University Press.
Fowles, D. C.（1980）. The three arousal model: Implications of Gray's two-factor learning theory for heart Rate, electrodermal activity, and psychopathy. *Psychophysiology*, **17**, 87-104.
藤澤　文（2013）. 青年の規範の理解における討議の役割　ナカニシヤ出版
深田昭三・中村　純・岡部成玄・布施　泉・上原哲太郎・村田育也・山田恒夫・辰己丈夫・中西通雄・多川孝央・山之上　卓（2013）. 大学生の情報倫理にかかわる判断と行動　日本教育工学会論文誌, **37**, 97-105.
Fultz, J., Batson, C. D., Fortenbach, V. A., McCarthy, P. M., & Varney, L. L.（1986）. Social evaluation and the empathy-altruism hypothesis. *Journal of Personality and Social Psychology*, **50**, 761-769.
降矢一洋・松田稔樹・玉田和恵・近藤千香（2009）. 情報モラル判断の思考モデルに基づく生徒・教師用個別学習教材の開発と評価　日本教育工学会研究報告集, 23-30.

● 引用文献

Gibbs, J. C., Barriga, A. Q., & Potter, G. B.（2001）. *How I Think（HIT）Questionnaire and How I Think（HIT）Questionnaire manual*. Champaign, IL: Research Press.

Gorenstein, E. E., & Newman, J. P.（1980）. Disinhibitory psychopathology: A new perspective and a model for research. *Psychological Review*, **87**, 301-315.

Gouldner, A. W.（1960）. The norm of reciprocity: A preliminary statement. *American Sociological Review*, **25**, 161-178.

Gratton, L.（2011）. *The shift*. London: c/o PFD. 池村千秋（訳）（2012）. ワーク・シフト―孤独と貧困から自由になる働き方の未来図〈2025〉 プレジデント社

Gratton, L.（2014）. *The key*. London: c/o PFD. 吉田晋治（訳）（2014）. 未来企業 プレジデント社

Gray, J. A.（1979）. A neuropsychological theory of anxiety. In C. E. Izard（Ed.）, *Emotions in personality and psychopathology*. New York: Plenum Press. pp. 303-335.

Gray, J. A., & McNaughton, N.（2000）. *The neuropsychology of anxiety: An enquiry into the functions of the septohippocampal system*. 2nd ed. Oxford, UK: Oxford University Press.

Hare, R. D.（1991）. *The hare psychopathy checklist-revised*. Tronto, Ontario: Multi-Health Systems.

Hare, R. D.（2003）. *The hare psychopathy checklist-revised（PCL-R）*. 2nd ed. Tronto, Ontario: Multi-Health Systems. 西村由貴（訳）（2004）. Hare PCL-R 第2版 日本語版評定用解説書 金子書房

Hare, R. D., Clark, D., Grann, M., & Thornton, D.（2000）. Psychopathy and the predictive validity of the PCL-R: An international perspective. *Behavioral Sciences and the Law*, **18**, 623-645.

Harper, C. C., & McLanahan, S. S.（1998）. *Father absence and youth incarceration*. Paper presented at the 1998 annual meetings of the American Sociological Association, San Francisco.

Harpur, T. J., Hare, R. D., & Hakstian, A. R.（1989）. Two-factor conceptualization of psychopathy: Construct validity and assessment implications. *Psychological Assessment: A Journal of Consulting and Clinical Psychology*, **1**, 6-17.

Hartshorne, H., & May, M. A.（1928）. *Studies in the nature of character: Studies in Deceit*. New York: Macmillan.

Hartshorne, H., & May, M. A., & Maller, J. B.（1929）. *Studies in the nature of character: Studies in Service and Self-Control*. New York: Macmillan.

Hartshorne, H., & May, M. A., & Shuttleworth, F. K.（1930）. *Studies in the nature of character: Studies in the organization of character*. New York: Macmillan.

林　泰子（2005）. 道徳性を高める「情報モラルWeb教材」の開発―ネット社会に生きる子どもへの学級の役割 学習情報研究, **184**, 31-34.

Hoffman, M. L.（1982）. Development of prosocial motivation: Empathy and guilt. In N. Eisenberg（Ed.）, *The development of prosocial behavior*. New York: Academic Press. pp. 281-313.

Hoffman, M. L.（2000）. *Empathy and moral development: Implications for caring and justice*. Cambridge: Cambridge University Press. 菊池章夫・二宮克美（訳）（2001）. 共感と道徳性の発達心理学―思いやりと正義とのかかわりで 川島書店

堀田龍也・高橋　純・高坂貴宏・平松　茂・桐野志摩美（2013）. 情報モラル学習に気軽に取り組むための「ネットモラルけんてい」の開発 日本教育工学会研究報告集 2013, 361-368.

飯島宗享（1989）. 自己について 青土社

石原一彦（2011）. 情報モラル教育の変遷と情報モラル教材 岐阜聖徳学園大学紀要教育学部編, 50, 101-116.

伊藤武彦（2001）. 攻撃と暴力と平和心理学 心理科学研究会（編）平和を創る心理学―暴力の文化を克服する ナカニシヤ出版 pp.9-31.

岩佐信道（2007）. 道徳性の発達と規範意識の育成 児童心理, **61**（16）, 38-43.

Jackson, L. A., Zhao, Y., Qiu, W., Kolenic, A., Fitzgerald, H. E., Harold, R., & von Eye, A.（2008）.

● 引用文献

Cultural differences in morality in the real and virtual worlds: A comparison of Chinese and U.S. youth. *Cyber Psychology and Behavior*, **11**, 279-286.

James, W. (1892). Psychology, briefer course. In Myers, G. E. (Ed.) (1992). *William James: Writings 1878-1899.* New York: Library of America. 今田 寛 (訳) (1992). 心理学 全2巻 岩波書店

梶田叡一 (1998). 意識としての自己―自己意識研究序説 金子書房

Karim, N. S. A., Zamzuri, N. H. A., & Nor, Y. N. (2009). Exploring the relationship between Internet ethics in university students and the big five model of personality. *Computers & Education*, **53**, 86-93.

Karpman, B. (1941). On the need of separating psychopathy into two distinct clinical types: The symptomatic and the idiopathic. *Journal of Criminal Psychopathology*, **3**, 112-137.

河合隼雄・一谷 彊・星野 命・藤永 保・鑪 幹八郎・水島恵一・土沼雅子 (1984). 性格の科学 藤永 保 (監修) 講座 現代の心理学 6巻 小学館

Kegan, R., & Lahey, L. L. (2009). *Immunity to change: How to overcome it and unlock the potential in yourself and your organization.* Harvard Business Review Press. 池村千秋 (訳) (2013). なぜ人と組織は変われないのか―ハーバード流 自己変革の理論と実践 英治出版

警察庁 (2014). サイバー犯罪対策―情報セキュリティ対策ビデオ (http://www.npa.go.jp/cyber/video)

北村晴朗 (1962). 自我の心理 誠信書房

Klass, E. T. (1980). Cognitive appraisal of transgression among sociopaths and normals. *Cognitive Therapy and Research*, **4**, 353-367.

小林道夫 (2009). 科学の世界と心の哲学―心は科学で解明できるか 中央公論社

Kochanska, G. (1997). Multiple pathways to conscience for children with different temperaments: From toddlerhood to age 5. *Developmental Psychology*, **33**, 228-240.

Koenigs, M., Young, L., Adolphs, R., Tranel, D., Cushman, F., Hauser, M., & Damasio, A. (2007, April 19). Damage to the prefrontal cortex increases utilitarian moral judgements. *Science*, **446**, 908-911.

コンピュータ教育推進センター (2014). ネット社会の歩き方 (http://www.cec.or.jp/net-walk/)

椛本知子 (2013). 怒り・攻撃性 二宮克美・浮谷秀一・堀毛一也・安藤寿康・藤田主一・小塩真司・渡邊芳之 (編) パーソナリティ心理学ハンドブック 福村出版 pp.420-426.

LaBar, K. S., Gatenby, J. C., Gore, J. C., LeDoux, J. E., & Phelps, E. A. (1998). Human amygdala activation during conditioned fear acquisition and extinction: A mixed-trial fMRI study. *Neuron*, **20**, 937-945.

Lapsley, D. K., & Narvaez, D. (Eds.) (2013). *Moral development, self, and identity.* New York & Hove: Psychology Press.

Lapsley, D. K., & Power, F. C. (Eds.) (2005). *Character psychology and character education.* Notre Dame: University of Notre Dame.

Lau, W. W. F., & Yuen, A. H. K. (2013). Adolescents' risky online behaviours: The influence of gender, religion, and parenting style. *Computers in Human Behavior*, **29**, 2690-2696.

Lau, W. W. F., & Yuen, A. H. K. (2014). Internet ethics of adolescents: Understanding demographic differences. *Computers & Education*, **72**, 378-385.

Lazuras, L., Barkoukis, V., Ourda, D., & Tsorbatzoudis, H. (2013). A process model of cyberbullying in adolescence. *Computers in Human Behavior*, **29**, 881-887.

Lemerise, E. A., & Arsenio, W. F. (2000). An integrated model of emotion processes and cognition in social information processing. *Child Development*, **71**, 107-118.

Leming, J. S. (1993). In search of effective character education. *Educational Leadership*, **51** (3), 63-71.

Leonard, L. N. K., Cronan, T. P., & Kreie, J. (2004). What influences IT ethical behavior inten-

● 引用文献

tions: Planned behavior, reasoned action, perceived importance, or individual characteristics? *Information & Management,* **42**, 143-158.
Lesser, G. S. (1959). The relationship between various forms of aggression and popularity among lower-class children. *Journal of Educational Psychology,* **50**, 20-25.
Liang, Z., & Yan, Z. (2005). Software piracy among college students: A comprehensive review of contributing factors, underlying processes, and tackling strategies. *Journal of Educational Computing Research,* **33**, 115-140.
Lickona, T. (1991). *Educating for character: How our schools can teach respect and responsibility.* New York: Bantam Books. 三浦　正（訳）(1997). リコーナ博士のこころの教育論―〈尊重〉と〈責任〉を育む学校環境の創造　慶應義塾大学出版会
Lickona, T. (1993). The return of character education. *Educational Leadership,* **51**(3), 6-11.
Loviscky, G. E., Trevino, L. K., & Jacobs, R. R. (2007). Assessing managers' ethical decision-making: An objective measure of managerial moral judgment. *Journal of Business Ethics,* **73**, 263-285.
Lowry, D. (2003). An investigation of student moral awareness and associatiated factors in two cohorts of an undergraduate business degree in British university: implications for Business Ethics curriculum design, *Journal of Business Ethics,* **48**, 7-19.
Lykken, D. T. (1957). A study of anxiety in the sociopathic personality. *Journal of Abnormal and Social Psychology,* **55**, 6-10.
Lykken, D. T. (1995). *The antisocial personalities.* Mahwah, NJ: Lawrence Erlbaum Associates.
前田健一 (1995). 児童期の仲間関係と孤独感―攻撃性，引っ込み思案および社会的コンピタンスに関する仲間知覚と自己知覚　教育心理学研究, **43**, 156-166.
前田健一 (1998). 子どもの孤独感と行動特徴の変化に関する縦断的研究―ソシオメトリック地位維持群と地位変動群の比較　教育心理学研究, **46**, 377-386.
前田健一 (1999). 児童期の社会的地位タイプと行動特徴に関する発達的研究　愛媛大学教育学部紀要第Ⅰ部教育科学, **46**, 25-35.
前田健一 (2001). 子どもの仲間関係における社会的地位の持続性　北大路書房
前田健一・片岡美菜子 (1993). 幼児の社会的地位と社会的行動特徴に関する仲間・実習生・教師アセスメント　教育心理学研究, **41**, 152-160.
丸山和昭 (2008). 日本における「カウンセリング」専門職の発達過程―産業カウンセラーを事例として　産業教育学研究, **38**, 1-8.
Mason, R. O. (1986). Four ethical issues of the information age. *MIS Quarterly,* **10**, 5-12.
松井　豊・浦　光博 (1998). 人を支える心の科学　誠信書房
Mealey, L. (1995). The sociobiology of sociopathy: An integrated evolutionary model. *Behavioral and Brain Sciences,* **18**, 523-541.
宮川洋一・福本　徹・森山　潤 (2010). 義務教育段階における情報モラル教育に関する研究の動向と展望― CiNii論文情報ナビゲータを活用した学術研究の動向把握を通じて　岩手大学教育学部研究年報, **69**, 89-101.
宮川洋一・森山　潤 (2011). 道徳的規範意識と情報モラルに対する意識との関係　日本教育工学論文誌, **35**, 73-82.
宮城まり子 (2010). キャリアカウンセリングにおけるキャリア支援とメンタルヘルス支援の統合　法政大学キャリアデザイン学部紀要, **7**, 157-177.
宮口幸治 (2015). 認知のゆがみの脳科学的基盤と凶悪犯事例との関連　吉澤寛之・大西彩子・ジニ, G.・吉田俊和（編）ゆがんだ認知が生み出す反社会的行動―その予防と改善の可能性　北大路書房
三宅元子 (2005). 中学・高校・大学生の情報倫理に関する意識の分析　日本教育工学会論文誌, **29**, 535-542.
三宅元子 (2006). 中学・高校・大学生の情報倫理意識と道徳的規範意識の関係　日本教育工学会論文誌, **30**, 51-58.

● 引用文献

三宅元子（2008）．高校生における著作権に関する行動・意識・知識の継時的変化　日本教育工学会論文誌，**32**, 99-107.
宮田　仁・石原一彦　（2001）．小学生を対象とした情報モラル学習の試み―問題点を意図的に埋め込んだ Web 教材の活用　日本教育工学雑誌，**25**, 167-172.
溝上慎一（1999）．自己の基礎理論―実証的心理学のパラダイム　金子書房
文部科学省（2007）．平成 19 年度生徒指導上の諸問題に関する調査
文部科学省（2010）．ここからはじめる情報モラル指導者研修ハンドブック　財団法人コンピュータ教育開発センター（CEC）
武藤孝典（編）（2002）．人格・価値教育の新しい発展―日本・アメリカ・イギリス　学文社
内藤俊史（1987）．道徳性と相互行為の発達―コールバーグとハーバーマス　藤原保信・三島憲一・木前利秋（編著）　ハーバーマスと現代　新評論　pp.182-195.
中里真一・久保田善彦・長谷川春生（2011）．ネットいじめに関する情報モラル学習の効果―ケータイ所持の有無との関連を中心に　日本教育工学会誌, **35**（Suppl.）, 121-124.
Namlu, A. G., & Odabasi, H. F.（2007）. Unethical computer using behavior scale: A study of reliability and validity on Turkish university students. *Computers and Education,* **48**, 205-215.
奈良由美子・吉井美奈子（2002）．インターネットにおける情報倫理と日常モラルに関する研究―大学生を対象とした実証研究　日本家政学会誌，**53**, 1167-1175.
Narvaez, D., & Lapsley, D. K.（Eds.）（2009）. *Personality, identity, and character: Explorations in moral psychology.* Cambridge University Press.
Newcomb, A. F., Bukowski, W. M., & Pattee, L.（1993）. Children's peer relations: A meta-analytic review of popular, rejected, neglected controversial, and average sociometric status. *Psychological Bulletin,* **113**, 99-128.
Newman, J. P., Patterson, C. M., & Kosson, D. S.（1987）. Response perseveration in psychopaths. *Journal of Abnormal Psychology,* **96**, 145-148.
Newman, J. P., Schmitt, W. A., & Voss, W. D.（1997）. The impact of motivationally neutral cues on psychopathic individuals: Assessing the generality of the response modulation hypothesis. *Journal of Abnormal Psychology,* **106**, 563-575.
Newman, J. P., Widom, C. S., & Nathan, S.（1985）. Passive avoidance in syndromes of disinhibition: Psychopathy and extraversion. *Journal of Personality and Social Psychology,* **48**, 1316-1327.
日本道徳性心理学研究会（編）（1992）．道徳性心理学―道徳教育のための心理学　北大路書房
二宮克美（2007）．思いやり行動と社会的発達　南　徹弘（編）　発達心理学　朝倉書店　pp.189-201.
西　俊之・本郷　健（2006）．児童の発達と情報モラル教育の適時性に関する研究―日常場面のモラルから情報機器活用場面のモラルへの学習の転移の可能性　教育情報研究, **21**, 3-12.
野崎勝謙・古賀萌子・納所健三・野崎慎悟・今村　希・石橋玲奈・古川　卓・角　和博（2013）．携帯端末利用状況の調査に基づく情報モラル教育の実践　佐賀大学教育実践研究, **29**, 343-348.
Nucci, L.（2006）. Education for moral development. In M. Killen, & J. Smetana（Eds.）, *Handbook of moral development.* New Jersey: Lawrence Erlbaum Associates. pp.657-681.
Nucci, L. P., & Narvaez, D.（Eds.）（2008）. *Handbook of moral and character education.* Routledge.
荻野美佐子（1998）．情緒の発達と子どものサイン　後藤宗理（編）　子どもに学ぶ発達心理学　樹村房
大渕憲一（1987）．攻撃の動機と対人機能　心理学研究, **58**, 113-124.
大渕憲一（1993）．人を傷つける心―攻撃性の社会心理学　サイエンス社
大渕憲一（2000）．攻撃と暴力―なぜ人は傷つけるのか　丸善
大渕憲一（2011）．新版　人を傷つける心―攻撃性の社会心理学　サイエンス社
大平英樹（2002）．攻撃性の神経生理　島井哲志・山崎勝之（編）　攻撃性の行動科学―健康編　ナカ

● 引用文献

ニシヤ出版 pp.80-96.
沖林洋平・神山貴弥・西井章司・森保尚美・川本憲明・鹿江宏明・森　敏昭（2006）．児童生徒における情報倫理意識と規範意識の関係　日本教育工学会論文誌，**30**, 181-184.
小野　淳・斎藤富由起・吉森丹衣子・飯島博之（2011）．中学校におけるサイバー型いじめの予防と心理的回復を目的としたソーシャルスキル教育プログラム開発の試み　その1―日本の教育現場に適したサイバー型いじめ対策システムに関する展望　千里金蘭大学紀要，**8**, 40-50.
Oser, F., & Schläfli, A.（2010）. The thin line phenomenon: helping bank trainees from a social and moral identity in their workplace. In G. Lind, H. A. Hartmann, & R. Wakenhut.（Eds.）, *Moral judgments and social education*. New Brunswick and London: Transaction Publishers. pp.155-172.
Pardini, D. A., Lochman, J. E., & Frick, P. J.（2003）. Callous/unemotional traits and social-cognitive processes in adjudicated youths. *Journal of the American Academy of Child and Adolescent Psychiatry*, **42**, 364-371.
Patrick, C. J., Bradley, M. M., & Lang, P. J.（1993）. Emotion in the criminal psychopath: Startle reflex modulation. *Journal of Abnormal Psychology*, **102**, 82-92.
Piliavin, J. A., Dovidio, J. F., Gaertner, S. L., & Clark, R. D., III.（1981）. *Emergency intervention*. New York: Academic Press.
Quay, H. C.（1993）. The psychobiology of undersocialized aggressive conduct disorder: A theoretical perspective. *Development and Psychopathology*, **5**, 165-180.
Reidenbach, R. E., & Robin, D. P.（1990）. Toward the development of a multidimensional scale for improving evaluations of business ethics. *Journal of Business Ethics*, **9**, 639-653.
Rowe, D. C.（2002）. *Biology and crime*. Los Angeles, CA: Roxbury Publishing Company.　津富　宏（訳）（2009）．犯罪の生物学―遺伝・進化・環境・倫理　北大路書房
坂本理郎（2008）．キャリア・カウンセリングの機能についての経営学的考察　大手前大学論集，**9**, 137-156.
坂本理郎（2012）．組織内キャリア・マネジメントとキャリア・カウンセリング―自律的キャリア形成の時代における意義と課題　大手前大学論集，**13**, 83-99.
佐古純一郎（2009）．近代日本思想史における人格観念の成立　朝文社
Serin, R. C.（1991）. Psychopathy and violence in criminals. *Journal of Interpersonal Violence*, **6**, 423-431.
島井哲志（2002）．攻撃性と健康―その研究意義　島井哲志・山崎勝之（編）　攻撃性の行動科学―健康編　ナカニシヤ出版　pp.4-16.
Smetana, J. G.（1981）. Preschool children's conception of moral and social rules. *Child Development*, **52**, 1333-1336.
Smetana, J. G.（1985）. Preschool children's conceptions of transgressions: The effects of varying moral and conventional domain-related attributes. *Developmental Psychology*, **21**, 18-29.
Smetana, J. G., & Braeges, J. L.（1990）. The development of toddler's moral and conventional judgments. *Merrill-Palmer Quarterly*, **36**, 329-346.
Smith, R. J.（1978）. *The psychopath in society*. New York: Academic Press.
Smith, K. D., Keating, J. P., & Stotland, E.（1989）. Altruism reconsiderd: The effect of denying feedback on a victim's status to empathic witnesses. *Journal of Personality and Social Psychology*, **57**, 641-650.
Strayer, F. F., & Noel, J. M.（1986）. The prosocial and antisocial functions of preschool aggression: An ethological study of triadic conflict among young children. In C. Zahn-Waxler, E. M. Cummings, & R. Iannotti（Eds.）, *Altruism and aggression: Biological and social origins*. New York: Cambridge University Press. pp. 107-131.
須東朋広・城戸康彰（2012）．キャリア開発行動とその成果―キャリア志向，キャリア行動，キャリア支援に着目して　産業能率大学紀要，**33**, 31-46.

● 引用文献

菅原真悟・鷲林潤壱・新井紀子（2012）．情報モラル教育において抽象的概念を扱うための教授法の分布　日本教育工学会論文誌，**36**, 135-146.
鈴木敏明（2004）．自己意識心理学概説　北樹出版
首藤敏元・二宮克美（2003）．子どもの道徳的自律の発達　風間書房
首藤敏元・二宮克美（2005）．多面的領域としての"個人道徳"の概念とその心理学的研究の展望　埼玉大学紀要教育学部（教育科学），**54**（1），23-39.
Taber-Thomas, B. C., Asp, E. W., Koenigs, M., Sutterer, M., Anderson, S. W., & Tranel, D.（2014）. Arrested development: Early prefrontal lesions impair the maturation of moral judgement. *Brain*, **137**, 1254-1261.
高　巌（2013）．マネジメント・テキスト　ビジネスエシックス　企業倫理　日本経済新聞出版社　pp.111-117.
高木　修（1987）．順社会行動の分類　関西大学社会学部紀要，**18**, 67-114.
高木　修・武村和久（編）（2014）．思いやりはどこから来るの？―利他性の心理と行動　誠信書房
玉田和恵・松田稔樹（2009）．3種の知識による情報モラル指導法の改善とその効果　日本教育工学会論文誌，**33**, 105-108.
辰己丈夫・山之上　卓・布施　泉・中西通雄・村田育也・深田昭三・多川孝央・岡部成玄・中村　純・山田恒夫（2006）．大学生向け情報倫理ビデオ教材の作成と効果　電子情報通信学会技術研究報告　SITE，技術と社会・倫理，**105**, 43-46.
Tisak, M. S., Tisak, J., & Goldstein, S. E.（2006）. Aggression, delinquency, and morality: A social-cognitive perspective. In M. Killen, & J. Smetana（Eds.）, *Handbook of moral development*. New Jersey: Lawrence Erlbaum Associates. pp.611-629
Trevethan, S. D., & Walker, L. J.（1989）. Hypothetical versus real-life moral reasoning among psychopathic and delinquent youth. *Development and Psychopathology*, **1**, 91-103.
Troth, D. C.（Ed.）（1930）. *Selected readings in character education*. Boston & Massachusetts: The Beacon Press.
Turiel, E.（1983）. *The development of social knowledge: Morality and convention*. Cambridge, England: Cambridge University Press.
Turiel, E.（2006）. The development of morality. In N. Eisenberg（Ed.）, W. Damon, & R. M. Lerner（Series Eds.）, *Handbook of child psychology*. 6th ed. Vol. 3. *Social, emotional, and personality development*. New York: Wiley. pp.789-857
梅田恭子・江島徹郎・野崎浩成．（2012）．高校生を対象とした著作権に関するジレンマ資料を活用した情報モラル授業の検討　愛知教育大学教育創造開発機構紀要，**2**, 157-163.
梅田恭子・松井淳子・野崎浩成・江島徹郎（2013）．小学生を対象とした ICT 利用状況にかかわらない情報モラルの指導法に関する検討　愛知教育大学研究報告教育科学編，**62**, 199-205.
梅津光弘（2002）．〈現代社会の倫理を考える〉ビジネスの倫理学　丸善
Vold, G. B., & Bernard, T. J.（1985）. *Theoretical criminology*. 3rd ed. New York: Oxford University Press. 平野龍一・岩井弘融（監訳）（1990）．犯罪学―理論的考察　東京大学出版会
Wainryb, C.（1991）. Understanding differences in moral judgments: The role of informational assumptions. *Child Development*, **62**, 840-851.
若林明雄（2009）．パーソナリティとは何か―その概念と理論　培風館
渡辺三枝子・Herr, E. L.（2001）．キャリアカウンセリング入門　ナカニシヤ出版
Weber, J., & McGiven, E.（2010）. A new methodological approach for studying moral reasoning among managers in business ethics. *Journal of business ethics*, **92**, 149-166.
Weston, D. R., & Turiel, E.（1980）. Act-rule relations: Children's concepts of social rules. *Developmental Psychology*, **16**, 417-424.
Widom, C. S.（1976）. Interpersonal and personal construct systems in psychopaths. *Journal of Consulting and Clinical Psychology*, **44**, 614-623.
Wilfred, W. F., Lau, W. W. F., & Yuen, A, H. K.（2014）. Internet ethics of adolescents: Under-

● 引用文献

standing demographic differences. *Computers & Education,* **72**, 378-385.
Williamson, S., Clow, K. E., Walker, B. C., & Ellis, T. S. (2011). Ethical issues in the age of the Internet: A study of students' perceptions using the Multidimensional Ethics Scale. *Journal of Internet Commerce,* **10**, 128-143.
Willson, J.（監修）押谷由夫・伴 恒信（編訳）(2002). 世界の道徳教育 玉川大学出版部
山岸明子 (1998). 小・中学生における対人交渉方略の発達および適応感との関連―性差を中心に 教育心理学研究, **46**, 163-172.
山口有美・山口晴久・笠井俊信 (2007). 中学生, 高校生, 大学生の情報倫理意識の内的構造 日本産業技術教育学会誌, **49**, 185-196.
山之上 卓・辰已丈夫・布施 泉・岡部成玄・多川孝央・中西通雄・中村 純・深田昭三・村田育也・上原哲太郎・山田恒夫 (2008). 情報倫理ビデオの製作と大学の情報セキュリティへの応用（セキュリティ, サービス管理, ビジネス管理, 料金管理, 及び一般） 電子情報通信学会技術研究報告 ICM, 情報通信マネジメント, **108**, 71-76.
山崎勝之 (2002). 攻撃性の発達と教育―その研究意義 山崎勝之・島井哲志（編） 攻撃性の行動科学―発達・教育編 ナカニシヤ出版 pp.4-18.
横田理宇 (2013). 組織公正と従業員の倫理的行動に関する実証的研究 日本経営倫理学会誌, **20**, 277-291.
Yoon, C. (2011). Ethical decision-making in the Internet context: Development and test of an initial model based on moral philosophy.*Computers in Human Behavior,* **27**, 2401-2409.
Yoshizawa, H., & Fukui, H. (2013, July). *Social information processing as a predictor of psychopathy: Controlling for frontal lobe and amygdala functions.* Individual paper session presented at the 2013 Conference of the International Society for the Study of Individual Differences, Barcelona, Spain.

●●● 第2部

● 第4章

Bayley, C. (2011). Does the Defining Issues Test measure ethical judgment ability or political position? *Journal of Social Psychology,* **151**, 314-330.
Bebeau, M. J., & Monson, V. E. (2014). A theoretical evidence-based approach for designing professional ethics education. In L. Nucci., D. Narvaez, & T. Krettenauer (Eds.), *Handbook of moral and character education* 2nd. ed. New York, London: Routledge. pp.507-534.
Colby, A. (2008). Fostering the moral and civic development of college students. In L. Nucci, & D. Narvaez (Eds.), *Handbook of moral and character education.* New York, London: Routledge. pp.391-413.
Colby, A. (2014). Fostering the moral and civic development of college students. In L. Nucci, D. Narvaez, & T. Krettenauer (Eds.), *Handbook of moral and character education* 2nd ed. New York, London: Routledge. pp.368-385.
DeGeorge, R. (1987). The status of business ethics: Past and future. *Journal of Business Ethics,* **6**, 201-211.
藤澤　文 (2013). 青年の規範の理解における討議の役割 ナカニシヤ出版
藤澤　文 (2014). 高校生・大学生を対象とした討議プログラムの開発―役割取得能力・対人交渉方略を対象として　上廣倫理財団研究助成報告書（未公刊）
林　泰成 (2009). 道徳教育論　放送大学教育振興会
金融広報中央委員会 (2013). 金融教育の手引き
　　＜http://www.shiruporuto.jp/teach/school/tebiki/pdf/tebiki.pdf＞
国立教育政策研究所 (2012). 小学校・中学校・高等学校学習指導要領関係資料

● 引用文献

<http://www.nier.go.jp/shido/centerhp/24career_shiryoushu/2-2.pdf>
Loviscky, G. E., Trevino, L. K., & Jacobs, R. R. (2007). Assessing managers' ethical decision-making: An objective measure of Managerial Moral Judgment. *Journal of Business Ethics*, **73**, 263-285.
水尾順一（2014）．失われた20年，日本における経営倫理の軌跡と将来展望—経営倫理（企業倫理），コンプライアンス，コーポレート・ガバナンスそしてグローバルCSRの視点から　日本経営倫理学会誌，**21**, 311-326.
文部科学省（2008a）．小学校学習指導要領 道徳編
文部科学省（2008b）．中学校学習指導要領 道徳編
文部科学省（2011）．小学校キャリア教育の手引き＜改訂版＞
< http://www.nier.go.jp/shido/centerhp/24career_shiryoushu/1-6.pdf>
文部科学省（2013）．今後の道徳教育の改善・充実方策について（報告）—新しい時代を，人としてより良く生きる力を育てるために　道徳教育の充実に関する懇談会
永田繁雄・藤澤　文（2012）．道徳教育に関する小・中学校の教員を対象とした調査—道徳の時間への取組を中心として　東京学芸大学「総合的道徳教育プログラム」推進本部第1プロジェクト（編）
中村秋生（2010）．組織における道徳的行動の実現—経営倫理教育の目的・内容を中心として　千葉商大論叢，**47**, 83-100.
中村秋生（2014）．組織における道徳的行動実現のための経営倫理教育—認知教育から行動教育としての徳育教育へ　千葉商大論叢，**51**, 41-59.
Oser, F., & Schläfli, A. (2010). The thin line phenomenon: Helping bank trainees from a social and moral identity in their workplace. In G. Lind, H. A. Hartmann, & R. Wakenhut (Eds.), *Moral judgments and social education*. New Brunswick and London: Transaction Publishers. pp.155-172.
押谷由夫（2011）．道徳性形成・徳育論　放送大学教育振興会
Rest, J. (1979). *Development in judging moral issues*. University of Minnesota Press.
柄本健太郎（2014）．教員養成課程の大学生が重視する内容項目とは—教師と一般成人との比較　道徳と教育，**58**, 27-38.
柄本健太郎・永田繁雄（2014）．全版道徳副読本の資料の傾向をデータから探る—基礎的データを踏まえた実証的な授業と研究のために　道徳教育方法研究，**19**, 31-40.
Weber, J., & McGiven, E. (2010). A new methodological approach for studying moral reasoning among managers in business ethics. *Journal of Business Ethics*, **92**, 149-166.
山岸明子（1995）．道徳性の発達に関する実証的・理論的研究　風間書房

● 第5章

Althof, W., & Berkowitz, M. W. (2006). Moral education and character education: Their relationship and roles in citizenship education. *Journal of Moral Education*, **35** (4), 495-518.
安藤輝次（2008）．学校ケースメソッドの理論　教育実践総合センター研究紀要，**17**, 75-84
荒木寿友（2013）．学校における対話とコミュニティの形成—L. コールバーグのジャスト・コミュニティ実践　三省堂
荒木紀幸（1988）．道徳教育はこうすればおもしろい—コールバーグ理論とその実践　北大路書房
荒木紀幸（1997）．道徳教育はこうすればおもしろい（続）—コールバーグ理論の発展とモラルジレンマ授業　北大路書房
Barnes, L. B., & Christensen, C. R. (1997). *Leaching and the Case Method: Text, Case, and Readings*. 3rd ed. Boston: Harvard Business School Press. 髙木晴夫（監訳）（2010）．ケース・メソッド教授法—世界のビジネス・スクールで採用されている　ダイヤモンド社
Berkowitz, M. W., & Gibbs, J. C. (1983). Measuring the developmental features of moral discussion. *Merrill-Palmer Quarterly*, **29**, 191-211.
Berkowitz, M. W., & Oser, F. (1985). *Moral education: Theory and application*, Lawrence Erl-

● 引用文献

baum Association.
Blatt, M. M., & Kohlberg, L.（1975）. The effects of classroom moral discussion upon Children's level of moral judgment. *Journal of Moral Education*, 4, 129-161.
Bohm, D.（2004）. *On dialogue*. Routledge. 金井真弓（訳）（2007）. ダイアローグ―対立から共生へ、議論から対話へ 英治出版
Bollnow, O. F.（1966）. *Sprache Und Erziehung*. Verlag W. Kohlhammer GmbH. 森田 孝（訳）（1969）. 言語と教育 川島書店
Copeland, M.（1954）. The genesis of the case method in business administration. In M. P. McNair（Ed.）, *The Case Method at the Harvard Business School*. New York: McGraw-Hill. 慶應義塾大学ビジネススクール（訳）（1977）. ケース・メソッドの理論と実際 東洋経済新報社 pp.37-47.
Davis, M. H.（1983）. Measuring individual differences in empathy: Evidence for a multidimensional approach. *Journal of Personality and Social Psychology*, 44, 113-126.
De Vries, R., & Zan, B.（1994）. *Moral classrooms, moral children: Creating a constructivist atmosphere in early education*. New York: Teachers College Press. 橋本祐子・加藤泰彦・玉置哲淳（監訳）（2002）. 子どもたちとつくりだす道徳的なクラス―構成論による保育実践 岡山大学教育出版
Dienel, P.（2009）. *Demokratisch Praktisch Gut: Merkmale, Wirkungen und Perspektiven von Planungszellen und Burgergutachten*. Bonn: Dietz Verlag. 篠藤明徳（訳）（2012）. 市民討議による民主主義の再生―プラヌーンクスツェレの特徴・機能・展望 イマジン出版
越中康治（2012）. 子ども同士のトラブルに対する保育者と小学校教諭の言葉かけの特徴―テキストマイニングの手法を用いた教育学部生との比較検討 日本パーソナリティ心理学会第21回大会発表論文集, 66.
越中康治（2013）. 効用説 小田 豊・山崎 晃（監修）幼児学用語集 北大路書房 p.12.
越中康治（2014）. 幼児期の道徳性に関する保育者と小学校教諭の認識 日本保育学会第67回大会発表要旨集, 705.
越中康治・小津草太郎・白石敏行（2011）. 保育士及び幼稚園教諭と小学校教諭の道徳指導観に関する予備的検討 宮城教育大学紀要, 46, 203-211.
越中康治・白石敏行（2009）. 幼児教育学生の道徳発達観に関する予備的検討 山口大学教育学部附属教育実践総合センター研究紀要, 28, 1-8.
藤澤 文（2013）. 青年の規範の理解における討議の役割 ナカニシヤ出版
Graham, J., Haidt, J., & Rimm-Kaufman, S. E.（2008）. Ideology and intuition in moral education. *European Journal of Developmental Science*, 2, 269-286.
Habermas, J.（1983）. *Moralbewusstsein und Kommunikatives Handeln*. Frankfurt am Main: suhrkamp Verlag. 三島憲一・中野敏男・木前利秋（訳）.（2000）. 道徳意識とコミュニケーション的行為 岩波書店 pp.183-221.
Habermas , J.（1992）. *Beitrage zur Diskurtheorie des Rechts und des Demokratischen Rechtsstaats*.Frankfurt am Main: Suhrkamp Verlag. 河上倫逸・耳野健二（訳）（2002）.事実性と妥当性（上） 法と民主的法治国家の討議理論にかんする研究 未来社
Harsey, P., Blanchard, K. H., & Johnson, D. E.（1996）. *Management of organizational behavior: Utilizing human resources*. 7th ed. Prentice Hall. 山本成二・山本あづさ（訳）（2000）. 行動科学の展開―人的資源の活用 生産性出版
Helwig, C. C., & Turiel, E.（2002）. Children's social and moral reasoning. In P. K. Smith, & C. H. Hart（Eds.）, *Blackwell handbook of childhood social development*. Malden, MA: Blackwell. pp.475-490.
Higgins, A.（1987）. アメリカの道徳教育（*Moral education in America.*）―ジャスト・コミュニティのアプローチに焦点を当てて コールバーグ, L.（著）, 岩佐信道（訳）道徳性の発達と道徳教育―コールバーグ理論の展開と実践 麗澤大学出版部
Higgins, A.（1995）. Educating for justice and community: Lawrence Kohlberg's vision of moral education, In W. M. Kurtines, & J. L. Gewirtz（Eds.）, *Moral development: An introduction*.

## ● 引用文献

Allyn and Bacon.
平野竜一・加藤一郎・新堂幸司 （1967）．ケース・メソッドの体験をめぐって—法学教育改善の一方法（鼎談） ジュリスト，**368**, 76-88.
井上正治（1956 a）．ラングディル—ケースメソッドの創始者として 判例時報，**86**, 2309-2313.
井上正治（1956 b）．ケース・メソッド 判例時報，**90**, 2421-2425.
石田英夫・星野裕志・大久保隆弘（編）（2007）．ケース・メソッド入門 慶應義塾大学出版会
岩立京子（2008）．幼稚園教育 規範意識の芽生えを培う 初等教育資料，**837**, 90-96.
加藤尚文（1960）．労務管理 三一書房
Kohlberg, L. (1980). High school democracy and educating for a just society. In R. L. Mosher (Ed.), *Moral education: A first generation of research and development*. Praeger Publishers.
Kohlberg, L. (1985a). Resolving moral conflicts within the just community, In C. G. Harding (Ed.), *Moral dilemma*. Precedent Publishing.
Kohlberg, L. (1985b). The just community approach to moral education in theory and practice. In M. W. Berkowitz, & F. Oser (Eds.), *Moral education: Theory and application*. New Jersey: Lawrence Erlbaum. pp.27-82.
Kohlberg,L. (1987). 岩佐信道（訳）第六段階と最高道徳（*Stage 6 and supreme morality.*） 道徳性の発達と道徳教育 麗澤大学出版部
Kohlberg, L., Kauffman, K., Scharf, P., & Hickey, J. (1974). *Just community approach to corrections: A manual part 1*. Moral Education Research Foundation.
倉橋惣三（1934/1965）．幼稚園真諦 坂元彦太郎・及川ふみ・津守 真（編） 倉橋惣三選集 第一巻 フレーベル館 pp.7-122.
Lind, G., & Althof, W. (1992). Does the just community experience make a difference? Measuring and evaluating the effect of the DES project. *Moral Education Forum*, **17**, 19-28.
松井剛太（2013）．保育本来の遊びが障害のある子どもにもたらす意義—「障害特性論に基づく遊び」の批判的検討から 保育学研究，**51**（3），9-20.
松本紀子（編）（2004）．『音楽の森』歌集「大きな古時計」教育芸術社 p.53.
松永あけみ（2001）．「いい子」づくりを急ぐ保育の問題—いざこざ，トラブル，葛藤を通して育つ子どもたち— 発達，**22**（86），25-32.
松嵜洋子（2009）．幼稚園・保育所と小学校の連携 無藤 隆・清水益治（編） 子どもを知る 保育心理学（新 保育ライブラリ） 北大路書房 pp. 142-150.
三浦摩利（2014）． 中学校道徳自作資料集—生徒が思わず語り合いたくなる 24 の話 明治図書出版
宮里智恵・井上 弥・鈴木由美子・石原直久・岡野佳子（2006）．かかわる力を育む幼小一貫の道徳教育カリキュラム開発のための基礎研究 広島大学学部・附属学校共同研究紀要，**34**, 155-164.
宮里智恵・石原直久・神山貴弥・鈴木由美子・君岡智央（2007）．かかわる力を育む幼小一貫の道徳教育カリキュラム開発のための基礎研究（2） 広島大学学部・附属学校共同研究紀要，**35**, 37-45.
宮里智恵・神山貴弥・鈴木由美了・艮野由加・中島敦夫・君岡智央・中山芙光子（2009）．かかわる力を育む幼小一貫の道徳教育カリキュラム開発のための基礎研究（4） 広島大学学部・附属学校共同研究紀要，**37**, 279-284.
宮里智恵・神山貴弥・鈴木由美子・大橋美代子・加藤秀雄・君岡智央・池田明子（2008）．かかわる力を育む幼小一貫の道徳教育カリキュラム開発のための基礎研究（3） 広島大学学部・附属学校共同研究紀要，**36**, 377-386.
溝上慎一（2009）．「大学生活の過ごし方」から見た学生の学びと成長の検討—正課・正課外のバランスのとれた活動が高い成長を示す 京都大学高等教育研究，**15**, 107-118.
文部省（1989）．小学校指導書 道徳編 大蔵省印刷局
文部科学省（2008a）．小学校学習指導要領解説 道徳編 東洋館出版
文部科学省（2008b）．中学校学習指導要領解説 道徳編 日本文教出版
文部科学省（2011）．中学校キャリア教育の手引き 教育出版
文部科学省教科調査官（監）（2014）．「わたしの携帯電話」小五教育技術 8 月号増刊 道徳 資料と学

● 引用文献

習指導案　小学館　pp.20-21.
森　楙（1996）．遊びの定義と幼児教育　森　楙（監修）　ちょっと変わった幼児学用語集　北大路書房　p.7.
Mosher, R. L. (Ed.) (1980). *Moral education: A first generation of research and development*, Praeger Publishers.
村本芳郎（1982）．ケースメソッド経営教育論　文眞堂
無藤　隆（2013）．幼稚園・保育所の幼児教育とは何か―現場と政策と研究の狭間に立って　幼年教育研究年報, **35**, 5-13.
永田繁雄（監）（2005）．みんなのどうとく 3 年　「20　絵はがきと切手」　学研　pp.67-69.
内藤俊史（1987）．道徳性と相互行為の発達―コールバーグとハーバーマス　藤原保信・三島憲一・木前利秋（編）ハーバーマスと現代　新評論　pp.182-206.
中川智之・西山　修・高橋敏之（2009）．幼保小の円滑な接続を支援する学級経営観尺度の開発　乳幼児教育学研究, **18**, 1-10.
中島朋紀・東 ゆかり・荒松礼乃・白川佳子・西島大祐（2011）．幼小連携のカリキュラムについての研究―「道徳性」「協同性」の育成　鎌倉女子大学学術研究所報, **11**, 35-39.
中島朋紀・東 ゆかり・荒松礼乃・白川佳子・西島大祐・島崎真由美（2012）．幼小連携のカリキュラムについての研究―「道徳性」「協同性」の育成　鎌倉女子大学学術研究所報, **12**, 21-25.
中村秋生（2005）．経営技能の育成とケース・メソッド　共栄大学研究論集, **3**, 17-36.
中野民夫・堀　公俊（2009）．対話する力―ファシリテーター 23 の問い　日本経済新聞出版社
Narvaez, D. (2006). Integrative ethical education. In M. Killen, & J. Smetana (Eds.), *Handbook of moral development*. New Jersey: Lawrence Erlbaum Associates. pp.703-732.
野口隆之・鈴木正敏・門田理世・芦田　宏・秋田喜代美・小田　豊（2007）．教師の語りに用いられる語のイメージに関する研究―幼稚園・小学校比較による分析　教育心理学研究, **55**(4), 457-468.
農林水産省（2014a）．「食品ロスの削減・食品廃棄物の発生抑制　食品ロスの現状」
　　<http://www.maff.go.jp/j/shokusan/recycle/syoku_loss/>（2014 年 9 月 18 日アクセス）
農林水産省（2014b）．「フードバンク」について
　　<http://www.maff.go.jp/j/shokusan/recycle/syoku_loss/foodbank/>（2014 年 9 月 18 日アクセス）
Nucci, L. (2006). Education for moral development. In M. Killen, & J. Smetana (Eds.), *Handbook of moral development*. New Jersey: Lawrence Erlbaum Associates. pp.657-681.
Oser, F. K. (2014). Toward a theory of the just community approach: Effects of collective moral, civic, and social education, In L. Nucci, D. Narvaez, & T. Krettenauer (Eds.), *Handbook of moral and character education*. 2nd ed. New York, London: Routledge.
Oser, F. K., Althof, W., & Higgins-D'Alessandro, (2008). The just community approach to moral education: System change or individual change? *Journal of Moral Education*, **37**(3), 395-415.
Pfeiffer, R. S., & Forsberg, R. P. (2013). *Ethics on the job: Cases and strategies*. 4th ed. MA: Wadsworth, Cengage Learning. 髙田一樹（訳）（2014）．48 のケースで学ぶ職業倫理―意思決定の手法と実践　センゲージ・ラーニング
Power, F. C., Higgins, A., & Kohlberg, L. (1989). *Lawrence Kohlberg's approach to moral education*. Columbia.
Power, F. C., & Higgins-D'Alessandro, A. (2008). The just community approach to moral education and the moral atmosphere of the school, In L. P. Nucci, & D. Narvaez (Eds.), *Handbook of Moral and Character Education*. Routledge.
Reimer, J., Paolitto, D. P., & Hersh, P. H. (1989). *Promoting moral growth: From Piaget to Kohlberg*, 2nd ed. Longman. 荒木紀幸（監訳）（2004）．道徳性を発達させる授業のコツ―ピアジェとコールバーグの到達点　北大路書房
Reimer, J., & Power, C. (1980). Educating for democratic community: Some unresolved dilemmas. In R. L. Mosher (Ed.), *Moral education: A first generation of research and development*. New York: Praeger. pp. 303-320.

Rogers, C. R.（1980）．*A way of being*. Boston: Houghton Mifflin. 畠瀬直子（訳）（1984）．人間尊重の心理学―わが人生と思想を語る　創元社

Russell, B.（1926）．*On education, especially in early childhood*. London: George Allen and Unwin. 安藤貞雄（訳）（1990）．ラッセル教育論　岩波書店

坂井正廣・吉田優治（監修）ケース・メソッド研究会（1997）．創造するマネージャー―ケース・メソッド学習法　白桃書房

桜井茂男（1988）．大学生における共感と援助行動の関係―多次元共感性尺度を用いて　奈良教育大学紀要, **37**, 148-154.

Sandel, M.（2009）．*Justice: What's the right thing to do?* New York: Farrar Straus and Giroux. 鬼澤　忍（訳）（2011）．これからの「正義」の話をしよう―いまを生き延びるための哲学　早川書房

Sandel, M.（2010a）．*Justice with Michel Sandel and special lecture in Tokyo University*. New York: Farrar, Straus and Giroux. 小林正弥・杉田晶子（訳）ハーバード白熱教室講義録上＋東大特別授業　早川書房

Sandel, M.（2010b）．*Justice with Michel Sandel and special lecture in Tokyo University*. New York: Farrar, Straus and Giroux. 小林正弥・杉田晶子（訳）ハーバード白熱教室講義録下＋東大特別授業　早川書房

佐野享子（2005）．職業人を対象としたケース・メソッド授業における学習過程の理念モデル―Ｄ．コルブの経験学習論を手がかりとして　筑波大学教育学系論集, **29**, 39-51.

佐藤三郎（1964）．学校教育技術における事例法　教育学研究, **31**（4）, 11-20.

佐藤三郎（編）（1969）．人間関係の教授法　明治図書

セーブ・ザ・チルドレン・ジャパン（2012）．SOFT 中間報告書 2

セーブ・ザ・チルドレン・ジャパン（2013）．New Year Message 2013

関口　操（1962）．管理能力育成とケース・メソッド　中央経済社

Selman, R. L.（2003）．*Introduction the promotion of social awareness: Powerful lessons from the partnership of developmental theory and classroom practice*. New York: Russell Sage Foundation.

篠原　一（2012）．討議デモクラシーの挑戦―ミニ・パブリックスが拓く新しい政治　岩波書店

助川晃洋・藤森智子・平野　崇・後藤和之（2013）．幼稚園と小学校における「善悪の判断」と「勇気」を主題とした道徳教育実践―子どもに積極的な自己像の形成を促す幼小一貫教育の実現に向けて　宮崎大学教育文化学部紀要教育科学, **29**, 75-91.

首藤敏元（2009）．自律的な社会性の発達　教育心理学年報, **48**, 75-84.

首藤敏元・二宮克美（2003）．子どもの道徳的自律の発達　風間書房

髙木晴夫（2004）．ケース・メソッド授業について　髙木晴夫（監）ビジネススクール・テキスト　人的資源マネジメント戦略　有斐閣

髙木晴夫・加藤尚子（2003）．経営能力の育成に向けて―ケースメソッドの果たす役割とその教育方法　経営情報学会誌, **12**（1）, 79-84.

瀧本哲史（2011）．武器としての決断思考　星海社

Turiel, E.（1983）．*The development of social knowledge: Morality and convention*. Cambridge, England: Cambridge University Press.

Turiel, E.（2006）．The development of morality. In N. Eisenberg（Ed.）, W. Damon, & R. M. Lerner（Series Eds.）, *Handbook of child psychology*. 6th ed. Vol. 3. *Social, emotional, and personality development*. New York: Wiley. pp.789-857.

Wasserman, E. R.（1976）．Implementing Kohlberg's "Just Community Concept" in an Alternative High School, *Social Education*, **40**, 203-207.

湯川秀樹（2003）．保育の基本と保育内容「環境」　小田　豊・湯川秀樹（編）　保育内容環境　北大路書房　pp.1-4.

山寺　潤（2013）状況対応型教師力―子どもの成長に応じて発揮する 4 つの教師力　堀　裕嗣（編）THE 教師力編集委員会（著）　THE 教師力〜若手教師編　明治図書　pp.58-61.

● 引用文献

山岸明子 (1998). 小・中学生における対人交渉方略の発達および適応感との関連—性差を中心に 教育心理学研究, **46**, 163-172.
山崎　晃・若林紀乃・越中康治・小津草太郎・米神博子・松本信吾・林よし恵・三宅瑞穂 (2006). 教育課程編成のあり方 (II) —幼小一貫教育課程編成を阻害する要因の検討　広島大学学部・附属学校共同研究機構研究紀要, **34**, 189-196.
Zitrin, R. A., & Langford, C. M. (1999). *The moral compass of the American lawyer: Truth, justice, power, and greed.* New York: Ballantine Books. 村岡啓一 (訳) (2012). アメリカの危ないロイヤーたち—弁護士の道徳指針　現代人文社

● 第6章

American Psychiatry Association. (1994). *Diagnostic and statistical manual of mental disorders,* 4th ed. Washington, DC: Author. 高橋三郎他 (訳) (1995). DSM-IV 精神疾患の分類と診断の手引き　医学書院
Avram, M., Gutyrchik, E., Bao, Y., Pöppel, E., Reiser, M., & Blautzik, J. (2013). Nuerofunctional correlates of esthetic and moral judgments. *Neuroscience Letters*, **534**, 128-132.
Aylward, E. H., Minshew, N. J., Field, K., Sparks, B. F., & Singh, N., (2002). Effect of age on brain volume and head circumference in autism. *Neurology*, **59**, 175-183.
Baron-Cohen, S. (2002). The extreme male brain theory of autism. *Trends in Cognitive Sciences*, **6** (6), 248-254.
Blumberg, S. J., Bramlett, M. D., Kogan, M. D., Schieve, L. A., Jones, J. R., & Lu, M. C. (2013). Changes in prevalence of parent-reported autism spectrum disorder in school-aged U.S. children: 2007 to 2011-2012. *National Health Statistics Reports*, **20** (65), 1-11.
Brodmann, K. (1909/1994). Vergleichende Lokalisationslehre der Grobhirnrinde in ihren Prinzipien dargestellt auf Grund des Zellenbaues; English translation available. In L. J. Garey (Ed.), *Brodmann's localization in the cerebral cortex.* London: Smith Gordon.
Broom, D. M. (2006). The evolution of morality. *Applied Animal Behavior Science*, **100**, 20-28.
Came, D. (2012). Moral and aesthetic judgments rconsidered. *The Journal of Value Inquiry*, **46** (2), 159-171.
Casebeer, W. D. (2003) Moral cognition and its neural constituents. *Nature Reviews Neuroscience*, **4** (10), 840-846.
Casey, B. J., Giedd, J. N., & Thomas, K. M. (2000). Structural and functional brain development and its relation to cognitive development. *Biological Psychology,* **54** (1-3), 241-257.
Castelli, F., Frith, C., Happé, F., & Frith, U. (2002). Autism, Asperger syndrome and brain mechanisms for the attribution of mental states to animated shapes. *Brain*, **125** (8), 1839-1849.
Chugani, H. T. (1998). A critical period of brain development: Studies of cerebral glucose utilization with PET. *Preventive Medicine*, **27** (2), 184-188.
Courchesne, E., Carper, R., & Akshoomoff, N. (2003). Evidence of brain overgrowth in the first year of life in autism. *Journal of the American Medical Association*, **290** (3), 337-344.
Cupchik, G. C., Vartanian, O., Crawley, A., & Mikulis, D. J. (2009). Viewing artworks: contributions of cognitive control and perceptual facilitation to aesthetic experience. *Brain and Cognition,* **70** (1), 84-91.
Dawson, G., Webb, S. J., Carver, L., Panagiotides, H., & McPartland, J. (2004). Young children with autism show atypical brain responses to fearful versus neutral facial expressions of emotion. *Developmental Science*, **7** (3), 340-359.
Decety, J., & Cacioppo, S. (2012). The speed of morality: A high-density electrical neuroimaging study. *Journal of Neurophysiology*, **108**, 3068-3072.
Dekaban, A. S., & Sadowsky, D. (1978). Changes in brain weights during the span of human life: Relation of brain weights to body heights and body weights. *Annals of Neurology*, **4**, 345-356.

● 引用文献

藤川洋子（2006）．アスペルガー障害と性犯罪　現代のエスプリ，**465**, 75-81.
Gilligan, C. (1982). *In a different voice: Psychological theory and women's development*. Cambridge: Harvard University Press.
Greene, J. D. (2007). Why are VMPFC patients more utilitarian? A dual-process theory of moral judgment explains. *Trends in Cognitive Sciences*, **11** (8), 322-324.
Greene, J., & Haidt, J. (2002). How (and where) does moral judgment work? *Trends in Cognitive Sciece*, **6** (12), 517-523.
Greene, J. D., Sommerville, R. B., Nystrom, L. E., Darley, J. M., & Cohen, J. D. (2001). An fMRI investigation of emotional engagement in moral judgment. *Science*, **293** (5537), 2105-2108.
Guastella, A. J., Einfeld, S. L., Gray, K. M., Rinehart, N. J., Tonge, B. J., Lambert, T. J., & Hickie, I. B. (2010). Intranasal oxytocin improves emotion recognition for youth with autism spectrum disorders. *Biological Psychiatry*, **67** (1), 692-694.
Haidt, J. (2001). The emotional dog and its rational tail: A social intuitionist approach to moral judgment. *Psychological Review*, **108** (4), 814-834.
Hayashi, H. (2007). Children's judgments of commission and omission based on their understanding of second-order mental states. *Japanese Psychological Research*, **49** (4), 261-274.
Hayashi, H. (2010). Young children's moral judgments of commission and omission related to the understanding of knowledge or ignorance. *Infant and Child Development*, **19**, 187-203.
平石博敏・橋本俊顕・森　健治・伊藤弘道・原田雅史（2007）．高機能自閉症児の画像課題を用いたモラル判断時の機能的 MRI による脳活動　脳と発達，**39**, 360-365.
平澤紀子（2003）．積極的行動支援（Positive Behavioral Support）の最近の動向—日常場面の効果的な支援の観点から　特殊教育学研究，**41** (1), 37-43.
本田恵子（2010）．キレやすい子へのアンガーマネージメント　ほんの森出版
生島博之・岩田郁子（2009）．非行と特別支援教育—最近の少年犯罪に関する教育臨床的研究　愛知教育大学実践総合センター紀要，**12**, 37-51.
片桐俊男（2002）．情緒障害特殊学級を起点とする心理教育的援助サービス—ADHD を有するとされた非行生徒に対するチーム援助を通して　学校心理学研究，**2** (1), 3-13.
Kikuchi, M., Yoshimura, Y., Hiraishi, H., Munesue, T., Hashimoto, T., Tsubokawa, T., Takahashi, T., Suzuki, M., Higashida, H., & Minabe, Y. (2014). Reduced long-range functional connectivity in young children with autism spectrum disorder. *Social cognitive and affective neuroscience*, Epub ahead of print.
Koenig, K., White, S. W., Pachler, M., Lau, M., Lewis, M., Klin, A., & Scahill, L. Promoting social skill development in children with pervasive developmental disorders: A feasibility and efficacy study. *Journal of Autism and Developmental Disorders*, **40**, 1209-1218.
Kohlberg, L. (1969). Stage and sequence: The cognitive-developmental approach to socializtion. In D. A. Goslin (Ed.), *Handbook of socialization theory and research*. Chicago: Rand McNally.
Koster-Hale, J., Saxe, R., Dungan, J., & Young, L. L. (2013). Decoding moral judgments from neural representations of intentions. *Proceedings of the National Academy of Sciences*, **110** (14), 5648-5653.
熊上　崇（2010）．広汎性発達障害と少年非行　青少年問題，**57**（秋季），14-19.
Li, J., Zhu, L., & Gummerum, M. (2014). The relationship between moral judgment and coopera,tion in children with high-functioning autism. *Scientific Reports*, **4**, 4314.
Moll, J., Eslinger, P.J., & Oliveira-Souza, R. (2001). Frontopolar and anterior temporal cortex activation in a moral judgment task: Preliminary functional MRI results in normal subjects. *Arq Neuropsiquiatr*, **59** (3-B), 657-664.
Moll, J., Oliveira-Souza, R., & Eslinger, P.J. (2003). Morals and the human brain: A working model. *Neuro Report*, **14** (3), 299-305.
文部科学省（2014）．平成 24 年度通級による指導実施状況調査結果について

● 引用文献

<http://www.mext.go.jp/a_menu/shotou/tokubetu/material/1334907.htm>
森村美和子（2014）. 小学校 低学年・高学年別 SST の実践事例と通常の学級との連携事例―学習態勢の定着から自己理解へ　LD, ADHD & ASD ―学習障害・注意欠陥 / 多動性障害・自閉症スペクトラム障害, **12**, 30-33.
向井　義（2004）. 非行少年の再発予防― LD・ADHD に対する少年院の取り組みから　小児科臨床, **57**, 1549-1556.
Munson, J., Dawson, G., Abbott, R., Faja, S., Webb, S. J., Friedman,S. D., Shaw, D., Artru, A., & Dager, S. R. (2006). Amygdalar volume and behavioral development in autism. *Archives of General Psychiatry*, **63**, 86-693.
Newschaffer, C. J., Croen, L. A., Daniels, J., Giarelli, E., Grether, J. K., Levy, S. E., Mandell, D. S., Miller, L. A., Pinto-Martin, J., Reaven, J., Reynolds, A. M., Rice, C. E., Schendel, D., & Windham, G. C. (2007). The epidemiology of autism spectrum disorders. *Annual Review of Public Health*, **28**, 235-258.
野村俊明・金　樹英・工藤　剛（2001）. 注意欠陥 / 多動性障害 ADHD と行為障害―医療少年院の経験から　犯罪心理学研究, **39**（2），29-36.
岡田　智・三好身知子・桜田晴美（2014）. 通級指導教室における自閉症スペクトラム障害のある子どもへの小集団でのソーシャルスキルの指導―仲間交流及び話し合いスキルプログラムの効果について　LD 研究, **23**, 82-92.
太田ふみ・齊藤理恵（2008）. ADHD のある児童への支援―怒り場面での失敗を減らすために　非行問題, **214**, 36-48.
Ozonoff, S., Pennington, B. F., & Rogers, S. J. (1990). Are there emotion perception deficits in young autistic children? *Journal of Child Psychology and Psychiatry*, **31**（3），343-361.
Ozonoff, S., Young, G. S., Carter, A., Messinger, D., Yirmiya, N., Zwaigenbaum, L., Bryson, S., Carver, L. J., Constantino, J. N., Dobkins, K., Hutman, T., Iverson, J. M., Landa, R., Rogers, S. J., Sigman, M., & Stone, W. L. (2011) Recurrence risk for autism spectrum disorders: A baby siblings research consortium study. *Pediatrics*, **128**, 488-495.
Piaget, J. (1932/1965). *The moral judgment of the child*. London: Free Press.
Premack, D., & Woodruff, G. (1978). Does the chimpanzee have a theory of mand?. *Behavioral snd Brain Sciences*, **1**（4），515-526.
Reiss, A. L., Abrams, M. T., Singer, H. S., Ross, J. L., & Denckla, M. B. (1996). Brain development, gender and IQ in children: A volumetric imaging study. *Brain*. **119**（5），1763-1774.
定本ゆきこ（2008）. 非行事例にみられる発達障害―その理解と対応　小児科臨床, **61**（12），268-273.
佐藤正二・佐藤容子（編）（2006）. 学校における SST 実践ガイド―子どもの対人スキル指導　金剛出版
Scheele, D., Striepens, N., Kendrick, K. M., Schwering, C., Noelle, J., Wille, A., Schläpfer, T. E., Maier, W., & Hurlemann, R. (2014). Opposing effects of oxytocin on moral judgment in males and females. *Human Brain Mapping*, doi: 10.1002/hbm.22605. [Epub ahead of print]
Sofronoff, K., Attwood, T., Hinton, S., & Levin, I. (2007). A randomized controlled trial of a cognitive behavioural intervention for anger management in children diagnosed with Asperger syndrome. *Journal of Autism and Developmental Disorders*, **37**, 1203-1214.
Sumi, S., Taniai, H., Miyachi, T., & Tanemura, M. (2006) Sibling risk of pervasive developmental disorder estimated by means of an epidemiologic survey in Nagoya, Japan. *Journal of Human Genetics*, **51**, 518-522.
十一元三（2008）. アスペルガー障害の司法事例にみられる社会的行動の混乱　精神医学, **50**（7），681-688.
Tsukiura, T., & Cabeza, R. (2011). Shared brain activity for aesthetic and moral judgments: Implications for the Beauty-is-Good stereotype. *Social Cognitive and Affective Neuroscience*, **6**（1），138-148.

● 引用文献

Turiel, E.（1983）. *The development of social knowledge: Morality and convention.* Cambridge: Cambridge University Press.
van der Knaap, M. S., & Valk, J.（1990）. MR imaging of the various stages of normal myelination during the first year of life. *Neuroradiology*, **31**（6）, 459-70.
Wang, P., & Spillane, A.（2009）. Evidence-based social skills interventions for children with autism: A meta-analysis. *Education and Training in Developmental Disabilities,* **44**, 318-342.
White, S. W., Albano, A. M., Johnson, C. R., Kasari, C., Ollendick, T., Klin, A., Oswald, D., & Scahill, L.（2010）. Development of a cognitive-behavioral intervention program to treat anxiety and social deficits in teens with high-functioning autism. *Clinical Child and Family Psychology Review,* **13**, 77-90.
Wood, J. J., Drahota, A., Sze, K., Har, K., Chiu, A., & Langer, D. A.（2009）. Cognitive behavioral therapy for anxiety in children with autism spectrum disorders: A randomized, controlled trial. *Journal of Child Psychology and Psychiatry, and Allied Disciplines,* **50**, 224-234.
横谷祐輔・田部絢子・石川衣紀・高橋　智（2010）.「発達障害と不適応」問題の研究動向と課題　東京学芸大学紀要総合教育科学系 1, **61**, 359-373.
吉永千恵子（2008）. 少年鑑別所の精神科臨床とADHD　臨床精神医学, **37**（2）, 191-196.
Zaidel, D. W., & Nadal, M.（2011）. Brain intersections of aesthetics and morals: perspectives from biology, neuroscience, and evolution. *Perspectives in Biology and Medicine*, **54**（3）, 367-380.

● 第7章

Alexander, R.（1987）. *The biology of moral systems.* New York: Aldine de Gruyter.
Anderson, D. J.（1990）. Evolution of obligate siblicide in boobies. 1. A test of the insurance-egg hypothesis. *American Naturalist*, **135**, 334-335.
Bartlett, M.Y., & DeSteno, D.（2006）. Gratitude and prosocial behavior. *Psychological Science*, **17**, 319-325.
Dawkins, R.（1976）. *The selfish gene.* New York: Oxford University Press. 日高敏隆・岸　由二・羽田節子・垂水雄二（訳）（2006）. 利己的な遺伝子〈増補新装版〉紀伊國屋書店
Foot, P.（1967）. The problem of abortion and the doctrine of double effect. *Oxford Review*, 5, 5-15.
Haley, K. J., & Fessler, D.（2005）. Nobody's watching? Subtle cues affect generosity in an anonymous dictator game. *Evolution and Human Behavior*, **26**, 245-256.
Hamilton, W. D.（1964）. The genetical evolution of social behavior. I & II. *Journal of Theoretical Biology*, **7**, 1-52.
Kato-Shimizu, M., Onishi, K., Kanazawa, T., & Hinobayashi, T.（2013）. Preschool children's behavioral tendency toward social indirect reciprocity. *PLoS ONE*, **8**（8）, e70915.
Kurzban, R., DeScioli, P., & Fein, D.（2012）. Hamilton vs. Kant: Pitting adaptations for altruism against adaptations for moral judgment. *Evolution and Human Behavior*, **33**, 323-333.
Mitani, J.（2009）. Cooperation and competition in chimpanzees: Current understanding and future challenges. *Evolutionary Anthropology*, **18**, 215-227.
Nettle, D., Harper, Z., Kidson, A., Stone, R., Penton-Voak, I. S., & Bateson, M.（2013）. The watching eyes effect in the Dictator Game: It's not how much you give, it's being seen to give something. *Evolution and Human Behavior,* **34**, 35-40.
Nowak, M. A., & Sigmund, K.（1998）. Evolution of indirect reciprocity by image scoring. *Nature*, **393**, 573-577.
小田　亮（2013）. 進化と人間行動　五百部　裕・小田　亮（編著）心と行動の進化を探る　朝倉書店 pp.1-35.
Oda, R.（2013）. Refusal of killing a stranger to save five brothers: How are others' judgments anticipated and favored in a moral dilemma situation? *Letters on Evolutionary Behavioral Science*, **4**, 912.

● 引用文献

Oda, R., Niwa, Y., Honma, A., & Hiraishi, K. (2011). An eye-like painting enhances the expectation of a good reputation. *Evolution and Human Behavior,* **32**, 166-171.

Sparks, A., & Barclay, P. (2013). Eye images increase generosity, but not for long: the limitation effect of a false cue. *Evolution and Human Behavior,* **34**, 317-322.

Stanovich, K. E. (2004). *The Robot's Rebellion: Finding meaning in the age of Darwin.* The University of Chicago Press. 椋田直子（訳）（2008）心は遺伝子の論理で決まるのか　みすず書房

Tinbergen, N. (1963). On aims and methods in ethology. *Zeitschrift für Tierpsychologie.* **20**, 410-433.

Trivers, R. L. (1971). The evolution of reciprocal altruism. *Quarterly Review of Biology,* **46**, 35-55.

Wedekind, C., & Milinski, M. (2000). Cooperation through image scoring in humans. *Science,* **288**, 850.

Yamamoto, S., Humle, T., & Tanaka, M. (2009). Chimpanzees help each other upon request. *PLoS ONE,* **4**, e7416.

Yamamoto, S., & Tanaka, M. (2009). How did altruism and reciprocity evolve in humans? Perspectives from experiments on chimpanzees (*Pan Troglodytes*). *Interaction Studies,* **10**, 150-182.

# 人名索引

## あ
荒木寿友　175
荒木紀幸　187
有光興記　46, 49
アルトホフ（Althof, W.）　175

## い
イザード（Izard, C. E.）　41

## う
ウェインリブ（Wainryb, C.）　80
ウッドルフ（Woodruff, G.）　209

## え
越中康治　79, 146

## お
オーサー（Oser, F.）　140
大渕憲一　75
オゾノフ（Ozonoff, S.）　212
小田　亮　235

## か
カント（Kant, I.）　239

## き
菊池章夫　52
菊知　充　213
ギブズ（Gibbs, J. C.）　188
キャッテル（Cattell, R. B.）　110
キャベザ（Cabeza, R.）　215
ギリガン（Gilligan, C.）　14

## く
クエイ（Quay, H. C.）　121
蔵永　瞳　56
グリーン（Greene, J.）　209
クリック（Crick, N. R.）　83
クルツバン（Kurzban, R.）　239

## け
クレッチマー（Kretschmer, E.）　110

## こ
コールバーグ（Kohlberg, L.）　6, 95, 127, 140, 174, 209
コチャンスカ（Kochanska, G.）　47, 124
コルビ（Colby, A.）　139

## さ
ザーンワックスラー（Zahn-Waxler, C.）　43
坂井正廣　200
櫻井育夫　30
佐藤三郎　199
澤田匡人　45
サンデル（Sandel, M.）　187

## し
ジェームズ（James, W.）　107
篠原　一　187
シャラフリー（Schläfli, A.）　140
首藤敏元　78, 144, 149

## す
ストレイヤー（Strayer, F. F.）　82
スメタナ（Smetana, J. G.）　17, 79

## せ
セルマン（Selman, R. L.）　188
センランド（Senland, A.）　36

## そ
ソーンダイク（Thorndike, E. L.）　107

## た
高木　修　65
髙木晴夫　198
高橋征仁　33
瀧本哲史　187
タングニー（Tangney, J. P.）　48

267

● 人名索引

### ち
チュリエル（Turiel, E.） 13, 15, 78, 127, 149, 209

### つ
月浦 崇 215

### て
ティサック（Tisak, M. S.） 83
ティンバーゲン（Tinbergen, N.） 231
デービス（Davis, M. H.） 53
デジョージ（DeGeorge, R.） 140
デューイ（Dewey, J.） 7, 113

### と
十一元三 225
ドーキンス（Dawkins, R.） 232
ドッジ（Dodge, K. A.） 83
トリヴァース（Trivers, R. L.） 233

### な
内藤俊史 95
中里真一 95
中村秋生 199
ナルバエス（Narvaez, D.） 29

### に
二宮克美 29, 78, 149
ニュースチャファー（Newschaffer, C. J.） 212

### ぬ
ヌッチ（Nucci, L. P.） 33

### の
ノエル（Noel, J. M.） 82

### は
バーコビッツ（Berkowitz, L.） 67, 77, 186, 188
バータル（Bar-Tal, D.） 65
ハーツホーン（Hartshorne, H.） 107
ハーバーマス（Habermas, J.） 187
ハイト（Haidt, J.） 18, 39, 214
バウマイスター（Baumeister, R. F.） 47
バトソン（Batson, C. D.） 65

ハミルトン（Hamilton, W. D.） 232
林 創 30, 216
パワー（Power, F. C.） 175
パワーズ（Powers, D.） 33
バンデューラ（Bandura, A.） 67, 77

### ひ
ピアジェ（Piaget, J.） 2, 209
ヒギンズ（Higgins, A.） 175
ヒギンズ（Higgins-D'Alessandro, A.） 36
平石博敏 36, 214

### ふ
藤澤 文 34
ブラット（Blatt, M.M.） 96, 179
ブリッジズ（Bridges, K. M. B.） 41
ブルームバーグ（Blumberg, S. J.） 212
ブレア（Blair, R. J. R） 121
プレマック（Premack, D.） 209
フロイト（Freud, S.） 76, 110
ブロードマン（Brodmann, K.） 207

### へ
ヘルウィグ（Helwig, C. C.） 150
ベネット（Bennett, D. S.） 42
ベンサム（Bentham, J.） 239

### ほ
ホフマン（Hoffman, M. L.） 52, 83

### ま
前田健一 81
松井剛太 151
松井 豊 64
マッカロー（McCullough, M.） 47
松嵜洋子 144

### み
ミード（Mead, G. H.） 7
溝上慎一 192
宮川洋一 94
三宅元子 97

### め
メイ（May, M. A.） 107

● 人名索引

**も**

森田洋司　56
森山　潤　95
モル（Moll, J.）　209

**や**

山岸明子　34, 95
Yamada, H.　33
山本真也　237

**よ**

横谷祐輔　223
吉澤寛之　127

**ら**

ライス（Reiss, A. L.）　208
ライマー（Reimer, J.）　176
ラッセル（Russell, B.）　148
ラッセル（Russell, J. A.）　44
ラングディル（Langdell, C. C.）　195

**り**

リコーナ（Lickona, T.）　114
リッケン（Lykken, D. T.）　118
リンド（Lind, G.）　175

**る**

ルイス（Lewis, M.）　43
ルソー（Rousseau, J. J.）　76

**れ**

レスト（Rest, J.）　29, 140
レッサー（Lesser, G. S.）　82

**ろ**

ロールズ（Rawls, J.）　11
ローレンツ（Lorenz, K.）　76
ロジャース（Rogers, C. R.）　182
ロックフェラー（Rockfeller, J. D.）　107
ロンブローゾ（Lombroso, C.）　116

**わ**

ワッサーマン（Wasserman, E. R.）　180
ワトソン（Watson, J.）　107

# 事項索引

## あ
愛　41
愛情の除去　83
悪のグレースケール　33
アナロジー　198

## い
怒り　40, 41
怒りのコントロール　224
異校種異学年交流活動　145
意思決定能力　197
いじめ　222
遺伝説と環境説　110

## う
ウェルニッケ野　207
運動性言語野　207

## え
援助行動　65

## お
オキシトシン　216

## か
可逆性　8
学習　66
学習指導要領　47
学習症　217
学習障害　212
学制　132
覚醒・コスト－報酬分析モデル　68
価値相対主義　6
学校ケース・メソッド　199
学校不適応　223
悲しみ　41
感謝　47, 56
慣習的レベル　9
慣習領域　15

感受性　198
感情制御　43
間接互恵性　235
間接指導　112

## き
帰結主義　239
規則理解の発達　3
規範意識　32
規範意識の低下　34
義務論　239
客観的責任判断　4
キャリア教育　137, 172
キャリアプランニング能力　172
究極要因　231
教育勅語　132
共感　47, 52
共感的怒り　74
共感的覚醒　68
共感の理解　182
共感－利他性仮説　69
修身口授〈ぎょうぎのさとし〉　132
共同体の倫理　22
恐怖　41
恐怖機能不全モデル　120
金融教育　137

## く
クールダウン　224
屈辱感　40
軍隊型　152

## け
ケア　176
傾聴　182
系統進化要因　231
軽蔑　40
ケース・メソッド　192
血縁淘汰理論　232

## 事項索引

嫌悪　40, 41
検定教科書　139
原理性　72
権利や正義　14

### こ

合意形成　187
攻撃　74
攻撃行動　74
攻撃性　75
向社会的行動　64, 232
工場型　152
行動基準　32
高等教育　141
行動主義　107
行動抑制システム　120
コールバーグ－ギリガン論争　14
コールバーグの道徳的発達段階　9
互恵的利他主義　23, 233
心の理論　45, 210
個人領域　16, 33
コミュニティ型　152
コンパッション（慈悲）　46

### さ

罪悪感　47, 48
サイコパシー　117
最大多数の最大幸福　239
座学式　194
作為・不作為　29
3経路モデル　69
3種の知識　105

### し

自我（ego）　112
至近要因　26, 231
刺激　109
自己（self）　112
自然淘汰　232
シチズンシップ　187
死の本能説　76
自閉スペクトラム症　36, 212, 217
社会化されていない攻撃的な行為障害　121
社会的危機　34
社会的規範　67

社会的機能説　77
社会的視点取得　10
社会的情報処理　116
社会的責任の規範　67
社会的相互作用主義モデル　116
社会的直観モデル　19
社会的領域理論　15, 33, 78
ジャスト・コミュニティ・アプローチ　113, 174
集団SST　219
集団性　72
主観的責任判断　4
小1プロブレム　144
障害特性論　151
情緒性の欠如　118
衝動的行動　118
情動発散説　77
情報社会　94
情報モラル　93, 137
情報倫理　94
自律　4
指令性　8
人格　113
人格教育　112
進化心理学　18, 235
神性の倫理　22
審美判断　215

### す

髄鞘化　208

### せ

正義　176
生得的攻撃機構説　77
生物学的理論　116
積極的行動支援　225
前慣習的レベル　9
戦略的な利他主義者　24

### そ

早期発見　200
操作的トランザクション　188
相対主義　13
ソシオパシー　118
ソシオメトリックテスト　81

271

● 事項索引

### た
対人関係性の理解　36
対人交渉方略　95, 188
他者視点取得能力　95, 188
脱慣習的レベル　9
他律　4
段階序列の不変性　12

### ち
知覚性言語野　207
力中心のしつけ　83
知能指数（IQ）　208
注意欠陥多動症　212, 217
直接参加型民主主義　176
チンパンジー　237

### て
DNAの塩基配列　232
適応指導教室　227
適応度　239
適応・不適応　81

### と
討議　188
討議トレーニング　189
討議トレーニング1か月版　191
道徳性の究極要因　26
道徳的感情　39
道徳的規範　238
道徳的義憤　74
道徳的コミュニケーション　185
道徳的ジレンマ　8
道徳的推論　8
道徳的判断　28
道徳的判断の発達　4
道徳的雰囲気　152, 187
道徳哲学　107
道徳の時間　132
道徳領域　15
トークン・エコノミー法　219
徳育論争　132
独裁者ゲーム　235
特性論　110
特設　132
特定不能のPDD　225

### 　
特別支援教育　151

### な
内的衝動説　76
内面化アプローチ　6
内容項目　131, 134

### に
人間 - 状況論争　110
人間中心アプローチ　182
認知構造　7
認知行動療法　221
認知修正　222
認知的新連合理論　77
認知的対人関係モデル　125

### ね
ネットいじめ　94, 103

### の
脳機能画像研究　209
脳機能局在論　207

### は
パーソナリティ心理学　107
配慮や責任　14
ハインツのジレンマ　8
発達症　223
発達要因　231
般化　218
半構造化インタビュー法　8
犯罪学　116
反社会的行動　116
反応　109
反応調整仮説　122
汎用的能力　172

### ひ
非帰結主義　239
非行　223
非行予防　229
ビジネス倫理　84, 139
ヒューリスティックス　19

● 事項索引

**ふ**
フィードバック　218
不快状態からの解放モデル　68
不登校　222
普遍化可能性　8
ブロカ野　207
文化的相対主義　6

**へ**
ベックの理論　122
扁桃体　213
返報性の規範　67

**ほ**
法学教育　194
傍観者効果　20
報復的公正　80
暴力抑制機構モデル　121
保護者への訓練プログラム　224
ホスルの目　235
ボノボ　237

**ま**
マネジメント・プログラム　224
マルチレベル選択　24

**む**
6つの道徳基盤　21

**も**
モジュール　18
モデリング　218
モラルジレンマ授業　136

**ゆ**
U字型発達　18
誘導的なしつけ　83

**よ**
幼保小合同研修会　143
4つのなぜ　26
喜び　41
四構成要素モデル　140

**り**
利己性　66
利己的な遺伝子　232
利他性　65
利他的行動（利他行動）　47, 64, 230, 232
リベラル・バイアス　12
領域混合　17

**る**
類型論　110

**ろ**
ロールプレイ　220

**A〜Z**
ADHD　223
Character Education　148
DIT（Defining Issues Test）　28, 30, 140
DSM-5　212
DSM-IV　212
EEG（Electric EncephaloGraphy）　209
fMRI（functional Magnetic Resonance Imaging）　209
GHQ　132
MJI　30
Moral Reasoning Education　148
PDD-NOS　225
PCL（Psychopathy Checklist）　117

# 執筆者一覧（執筆順）

| | | |
|---|---|---|
| 藤澤　　文※ | 鎌倉女子大学児童学部 | 第1章-1・2節，第3章3・4節，第4章，第5章-7節 |
| 有光　興記※ | 関西学院大学文学部 | 第2章-1節，第3章-4節，第6章-2節 |
| 高橋　征仁 | 山口大学人文学部 | 第1章-1節 |
| 蔵永　　瞳 | 滋賀大学教育学部 | 第2章-2節 |
| 武田　美亜 | 青山学院大学コミュニティ人間科学部 | 第3章-1節 |
| 越中　康治 | 宮城教育大学教育学部 | 第3章-2節，第5章-1節 |
| 宮本　浩紀 | 茨城大学 | 第3章-5節 |
| 吉澤　寛之 | 岐阜大学大学院教育学研究科 | 第3章-6節 |
| 柄本健太郎 | 武蔵大学人文学部 | 第4章 |
| 中島　朋紀 | 鎌倉女子大学短期大学部 | 第5章-2・3・4節 |
| 三浦　摩利 | 東京都多摩市立多摩中学校 | 第5章-5節 |
| 荒木　寿友 | 立命館大学大学院教職研究科 | 第5章-6節 |
| 髙田　一樹 | 南山大学大学院ビジネス研究科 | 第5章-8節 |
| 平石　博敏 | 浜松医科大学 | 第6章-1節 |
| 加藤　美朗 | 関西福祉科学大学教育学部 | 第6章-3節 |
| 小田　　亮 | 名古屋工業大学大学院工学研究科 | 第7章 |

※印は編者

# 編者紹介

**有光興記**（ありみつ・こうき）

　2000年　関西学院大学大学院人文科学研究科博士課程後期課程単位取得退学
　2002年　博士（心理学）取得（関西学院大学）
　現　在　関西学院大学文学部教授
　主著・論文
　　"あがり"とその対処法　川島書店　2005年
　　自己意識的感情の心理学（共編）　北大路書房　2009年
　　ポジティブな自己意識的感情の発達　心理学評論　53巻　2010年


**藤澤　文**（ふじさわ・あや）

　お茶の水女子大学大学院人間文化研究科人間発達科学専攻博士後期課程修了，
　博士（人文科学）
　現　在　鎌倉女子大学児童学部准教授　東京工業大学，お茶の水女子大学非常勤講師
　主著・論文
　　児童心理学の進歩 Vol.54（分担執筆）金子書房（印刷中）
　　青年の規範の理解における討議の役割（単著）　ナカニシヤ出版　2013年
　　教職のための心理学（編著）　ナカニシヤ出版　2013年
　　新しい道徳教育（共編著）　東洋館出版社　2011年
　　規範意識はなぜ変容するのか？：社会システムの変動と個体内における変容（単著）
　　　国立国会図書館調査及び立法考査局総合調査報告書，2008-4，221-236．2009年

## モラルの心理学
―理論・研究・道徳教育の実践―

2015 年 3 月 20 日　初版第 1 刷発行　　定価はカバーに表示
2022 年 10 月 20 日　初版第 2 刷発行　　してあります。

| 編　者 | 有　光　興　記 |
|---|---|
| | 藤　澤　　　文 |
| 発 行 所 | ㈱北大路書房 |

〒603-8303　京都市北区紫野十二坊町 12-8
　　　　　　電　話　（075）431-0361㈹
　　　　　　ＦＡＸ　（075）431-9393
　　　　　　振　替　01050-4-2083

Ⓒ 2015　　制作／T.M.H.　　印刷・製本／㈱太洋社
　　　　　　検印省略　落丁・乱丁本はお取り替えいたします。
　　　　　　ISBN978-4-7628-2890-4　　　　Printed in Japan

・ JCOPY 〈㈳出版者著作権管理機構 委託出版物〉
本書の無断複写は著作権法上での例外を除き禁じられています。
複写される場合は，そのつど事前に，㈳出版者著作権管理機構
（電話 03-5244-5088,FAX 03-5244-5089,e-mail: info@jcopy.or.jp）
の許諾を得てください。